// 服务经济与管理文库 //

山地旅游发展的社区能力研究
——以安徽六安天堂寨景区周边村落为例

Research on Community Capacity and Its Mechanism for Tourism Development in Rural Mountain
—— Case of Villages around Tiantangzhai Natural Park, Lu'an City, Anhui Province

韩国圣 / 著

北京·旅游教育出版社

责任编辑：刘彦会

图书在版编目（CIP）数据

山地旅游发展的社区能力研究：以安徽六安天堂寨景区周边村落为例 / 韩国圣著. --北京：旅游教育出版社，2016.4

ISBN 978-7-5637-3349-1

Ⅰ. ①山… Ⅱ. ①韩… Ⅲ. ①山地—旅游业发展—研究—安徽省 Ⅳ. ①F592.754

中国版本图书馆 CIP 数据核字（2016）第 058645 号

山地旅游发展的社区能力研究
——以安徽六安天堂寨景区周边村落为例

韩国圣　著

出版单位	旅游教育出版社
地　　址	北京市朝阳区定福庄南里1号
邮　　编	100024
发行电话	(010)65778403 65728372 65767462(传真)
本社网址	www.tepcb.com
E-mail	tepfx@163.com
排版单位	北京旅教文化传播有限公司
印刷单位	北京京华虎彩印刷有限公司
经销单位	新华书店
开　　本	710毫米×1000毫米　1/16
印　　张	20.25
字　　数	266千字
版　　次	2016年4月第1版
印　　次	2016年4月第1次印刷
定　　价	59.00元

（图书如有装订差错请与发行部联系）

序一

经济学与管理学均是以资源的经济效率和节约为研究宗旨,在分析研究和解决现实问题时,社会科学的专家学者们通常会选择它们作为理论工具,从而形成了经济学与管理学相互补充、相互借鉴、彼此融合的局面。在国家实施"转方式、调结构、促发展"发展战略和现代服务业快速发展的社会经济背景下,服务经济与管理研究领域迎来了前所未有的发展机遇。

服务经济与管理文库的研究成果主要沿着三个层面进行学术研究:

第一,服务经济是研究以人力资本等基本生产要素形成的经济结构、增长方式和社会形态。在服务经济时代,人力资本成为经济增长的主要来源,服务经济的增长主要取决于人口数量和教育水平。现代服务经济的发达程度已经成为衡量区域现代化和竞争力的重要标志之一,它是经济发展新的极具潜力的增长点。服务经济作为一种新的经济形式,涵盖了服务业乃至对外服务贸易等广阔的市场经济业态。服务经济越来越得到国家与政府主管部门的高度重视,在国民经济构成中占有极其重要的地位,并且其比重逐渐加大。近些年来,面对国际金融危机、国外需求大幅减弱的外部经济环境,国家正在大力推进经济结构战略性调整,加快发展现代服务业。只有生产要素和人口聚集到相当规模,产生对生产性服务和消费性服务强大的市场需求,才足以支撑服务行业的不断专业化、促进服务经济的发展和服务经济结构的形成。因此,大力发展服务经济是我国产业结构调整升级的主要途径。

第二,服务管理是研究如何在服务竞争环境中对企业进行管理并取得成功。它包括对服务利润链的分析、服务的交互过程与交互质量、服务质量管理中的信息技术、服务业产品营销与制造业产品营销的比较等。目前,国内外专家学者开始广泛关注服务管理的实践和理论的研究。在服务竞争的时代,面临服务竞争的各类企业必须通过了解和管理顾客关系中的服务要素来获得持久的竞争优势,这就迫切需要探索适合于服务特性的新的理论和方法作为服务竞争的指导原则。国内外专家学者对服务利润链的解析、服务的交互过程与交互质量、服务质量管理中的信息技术、服务业产品营销与制造业产品营销的比较等研究均有所建树。服务管理涉及企业经营管理、生产作业、组织理论和人力资源管理、质量管理等学科领域的管理活动,更全面、深入地围绕服务管理的理论探讨,还要走很长的路和付出更艰苦的努力,还要经过大量的实践过程来总结其活动规律,完善系统服务管理学科体系。

第三,服务经济与管理是学科交叉融合的结果,体现了经济发展与理论创新的高度融合。众所周知,经济学是管理学主要的理论基础之一,它为管理学提供研究和分析方法;管理学对于经济学的实际应用起着巨大作用。经济学理论通过管理实践转化为生产力,并为经济学向其他学科领域的拓展起到桥梁作用。基于经济学和管理学内在的互补性和研究领域的相互渗透,经济学与管理学学科融合的趋势越来越明显,由此推动了两个学科的创新与发展。在大力调整经济结构,促进产业结构优化升级,现代服务业快速发展的社会经济发展格局下,服务经济与服务管理的学科融合走在了经济学与管理学学科融合的前列,推动了该领域的理论创新和应用。

在上述背景下,山东大学(威海)商学院研究团队结合学科建设、人才队伍建设等在经济与管理两大领域的优势,着力推动服务经济与管理学科的发展和融合。服务经济与管理领域的研究和学科发展潜力巨大,易于形成创新成果和服务社会经济发展需要。近些年来,服务经济与管理学科建设取得了长足的进步和良好的发展成效,尤其表现在劳动经济与人力资源管理、投资理财与风险资产定价、旅游与服务管理等研究领域。因此,通过搭建高层次科研平台,进一步提升在服务经济与管理领域的研究实力与水平。我们期望通过推出服务经济与管理研究文库,实现与学界同行的切磋与交流,由此推动服务经济与管理领域学术研究的飞跃。

文库编委会
2016 年 3 月

序二

　　我国旅游研究具有应用导向型研究的传统,坚持积极响应国家社会经济发展的需要,在不同时代形成了不同研究的研究焦点:1980 年注重旅游资源开发;1990 年强调客源市场研究;2000 年伴随区域旅游效应研究的深入,旅游社区作为旅游地一个微观尺度的地理单元逐渐得到学术界的关注。社区旅游滥觞于1980 年初加拿大 Geffrey Wall 教授和美国 Alastair Morrison 教授的旅游影响研究,1980 年中期 Peter Murphy 在《旅游:社区方法》(Tourism: a community approach)专著中正式地、系统化地从社区的角度来研究旅游发展过程中的社区居民参与性问题,在学术界和业界出现重大反响。后来在 Annals of tourism research、Tourism management 等国际著名旅游学术刊物都曾专门开设专辑讨论社区旅游问题。土耳其学者 Tosun 注意到社区参与旅游发展存在一系列的结构性限制因素,所以后来的旅游研究引入社区研究中的赋权概念而研究旅游发展的社区赋权问题(我国学者也称为增权)。旅游发展的社区赋权有一个潜在的预设,就是目的地旅游社区具备参与旅游发展的能力,但在中国的现实体制和背景下实际情况如何值得实证和分析? 有鉴于此,韩国圣博士自 2007 年进入南京大学由我指导攻读旅游地理与旅游规划专业博士学位时,提出要进行旅游发展的社区能力的研究。事实证明这是一项具有重要意义和中国特色的学术课题,后来韩国圣博士在一些核心刊物发表了系列论文,说明这些研究的学术价值被学术圈所认同。

　　2008 年南京大学旅游研究所接受安徽六安市政府委托承担了《六安市旅游发展总体规划》,韩国圣博士作为课题组主要成员参与这个课题。在课题调研中他对山区旅游发展的社区问题产生了浓厚的兴趣。当时博士招生的研究方向是区域旅游效应,韩国圣在做博士论文开题报告时着重考虑社区能力和社区发展方面的问题。为了衔接地理学体系,我建议韩国圣强化从山地聚落地理学、乡村地理学视野研究这个问题,以大别山核心景区天堂寨周边村落为例研究山地旅游发展的能力建设问题。韩国圣因此组织学术团队对案例区域的系列村落进行了大量野外实地考察和利益相关者的访谈,然后对访谈资料进行的室内整理。这是一个工作量非常大的工作,韩国圣认真、细致、坚持不懈地完成了这些工作,为后期研究提供了翔实的资料和坚实的基础,并在此基础上完成了约300多页的博士论文草稿。因为博士论文要求集中研究探索若干专门问题,因此韩国圣又进行了艰苦的修改删减,最后又与我在办公室对着投影仪一起将博士论文凝练删减到130多页。我现在仍然清晰记得韩国圣博士当时完成博士论文修改后的喜悦心态;至于国圣博士当时还略有小小的喜悦失态,则已经是我们南京大学桐竹斋旅游研究团队里广为流传的一段小小经典传奇插曲了。

　　本书是在其博士论文的基础上修改完善后交付出版的,与其他已有研究只是孤立地研究目的地社区不同,该书把山地旅游发展的社区能力置入山区旅游发展的利益相关者系统中进行研究,着力考察不同利益相关者对山地旅游发展社区能力的制约因素,在系统分析的基础上提出了旅游发展社区能力的培育措施,有一定新意。韩国圣博士采用了混合型的研究方法,运用社会经济统计数据、问卷调查、参与观察、深度访谈、档案资料综合地采集数据,既有严谨的定量分析,又较早采取 MAXQDA 质性分析软件处理定性数据,定量结果定性结果互为印证。我阅读书稿后发现有几个地方很有趣,比如作者在天堂寨旅游发展的社区能力障碍部分,不仅用定性数据解释了定量结果,还运用定量结果印证了定性结论,具有一定的方法创新价值;与国外旅游学者认为旅游发展促进社区增权的结论不同,该书提出了发展中国家旅游发展对目的地社区可能还存在去权的效果,并进一步构建了研究框架解释了这一研究发现,这部分成果发表在 SSCI 期刊 Tourism Geographies 上。另外,作者还运用政府政策文件的文本分析,分析了政府招商引资政策、外来资本对地方官员政策选择、社区旅游发展重点等产生一系列结构性限制因素;作者引入政治经济学行动者—结构分析框架解释了社区旅游发展政策,部分成果已经在《地理研究》《地理科学》《人文地理》《资源科学》等学术期刊发表。

　　作为导师,我高兴地发现韩国圣博士毕业后持续地进行这个领域的研究,期待韩国圣博士在学术上取得更大的成就。

作为本书的推荐者,我觉得读者可以通过阅读本书,查看中国山岳景区周围的居民及村落在旅游发展过程中的受到的影响、居民态度,以及社区旅游的一些特色规律。对于旅游经营者和政府管理者,可以着重查看韩国圣博士的研究结论并思考如何进行经营对策设计和政策管理设计;对于社区旅游、社区地理、旅游地理的研究者,可以查看韩国圣博士的研究方法,如何进行调研、如何进行分析、如何得出相应的学术结论,以及在这些结论基础上是否存在进一步研究的内容。

是为序。

张捷

2016年于南京大学桐竹斋

摘 要

山地旅游发展的社区能力建设问题是旅游地理学与乡村社区地理学共同关注的重要课题。已有旅游发展的社区问题研究在研究对象方面多聚焦于居民,而对其他利益相关者研究较少,尤其忽略社区不同利益相关者之间的相互作用关系与制约机制;研究内容方面往往多研究旅游的社区参与区位问题,而对旅游发展中的社区能力问题研究较少。本研究以安徽省天堂寨景区周边村落为案例地,探讨山地旅游发展中的周边村落社区能力问题及其对旅游发展影响机制,以促进山地旅游的公平发展和可持续发展、山区自然资源的公平使用,实现山区乡村社会的和谐发展。

本研究分预研究调查、正式调查与收集资料3个阶段展开。预研究调查通过4次团体座谈会对问卷进行修改,同时对案例地政府官员、镇村领导、旅游企业、社区精英、外部投资商进行深度访谈,在此基础上设计了正式调查的问卷、访谈等的具体方案,并开展了以天堂寨镇8个行政村4482户居民为对象的现场问卷调查和结构式访谈,共发放500份问卷,实际回收有效问卷458份。结构式访谈在问卷被试中随机产生并进行访谈,共获取179份访谈数据和后期整理的5万字的访谈资料,用作解释与佐证问卷研究结果。在4次座谈会期间收集到六安市、金寨县、天堂镇2005年至2010年的政府工作报告、旅游发展政策文件以用作文本分析资料来源。

论文对山地旅游发展的村落社区的构成进行了探讨,并将社区的旅游利益相关者划分为居民、旅游者、政府官员以及旅游企业,其中旅游者既是区域旅游的主要利益相关者,也是旅游目的地社区构成中的一种结构性成员(虽然旅游者个体流动,但是旅游者作为整体一直存在于当地社区之中并有互动)。论文进而研究了上述不同社区成员对旅游发展的社区能力问题的认知、态度和建设意见。

居民方面,本研究运用因子分析、多变量方差分析、层次聚类法、多变量逻辑斯蒂回归、典型相关分析、对应分析等定量研究方法探讨了居民旅游发展的认知、社区能力、能力建设障碍的维度及其地理分异、旅游认知的群体聚类,以及旅游发展认知对社区能力、能力建设障碍的影响,居住地理区位与现有工作与旅游的相关程度对旅游就业偏好的影响。同时本研究运用深度访谈与典型案例分析等质性研究方法,从社区旅游去权的视角探讨了居民旅游发展的障碍因素及形成机制。结果表明:

(1)居民的旅游发展认知包括区域积极影响、区域消极影响、区域文化展演、自然保护、社区依恋、经济期望、地方议题、区域文化开发、经济发展9个维度;旅游发展的社区能力包括地方沟通与领导、地方参与、区域联系、区域支持、知识技能、发展反思6个维度;居民旅游发展的社区能力建设障碍包括领导、增权、信息、人才、知识、参与、资金、认识、开发、地理可达性、沟通、利益冲突等12个方面的障碍因素。

(2)居民的性别、村委职务与工作性质是显著影响其旅游发展认知的变量;居民按照旅游发展认知的维度可聚类为朴素乐观型、社区经济主导型、谨慎支持型、悲观反对型4类群体;同时这4类群体在年龄、居住期限、居住地理区位、当前工作方面存在显著差异。

(3)居民的地方依恋与旅游收益两个旅游发展认知维度对其地方参与和区域联系两个社区能力维度有显著影响;区域消极影响与区域经济发展等旅游发展认知维度对地方参与和沟通障碍等社区能力障碍维度有显著影响。

(4)区域旅游发展导致的社区去权主要类型为生活生产空间、自然资源使用、区域经济与政治等方面的去权。从居民个体而言,旅游导致的去权现象受个人因素(年龄、教育水平、居住地理区位、谋生方式)与家庭因素(家庭成员身体状况、年龄、职业与教育水平、收入与社会经济条件)的直接影响,同时这两种因素还间接影响居民的自然资源使用权的后续占有状况,从而使居民在经济上被排斥,进而弱化了他们的风险承受能力,导致其去权。

(5)居民旅游发展的社区能力维度中的旅游知识与技能在不同山地村落有显著差异,主要表现为距离景区偏远的山村居民对旅游知识技能的认知度显著高于距离景区较近的山村居民。

(6)居民现有工作、其村落与景区或旅游公路之间距离及文化程度显著影响居民的旅游就业偏好。

旅游者方面,本研究采用统计描述分析、相关分析、多名义变量回归分析等定量方法研究了旅游者对天堂寨旅游服务知觉情况。由于社区参与旅游的主要形式是旅游餐饮,因此本研究着重研究了旅游对区域地方食品的偏好度、地方食品与旅游者餐饮满意度之间的关系以及餐饮满意度的影响因素。同时论文对结构式访谈资料进行了质性分析,以研究游客认知的与山地农业经济关系紧密的旅游者餐饮问题、山地村落的旅游参与方式和旅游发展的社区能力建设。结果表明:

(1)旅游者偏好具有地方特色的土菜和绿色食品。

(2)旅游者收入水平与教育水平、旅游方式、菜肴的地方特色、餐饮环境与菜肴的质量显著影响了旅游者的餐饮满意度。

(3)旅游者认知的天堂寨餐饮问题包括价格、质量、卫生、地方特色、服务设施等问题。

(4)根据结构访谈资料研究了旅游者视角中的农村居民参与方式和社区能力建设建议。

政府方面,通过分析相关政策文本及对旅游发展主管领导深度访谈资料,探讨了政府官员的政策偏好及其对社区旅游政策的影响、社区旅游政策对山地村落不同利益相关者的去权或增权的影响及其机制、传统林场资源依托型向旅游景观转化机制以及围绕天堂寨景区所形成的山地社区内外的行动者网络、天堂寨旅游决策群体的形成过程及区域影响。结果表明:

(1)当地市县政府比较关注工业化、招商引资和城镇化三大战略,这直接决定镇政府的工作重点是以招商引资为主导的经济发展、集镇建设、项目建设。

(2)招商引资主导的社区旅游发展政策使外部投资商、社区精英和旅游者获得了增权却使社区小企业和居民遭遇去权;其影响途径为社区自然资源使用权的选择性再分配、旅游征地对居民生活与生产空间的重新分配、单纯保护居民赖以生存的自然资源所导致山地农村的贫困。

(3)区域旅游业发展过程中,不同的部门、集体和个体逐步渗透和参与,形成了社区外行动者网络(天堂寨景区、市县政府、省政府及其职能部门、国家各部委)和社区内行动者网络(镇政府、外部投资商、社区精英、小企业、普通居民),社区内外的行动者网络共同构成了由镇政府、外部投资商、社区话语权者为主导的天堂寨旅游发展决策者群体,其区域影响为:社区旅游空间布局高度集聚、旅游产业结构单一、区域旅游业与社区经济联系薄弱、旅游孤岛效应与山区旅游城镇化现象明显。

旅游企业方面,饭店餐饮部门是旅游业与地方经济联系最为密切的部门,所以本研究对农家乐业主、餐饮企业经营者、种植养殖农户和山地农村领导进行了深度访谈,研究了旅游企业与社区经济紧密联系的制约因素及旅游发展的社区能力建设策略。结果表明:

(1)饭店餐饮企业与社区经济紧密联系的制约因素包括需求与供给两个方面,需求因素具体是由天堂寨旅游市场季节性强、规模小,导致食品需求量不足造成的;供给因素具体是由于山区高寒气候和经济条件决定当地不能大规模生产蔬菜同时蔬菜粮油零售商进入门槛高造成的。

(2)农户与旅游业联系的制约因素是旅游季节与农忙季节的重叠与冲突、旅游业自身带动能力弱且参与门槛高、从事传统农业生产不经济、当地旅游农产品企业在产销各环节中的结构性限制。

(3)区域支持政策,包括简化办证手续,由旅游部门牵头各个职能部门参与形成一条龙服务;重新规划建设新的景点,平抑旅游发展的空间集聚;对农家乐企业提供经营许可证申办、贷款、企业宣传、旅游服务接待、经营管理、组织与外联等方面的知识技能培训与辅导;打造天堂寨农家乐旅游品牌。

(4)最后构建加强天堂寨旅游发展与社区经济联系的支持政策:以本地优势山林经济作物为主体构建多元化产业链;采取山林资源有偿使用,环境审计与生态补偿机制;充分挖掘山地资源环境基础发展多元化的参与性的景点;进行多样化组合宣传。

本研究主要创新点:

(1)构建了不同利益相关者多维度旅游发展知觉模型,并修订了旅游发展相关的社区能力知觉量表,以此量表为基础揭示了山地村落旅游发展的社区能力维度构成和居民对旅游发展社区能力的维度的认知现状,同时分析了社区地理因素(村落与景区地理距离)在社区参与旅游发展中的作用。

(2)从旅游利益主体理论将社区构成划分为居民、旅游者、政府官员以及旅游企业,其中旅游者是一种结构性成员;并揭示了上述不同社区成员对旅游发展的社区能力问题的认知、态度和建设意见。论文对社区旅游发展政策的形成机制的研究揭示了政府行动偏好与政治考核机制对山地社区旅游政策形成的影响,以及这种政策对社区不同利益主体的影响及区域效果。

（3）实证分析了社区经济地理因素对居民就业偏好的影响,其中居民居住村与景区之间的距离、现有工作与旅游的相关程度、居民文化程度显著影响居民旅游就业的层次与偏好。

本研究对于了解山地景区社区旅游系统的相互作用与制约机制,进而制定考虑不同利益相关者的社区旅游发展政策有理论指导意义。

关键词:

山地村落 利益相关者 旅游发展认知 社区能力 能力建设障碍 支持政策 天堂寨

ABSTRACT

The important issue of community capacity building for tourism development in villages in mountainous areas is the common concern and academic topic in both the research fields of tourism and rural geography. Exist research has put most attention to the study of tourism participation of local communities rather than community capacity building for tourism development in destinations on the basis of the hypothesis that destination community always act as an external factor for tourism development there. Present not much literature on community tourism development primarily focuses on local residents in stead of other stakeholders. Research on the interaction and structural obstacles between stakeholders in destinations is especially limited. And the lagged research makes the expected community–economic–development goal of tourism development in mountainous area much difficult to come true. So this research is mainly designed and conducted to investigate the mechanism of community capacity building for tourism development for different stakeholders by completing a case study at local villages within and around the famous Tiantangzhai scenic area in Anhui Province. This research is mainly conducted for the purpose of fair, equal utility of resources there to make harmonious social economic development in mountainous rural areas.

This research was conducted in three phases including pilot study, formal study and data collection. Four focus group interriews and some deep-interview with government officials, community leaders, tourism entrepreneurs, community elites, external investors was initially completed in pilot study to understand different stakeholders' concerns, preferences and to improve the questionnaire for formal survey. This was followed by the field questionnaire survey in eight villages in Tiantangzhai Town with a household number of 4482.500 questionnaires were distributed and 458 valid questionnaire were returned. Before questionnaire survey, the randomly selected residents were all be made a structural interview. And 193 interview data sets have been collected. Official work reports and tourism development policy documents from authorities of Lu'an city, Jingzhai county Tiantangzhai Town from 2005 to 2010 were also collected for related content analysis in this research.

The cognition of community capacity building for tourism development by different stakeholders(including residents, tourists, officials, tourism entrepreneurs) together with its mechanism were explored in main part of the dissertation.

For destination community, residents' cognition or perception of tourism impacts, community capacity building, dimensions of obstacles for community capacity development were quantitatively analyzed. Besides, factor analysis, multivariable variance analysis, hiriachical cluster analysis, multinominal logistic regression and canonical correlation analysis were employed to investigate the difference of tourism impacts perception, residents cluster and the influence of residents' tourism impacts perception on the mechanism of community capacity building and its obstacles. Qualitive research methods such as in-depth interview and representative case study awere completed to investigate obstacle factors for tourism development and its mechanism. It is concluded as follows:

(1)As to dimensions of tourism impacts perception, community capacity and obstacles of community capacity building for tourism development, nine significant dimensions of residents' tourism impacts perception can be found in case study area, they are social benefits, social costs, cultural benefits, econimic benefits, nature protection, community satisfaction, economic expectation, community issues, support to tourism.Six dimensions can be got, includeing community communicaiton and leadship, community participation, community linkage, community support, tourism knowledge and techniques, reflection of community. Similarly, twelve factors have been proved to be obstacles of community capacity for tourism development, that is, obstacles on leadship, empowerment, information, personnel, knowledge, participation, capital, awareness, development, access to tourism, communication, conflict of interest.

(2) Gender, position in village authorities of respondents are significant factors that influence their perception of tourism impacts. And local residents can be clusted into four groups via cluster analysis, including Pollyanna group, community economic-oriented group, prudentially supportive group and pessimistic opposition group. All these four groups have significant differences between themselves on age, residing period, residence location, present position etc.

(3) Residents' community attachment and benefit from tourism can impose significant influence on their participation in tourism and social communication; meanwhile, residents' social cost and economic benefit perception do influence their participation in tourism and communication obstacles.

(4) Community tourism development obstacles primarily act in detail as space, resource, information, economic and political disempowerment. Among direct factors that influence residents' tourism disempowerment, both individual factors such as age, education level, residing location, living ways and family factors including family members' physical condition, age, position, education level, income and social-economic condition determine their resource possessing condition, and them lead to their exclusion from community economic affairs and decrease of crisis-endure capability, which finally cause the occurrence of their tourism disempowerment.

(5) There exist significant differences among different villages in terms of tourism knowledge and techniques dimension of community capacity for tourism development, showing that villagers in more remote areas recognize the importance of tourism knowledge and techniques much more significantly than those near the tourist scenic area.

(6) Residents' present job, the distance between their hometown and tourism scenic area and their educational level significantly affect their preference for employment in tourism.

When it comes to tourists, the preference degree for local food in Tiantangzhai, the relationship between local food and tourists' satisfaction, influential factors of satisfaction with food and beverage were investigated through the analysis of descriptive statistics, correlation analysis and multi-nominal logistic regression modeling. Besides, qualitative analysis of collected interview data was also conducted for analyzing tourists' cognition to accommodation problems in Tiantangzhai, their perception and attitudes to community tourism participation and community capacity building for tourism development. It is concluded as followed:

(1) The local dish and green food are preferred by the surveyed tourists.

(2) Tourists' satisfaction with food and beverage is significantly influenced by their income and education, their travel pattern, uniqueness of local dish, dining environment and quality of dish.

(3) Problems suggested by surveyed tourists include its price, food safety condition, uniqueness, services and facilities and so on.

(4) Surveyed tourists have put forward several suggestions for community involvement in tourism development and corresponding measures for community capacity building for tourism development.

As for local government in Tiantangzhai, based on public choice theory, growing machine theory and Structuration—Agency theory, this desertion analyzed government officials' policy preference and its influence on community tourism development policy, and then the influence of community tourism development policy on stakeholders' disempowerment or empowerment. Of course, the mechanism for such influence, mechanism for tourism spatial production and behaviors network, the formation and influence mechanism for tourism growing machine in Tiantangzhai have also been researched by means of content analysis of interview data and collected second-hand data. And some findings have been got as follow:

(1) Authorities at county level made more attention to its industrial and urbanization strategy and external investors hunting work. And it directly leads the town government primarily focused on economic development, market and project construction. So the town government's hardcore task is to invite investment from outer areas.

(2) The community tourism development policy based on hunting investor and biding for investment empowered and enhanced the rights of external investors, community elites and tourists. On the other hand, local small business and residents ex-

perience disempowerment. And the mechanism for this is specified as the selective reallocation of natural resources in communities, the redistribution of residents' living and working spaces due to the tourism-led urbanization and the ecological colonialism for natural resources there.

(3) Governments at province and city levels have pushed the transform from forestry space into tourism space in Tiantangzhai by means of officials inspection, local resort brand concession, administrative level promotion, propaganda campaign, investment hunting, hospitality and other facilities construction etc.

(4) With reference to the behaviors network for the formation of tourism special production processes, external stakeholders include Tiantangzhai scenic area authority, city and county government, provincial government and its functional sectors, the state functional sectors; within local community, the town government, external investor, community elites, small business owners, residents are all part of the network. All stakeholders mentioned above form the behaviors network and finally become the tourism growing machine in Tiantangzhai. And the regional influence of this tourism growing machine here contains the serious imbalance of tourism special allocation and tourism industry structure in communities, and the weak linkage between tourism industry and community economy, and obvious tourism-led urbanization and obvious island effect of tourism development here.

As for tourism entrepreneurs, potential obstacle factors impacting the linkage between tourism businesses and community economy and the community capacity building for tourism development has been investigated through deep-interview with catering business owners, farmer residents and community leaders. And the following are the findings and research results:

(1) Obstacle factors impacting the close linkage between tourism businesses and community economy involves the supply side and demand side. For demanding factors, the primary one is the weak demanding for accommodation products due to the strong seasonality and small tourist market scale in Tiantangzhai. While for supplying factors, they are primarily the small scale food-material production due to the cold climate and not very good economical condition, and the much higher threshold for food material retail here.

(2) Obstacle factors negatively impacting the close linkage between farmer residents' economic participation in tourism and community economy have been proved to be: the overlap and conflict between tourism high seasons and busy farming seasons, the relatively weak driving force of tourism development and relatively high involvement threshold, the un-economic traditional agriculture and the structural restriction to agricultural production, supply and sales for tourism industry.

(3) Community supporting policies include: simplify the community tourism business running license procedures and complete one-stop service by tourism sector and other government sectors concerned, planning and projecting new tourism attractions, limiting the over aggregation of tourism space, license concession and training management for local farmers running rural tourism catering business, additional services to local residents for applying a loan, advertisement, providing hospitality service, business management and knowledge-information exchange with others etc. Besides, building and promoting the brand of agritainment and tourism booking system in Tiantangzhai is also the crucial measures for tourism business development in Tiantangzhai.

(4) Supportive policies for the close linkage between tourism development and community economy in Tiantangzhai: building multi-industrial chain development based on its dominant forestry economy, paid-use of natural resources in Tiantangzhai, implementations of environment audit and ecological compensation; making full use of tourism attractions especially participable attractons in various mountainous environments here and collaboratively promoting Tiantangzhai through various ways.

This research has fully investigated different stakeholders' perception and attitudes to community capacity building for tourism development and its mechanism. And the following are the main creative points in this dissertation:

(1) Building the multi-dimension stakeholders tourism influence cognition model, and modifying the scale of community tourism development capacity; and then studying the community capacity dimensions for tourism development in villages in mountainous areas on this basis.

(2) Researching the mechanism of building community tourism development policy, the influence of governmental activity preference and administrative assessment

system on tourism policies in mountainous communities, and the influence of tourism development policies on different stakeholders in communities.

(3) Conducting a case study in some mountainous scenic areas including local communities to investigate the formation and regional impacts of tourism growing machine on local farming communities.

This research will be of great significance to understand the interaction and mechanism between different tourism system elements and theoretically helpful to make proper community tourism development policies while taking different stakeholders into consideration.

Keywords: village; stakeholders; perception of tourism development; community capacity for tourism development; obstacles of community capacity building for tourism development; supportive policy; Tiantangzhai

目　　录

第一章　绪论 ··· 1
　　1.1　研究意义 ·· 1
　　1.2　研究框架 ·· 5
　　1.3　研究内容 ··· 12

第二章　文献综述 ·· 15
　　2.1　旅游发展认知研究 ·· 15
　　2.2　旅游发展的社区能力建设机制 ···································· 30
　　2.3　旅游发展的社区能力建设障碍 ···································· 37
　　2.4　旅游发展的社区能力建设的支持政策 ···························· 44
　　2.5　本章小结 ··· 48

第三章　研究设计 ·· 49
　　3.1　引言 ··· 49
　　3.2　研究区域 ··· 49
　　3.3　研究方法论 ·· 51
　　3.4　研究方法 ··· 52
　　3.5　研究方法小结 ··· 63
　　3.6　数据来源 ··· 64

第四章　旅游发展中居民的社区能力 ·············· 66
4.1　居民旅游发展认知实证分析 ·············· 66
4.2　居民旅游发展的社区能力建设 ·············· 93
4.3　天堂寨旅游发展的社区能力障碍 ·············· 102
4.4　居民旅游就业的偏好 ·············· 135

第五章　旅游者与旅游发展的社区能力研究 ·············· 160
5.1　旅游者人口统计学特征描述分析 ·············· 160
5.2　旅游者餐饮偏好分析 ·············· 161
5.3　旅游者对天堂寨地方菜系与其他菜系偏好的比较分析 ·············· 168
5.4　旅游者就餐考虑因素分析 ·············· 170
5.5　旅游就餐满意度的因素分析 ·············· 172
5.6　就餐考虑因素对餐饮满意度的影响 ·············· 174
5.7　基于就餐考虑因素的旅游者聚类分析 ·············· 175
5.8　基于旅游需求驱动的旅游发展的社区能力建设 ·············· 180

第六章　旅游发展中地方政府的社区能力 ·············· 192
6.1　引言 ·············· 192
6.2　地方政府部门旅游发展的社区能力建设的动力机制 ·············· 193
6.3　地方政府招商引资政策对政府官员与外部投资商的增权与去权 ·············· 198
6.4　社区旅游政策对社区不同利益主体的影响 ·············· 204
6.5　天堂寨社会行动者网络与利益博弈：空间转型的视角 ·············· 210

第七章　旅游发展中旅游企业的社区能力 ·············· 220
7.1　天堂寨镇旅游地与区域经济联系的地理背景分析 ·············· 220
7.2　不同产业链环节视角下天堂寨旅游业与山区农业经济之间的联系 ·············· 221
7.3　小结 ·············· 242

第八章 主要研究结论与讨论 ······ 243
    8.1 主要研究结论 ······ 243
    8.2 论文的创新点 ······ 247
    8.3 研究展望 ······ 247

参考文献 ······ 248

附录 A 天堂寨镇农村旅游参与调查问卷 ······ 270
附录 B 旅游者餐饮调查问卷 ······ 277
附录 C 饭店食品服务调查(餐饮经理/行政总厨用问卷) ······ 280
附录 D 研究数据与资料详细列表 ······ 284
附录 E 博士论文相关的研究成果 ······ 290

后 记 ······ 292

图目录

图 1-1 天堂寨社区主要旅游利益主体系统 ·················· 6
图 1-2 本研究理论分析框架 ································ 12
图 1-3 本论文章节组织架构 ································ 13
图 3-1 天堂寨镇区位图 ···································· 50
图 4-1 社区旅游发展认知与旅游发展的社区能力的
典型相关模型 ······································ 102
图 4-2 社区旅游发展认知与旅游发展的社区能力障碍的
典型相关模型 ······································ 115
图 4-3 旅游地政府征地过程模型 ···························· 121
图 4-4 国家自然保护区的社区增权与去权 ···················· 124
图 4-5 居民经济去权的解释模型 ···························· 126
图 4-6 叶先生旅游无权的形成机制 ·························· 131
图 4-7 吴女士旅游无权的形成机制 ·························· 134
图 4-8 天堂寨居民旅游就业偏好多重对应分析 ················ 139
图 4-9 居住村与旅游就业偏好对应分析 ······················ 150
图 4-10(a) 现在工作与旅游就业偏好对应分析 ················ 156
图 4-10(b) 现在工作与旅游就业偏好对应分析 ················ 157
图 5-1 基于旅游者的社区能力建设编码结构 ·················· 182
图 6-1 政府旅游政策对不同社区利益主体的影响 ·············· 195

表目录

表 2-1	部分文献中的居民旅游发展认知的内容	16
表 2-2	社区能力的代表性概念	30
表 2-3	代表文献中社区能力的维度	33
表 2-4	旅游发展的社区能力的测量项目	38
表 2-5	旅游发展的社区能力建设障碍因素	41
表 2-6	基于旅游产业链的社区支持政策框架	47
表 3-1	2004—2007年天堂寨景区旅游接待量与旅游收入	51
表 3-2	天堂寨镇饭店餐馆结构	51
表 3-3	文献中研究方法使用状况	52
表 3-4	问卷试调查与调查样本情况	53
表 3-5	样本人口统计学特征（单位:人）	55
表 3-6	深度访谈样本分布与访谈主题	58
表 3-7	研究问题与数据采集方法与技术	63
表 3-8	一手数据调查方法与内容	64
表 3-9	二手数据来源	65
表 4-1	样本社会统计学特征	68
表 4-2	居民旅游发展认知描述分析（$N=338$）	69
表 4-3	天堂寨社区对旅游业发展认知的因素	72
表 4-4	协方差矩阵等同性的Box检验	75
表 4-5	误差方差等同性的Levene检验	76
表 4-6	居民社区旅游发展认知的多变量方差分析结果	77

表 4-7	性别、年龄、是否村委与工作性质多变量分析中各因变量检验结果	78
表 4-8	居民旅游发展认知各分维度平均值	81
表 4-9	基于旅游发展认知的居民群体聚类	84
表 4-10	不同聚类群体对社区旅游发展认知的特征	85
表 4-11	各聚类群体社会统计学特征	86
表 4-12	不同居民群体旅游认知的 One-Way ANOVA 差异分析	89
表 4-13	居民旅游发展认知聚类的逻辑斯蒂回归模型的整体检验	90
表 4-14	居民旅游发展认知聚类的逻辑斯蒂回归模型回归系数的显著性检验	90
表 4-15	旅游发展的社区能力描述分析	94
表 4-16	旅游发展的社区能力维度	97
表 4-17	旅游发展的社区能力地理分异	99
表 4-18	典型方程显著性检验	101
表 4-19	社区旅游发展认知与旅游发展的社区能力的典型相关模型汇总	101
表 4-20	旅游发展的社区能力障碍因素的描述分析（$N=271$）	102
表 4-21	天堂寨旅游发展的社区能力障碍因素	107
表 4-22	不同居民群体旅游发展的社区能力障碍的 One-Way ANOVA 差异分析	111
表 4-23	基于旅游发展的社区能力障碍居民群体分类判别分析的特征值与 Wilks 的 Lambda 分析表	112
表 4-24	基于旅游发展的能力障碍居民群体分类的判别函数系数、结构矩阵汇总表	112
表 4-25	基于旅游发展的社区能力障碍居民群体分类判别结果分析	113
表 4-26	典型方程显著性检验	114
表 4-27	社区旅游发展认知与旅游发展的社区能力障碍因素典型相关模型汇总	115
表 4-28	访谈数据来源与样本分布	118
表 4-29	居民旅游去权编码大纲	118

表号	表名	页码
表 4-30	外资旅游企业与社区中小企业性质比较	127
表 4-31	分类主成分模型汇总	137
表 4-32	二维分类主成分负荷	138
表 4-33	旅游就业偏好回归模型的整体检验结果	140
表 4-34	旅游就业偏好回归系数与多重共线性分析	141
表 4-35	分类回归模型诊断	142
表 4-36	居住村与旅游就业偏好关联分析	145
表 4-37	对应分析模型汇总	146
表 4-38	Q-型因子载荷	147
表 4-39	R-型因子载荷	147
表 4-40	对应分析模型汇总	153
表 4-41	Q-型因子载荷 a	154
表 4-42	R-型因子载荷 a	155
表 5-1	天堂寨旅游者人口统计学特征	161
表 5-2	旅游者对天堂寨餐饮的描述分析	162
表 5-3	天堂寨食品与旅游者餐饮满意度的相关分析	163
表 5-4	旅游者餐饮满意度回归模型的整体检验结果	165
表 5-5	旅游者餐饮满意度回归系数与多重共线性分析	165
表 5-6	不同天堂寨地方餐饮食品对旅游者餐饮满意度预测结果分析	165
表 5-7	旅游者餐饮满意度回归模型的整体检验结果	167
表 5-8	拟合优度	167
表 5-9	人口统计学特征对餐饮满意度影响分析	167
表 5-10	不同旅游者人口统计学变量与社会经济因素对旅游者餐饮满意度预测结果分析	168
表 5-11	旅游者对天堂寨土菜与周边菜系的偏好比较	169
表 5-12	天堂寨旅游者就餐考虑因素描述分析	171
表 5-13	天堂寨食品与旅游者餐饮满意度的相关分析	172
表 5-14	旅游者对天堂寨就餐因素分析结果	173
表 5-15	旅游餐饮满意度回归模型的整体检验结果	174

表 5-16	天堂寨旅游者餐饮满意度回归系数与多元线性回归分析	175
表 5-17	天堂寨旅游者聚类结果与分群变量之 F 检验	175
表 5-18	不同餐饮群体的社会统计学特征	176
表 5-19	餐饮偏好聚类结果与性别及居住地的卡方检验	178
表 5-20	餐饮偏好聚类结果与收入水平、教育水平的卡方检验	179
表 5-21	餐饮偏好聚类结果与旅游方式及年龄的卡方检验	179
表 6-1	地方政府行动战略与政绩考核方式	196
表 6-2	国有旅游资本在天堂寨景区的成长过程	212
表 6-3	天堂寨镇旅游协会主要成员社会资本	215
表 7-1	天堂寨企业访谈数据	222
表 7-2	样本公司基本数据	223
表 7-3	天堂寨食品采购的地理结构	225
表 7-4	天堂寨饭店食品采购存在的问题	227

第一章 绪 论

山区是世界上最受欢迎的旅游目的地之一。据估计,仅阿尔卑斯山旅游收入就占到全球年旅游收入的7%~10%[1]。山区一直以来就作为人们躲避灾难、净化心灵的神圣场所,在目前全球城市化步伐日益加快的背景下,山区作为人们改变生活方式、减轻压力的重要旅游场所就更具吸引力[2]。正如山区给旅游业带来无限希望一样,旅游业也给山区的可持续发展带来了不同寻常的机遇。在安第斯山、阿尔卑斯山、落基山脉或者喜马拉雅山这些长期发展旅游业的地区,旅游业提供了高达90%的地区收入。旅游业改善了这些僻远、资源贫乏山区的交通条件、通信和基础设施以及人们的教育水平,使得旅游业成为山地社区经济发展的可行的战略选择[3]。由于发展旅游业,很多山地社区成为当地最为富有繁荣的社区之一。这些山地农村社区对旅游业的发展认知如何,这些农村社区旅游业发展能力是如何培育起来的,农村旅游发展的社区能力建设过程中有哪些障碍因素,以及需要国家、地区、当地政府采取哪些支持性的政策促进山地景区与周边旅游发展的社区能力相互促进、持续繁荣是值得研究的重要课题。

1.1 研究意义

1.1.1 现实意义

培育山地村落社区能力,是山地旅游可持续发展的重要保证。在中国,山地、丘陵和高原占全国土地总面积的64%[4],我国大多数山区农业生产率低下,交通条件落后、信息闭塞,山区农产品基本上以自给自足为主,所以山区是贫困人口的集中地[5]。一些研究认为山区旅游的发展理应依赖于当地社区的发展,而居民参与旅游开发是山地社区全面发展的必经之路[6]。促进山地农村社区自身旅游发展的社区能力建设,培育其内源性而不是外部主导的旅游发展的社区能力,有利于农村产业结构调整,有利于促进农业生产向第三产业转化,是解决我国"三农"问题的有效途径之一。

山地村落旅游发展的社区能力建设是维护山林资源使用的社会公正、促进和谐山地乡村社会建设的内在要求。山地村落居民是山地旅游区的本地居民,早在旅游业发展之前就世代居住于此,与其他社区利益相关者不同,山林资源是其安身立命的生存基础。山区资源被国家划归自然保护区后最为明显的是改变了山区村落居民对山林资源的使用方式,由资源利用主导模式转向资源保护导向,这种资源使用方式的改变根本上改变了山地村落原有的谋生策略,所以培育山地村落旅游发展的社区能力是维护山地资源使用的社会公正、营造和谐山地乡村社会的最为急迫的研究课题。

国外研究文献表明,旅游业与当地社区农村经济联系的潜力非常大,提供了一系列的发展机会。以旅游饭店为例,饭店餐饮消费占旅游者总体花费的近1/3[7,8]。旅游业在需要大量劳动力的同时又能产生巨大的物质需求,不仅能够加快农业向服务业的转化,还能吸收农村大量的剩余劳动力。研究农业旅游发展的社区能力建设的内在机制,对于提高农村社区旅游就业,制定面向旅游市场需求的区域农业发展政策,调动饭店企业立足于本地农业资源形成富有地方特色的餐饮食品,尽可能地使旅游收入在旅游地所在地区循环,促进农村产业结构调整和劳动力的转移,增加农民脱贫增收的机会具有非常重要的示范意义。

1.1.2 理论意义

1.1.2.1 从多个利益主体制约机制视域研究社区发展能力建设机制

在旅游文献中学者们对一个论点达成了高度一致,即如果当地居民支持旅游业,那么旅游业将更成功[9]。Pearce认为当地社区如果控制旅游开发并且在一致意见的基础上进行决策,将使得旅游收入在所有受旅游业影响的利益团体之间进行公平分配[10]。Murphy首次将社区作为旅游系统中一个主要利益相关者,认为旅游规划与实施应该融合当地居民的价值观与愿景[11]。Haywood认为健康的、蒸蒸日上的社区是旅游业开发成功的试金石[12]。Blank在讨论发展社区旅游业紧迫性的基础上得出结论:当地人管理旅游业对绝大多数乡村社区来说是双赢的战略[13]。Pearce,Moscardo 与 Ross 认为得到当地居民积极支持的旅游业应成为未来旅游开发的格言[14]。综述国内外社区旅游的研究文献发现,在旅游发展中积极处理并且融合社区的观点与看法对于社区旅游业的持续发展至关重要,但是经过文献阅读可以发现,国内外绝大部分文献存在一个预设,往往把目的地居民潜在地代表了整个旅游地社区,而把研究焦点聚焦于旅游地社区居民。实际上旅游目的地社区是一个包含多个利益主体的目的地系统,每一个利益主体都有不同的旅游发展的社区能力,如果专注于社区居民这个单一的利益主体而忽略不同利益主体的相互制约、相互作用关系,没有关注每个利益主体旅游发展的社区能力存在的结构性障碍,是难以提出实际可行的旅游地社区发展政策的。所以,本研究努力关照不同利益主体基于旅游发展认知基础上的社区旅游发展方式、旅游发展的社区能力建设机制、社区旅游发展障碍,更为重要的是基于不同利益主体提出社区旅游发展的支持政策与建议。

1.1.2.2 立足本土背景研究山地农村旅游发展的社区能力的结构性障碍

不少学者已经注意到西方学术脉络下提出的社区旅游理论在运用于中国背景下面临"失灵"的现象[15~18],社区旅游的倡导者在 3 个方面偏离了社区发展的思潮:第一,社区旅游缺少社区发展变革性的目的,它是以确保能获利的旅游业长期发展而不是给当地居民增权的面目出现;第二,当地社区以同质性的社区出现,忽视了内部权利的斗争或冲突的价值观;第三,社区旅游忽视了外部利益相关者对当地社区控制旅游业的限制因素[14]。运用于中国背景下的西方国家旅游规划理论更多的是社区尺度委托的自下而上的当地行为,同时社区民主化程度较高,社区居民比较关注旅游规划对社区的影响,强调参与规划的决策过程;而我国的旅游规划更多的是由目的地社区当地或上一级政府委托的自上而下的政府行为,在此情况下我国农村社区参与旅游业较具独特中国特色,旅游规划决策以政府为主导,尤其在我国山地社区,发展经济、满足社区居民经济物质生活需要仍旧是当前山区社区首要选择[19]。在此情况下,我国山地社区居民如何认知旅游业对社区的影响？如何基于社区自身的能力发展而不仅仅参与旅游业？旅游发展的社区能力存在哪些结构性障碍以及需要哪些支持性的政策？迫切需要研究总结这种具有中国特色的山地农村旅游发展的社区能力建设的机制。中西方不同的政治环境与制度背景以及社会民主不同的发展程度,导致目的地社区在参与旅游业中有不同的偏好与利益诉求,尤其是中国旅游发展背景下社区不同利益主体社区参与偏好、参与方式以及参与机制,不同的社区参与障碍以及政策呼吁都有待在中国这种特殊旅游发展脉络中深入研究。

1.1.2.3 尊重不同利益主体的社区发展权,探索多样化的山区经济发展道路

现有社区旅游发展理论中缺乏关于政治和权力关系的分析,仅将社区参与作为一个经济和技术过程而不是政治过程,是当前社区参与旅游发展在实践中不能取得真正进步的原因[20]。现有主导型的旅游规划模型是技术导向型的,忽视了社区不同利益主体社区发展的选择权,现有的很多旅游规划方法很少建立在对社区参与过程了解的基础上,换句话说很多旅游规划模型是预设性的,即从社区应该发展旅游业的角度出发,而没有考虑到不发展旅游业也是社区的选择权[21],不同社区利益主体的社区参与机制并没有得到深入的理解与研究,进而导致社区参与没有完全融入正式的旅游过程中,这种对社区居民自身选择权的忽视根本上就与以社区为基础的旅游业不相符。现有的技术导向型旅游规划模型没有认识到现有社区的多元化多样性的选择,迫于政府权威以及与政府利益相关的非中立立场,不经意间维护或者巩固了现有的政治结构与权力关系,进而维持甚至加剧了社区阶层的阶级差异与社会不平等,所以迫切需要省思现有的旅游发展模型哲学预设,充分考虑社区的多利益主体的现实,充分理解与尊重社区自身多元化的而非单一化的社区发展选择,进而提出照顾到不同利益主体的社区与旅游发展道路。

1.1.2.4 培育基于社区自身能力建设的山区旅游发展机制

社区发展能力取决于拥有的资源机会或生态、政治、环境方面的限制因素以及群体的生活条件。尽管有很多作者强调社区参与评价的重要性,但是有大量的证据表明自上而下的项目之所以失败,是因为尽管这些项目强调了可操作性和有效性,但是没有关注社区的需要或社区的自身能力建设[22]。一个例子通过专家按照指定好的指标体系衡量项目的成功与否,这样只能使项目偏离社区增权与能力建设,因为社区没有参与到评价中来[23]。以往的研究较多地关注社区居民的旅游参与或者说社区参与旅游发展,但是这些视角仍然有一个预设,就是生于斯长于斯的目的地社区仍旧处于参与外部力量主导的旅游发展,或者说旅游发展是由社区外部力量驱动的,而社区仅仅是"参与"。有的学者已经注意到这种研究预设的缺陷,进一步提出了社区增权的研究视角[20],增加社区发展旅游业的权利。这也是一种理论预设,即社区旅游发展的权利缺失,在国家与地方高度鼓励发展旅游业的情景下,为什么有些社区能够趁势发展繁荣了社区旅游业？为什么有些社区旅游发展短暂繁荣之后又失败了呢？我认为以往的研究一直没有真正地正视社区自身的旅游发展的社区能力建设,往往潜意识地预设外部力量来目的地社区发展旅游,社区只是利用旅游业的"涓滴效应"(在目的地社区发展旅游后正如小溪流水一样或多或少地会对社区发展有所帮助,后来的研究证明结果并非如此[24]),发展社区经济,在很多景区看到一面是旅游业繁荣兴旺,一面仍旧是社区经济衰败,这就是所说的旅游发展的"孤岛效应"[25,26],症结所在仍然是没有关注与促进旅游发展的社区自身的能力建设[27]。

1.2 研究框架

1.2.1 基本概念界定

1.2.1.1 社区

学术研究中不少社区概念有一个预设:社区是一个均质的社会单元,"社区是居住在某一地理区域,具有共同利益关系、共同服务体系与共同发展能力与发展潜力的一群人。此群体居住在邻近的区域,彼此有所互动,在相处时产生共同的利益且相互支援,并且产生共同的服务体系或团体交换服务"[28]。这种概念强调了社区的均质性以及共通性,但是忽略了社区本身亦存在分层以及矛盾冲突。社区的这种陈述作为一个社会事实是一个理想的假面具,它没有考虑到社区冲突的性质,这种社区旅游范式假定社区有共同的利益,对优先的社区旅游的发展结果达成了一致意见,但是大部分社区都是多元化的、分层的,并且是个权力关系的场所[29]。Janet Cochrane 在印尼研究注意到,"大部分山村或村里的小组好像因竞争关系紧张,人们发现很难为社区利益而共同工作,个人和家庭似乎总是优先考虑。当地精英赚取大部分收入的现象总是存在,最富有的和最具有技术的人们比其他人更能从旅游业中募利,因此强化了现有的等级"[30]。综上所述,社区是一个生存、工作、活动在一定的地方场所具有共同利益的、多元化的、分层的、存在多重关系的人群、团体组织,具有社会学与地理学的双重内涵。

1.2.1.2 利益相关者

弗瑞曼认为,"(一个组织的)利益相关者是指任何可以影响该组织目标的或被该目标影响的群体或个人"[31]。在基于社区的生态旅游中,涉及不同的利益相关者,可能包括当地社区、地方政府、私人企业、非政府组织、生态旅游者等[32,33]。基于文献综述与案例地的田野调查,我们提出了天堂寨社区旅游利益全体系统(见图1-1),这是出于研究的需要进行了比较粗略的划分,就我们研究的目的地而言非政府组织不能说没有但是也极其缺乏,也因为天堂寨旅游业迅速发展是在2004年安徽旅游集团收购了天堂寨经营权之后,所以天堂寨周边社区仍旧保持着传统山地农村社区的面貌,还有一个原因就是目前天堂寨由于处于六安市金寨县下属的天堂寨镇,旅游地尚未建立完善的广为人知的互联网络,所以外界非政府组织介入较少,旅游介入人员较为单一,主要包含金寨县政府、镇处合并后天堂寨政府、安徽旅游集团天堂寨发展公司、星级宾馆的外来投资者、天堂寨林场原有的员工、金寨县范围的周边社区居民。我们在利益相关者理论框架下关注不同社区旅游利益相关者的发展能力建设机制与过程,以及每个利益相关者面临的社区旅游发展障碍与需要的支持政策,比如政府部门、旅游企业(较为正规的,比如最明显的一个标志就是拥有经营许可证的、能够开出正式发票的旅游企业,资本的获取大部分仰仗政治资本、社会资本)、社区小企业(还有一个是基于当地周边农村的通过建立土特产店、农家乐、养殖种植大户以及准备进入农家乐的当地居民为主的非正式的小企业)、农村社区居民(村委会)、天堂寨旅游协会(由各个天堂寨主要旅游企业参与的协会,政府强势主导)等,考察不同利益相关者的社区旅游发展方式与能力建设机制、发展的障碍以及支持政策等。

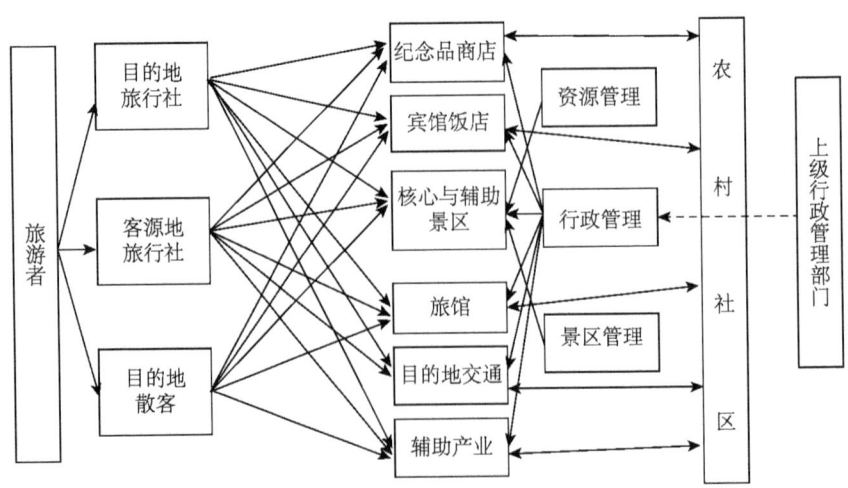

图1-1 天堂寨社区主要旅游利益主体系统

旅游者作为一个流动的群体,就个体来说短期内带来与短期内离开不能算作社区的一个利益相关者,但是旅游者作为一个稳定的旅游流动群体对目的地社区将产生持久的影响,所以旅游者是社区的重要利益相关者。

1.2.1.3 社区能力及其建设

社区能力是社区发挥社区优势、解决社区问题、抓住机遇所需的社区承诺、社区资源与技能的综合影响力[34]。社区能力建设是指为了促进社区个人与团体在社区发展中采取有效行动并且起到领导作用,增强其相应的技能所采取的活动、资源与支持[35],它强调社区参与、社区发展与增强社区相应技术、能力与责任的重要性。社区能力建设涉及建设基础设施、培育社区伙伴关系、组织环境与问题解决能力[36]。Glenn Laverack 与 Sopon Thangphet 提出一种促进社区能力建设的方法,用社区参与、社区领导、社区组织结构、资源利用能力、外部联系、问题诊断、项目管理、批评评价、外部代理人 9 个操作维度构建并且测量社区能力,使得社区组织能够审视他们的成就,关注他们的制约因素,通过一种直观表示的方法测量他们随着时间发展取得的进步,这种方法的关键是运用战略规划的方法推动社区行动,促进当地人持续地管理当地的生态旅游[37]。

1.2.1.4 社区增权与社区去权

社区增权指通过外部的干预和帮助而增强个人的能力和对权利的认识,以减少或消除无权感的过程[38]。社区增权这个概念的优点是它认识到了其他概念所没有认识到的权利关系的重要性,社区增权的对象是社区中较为弱势的群体,采取行动提高他们对事关其生活的资源与决策的控制能力[39]。Laverack 与 Wallstain 认为社区增权反映了个人与社区之间的相互作用,就个人层次来说,人们或许能够更直接地体会到一种心理的增权,比如集体行动后自尊与自信的增加,测量社区增权的结果可能不能涵盖社区增权的过程,包括能力建设、发展竞争能力和技术。另外,社区增权在文献中更多地被看作类似一种动态连续的过程:个人增权、小型互动团体的开发、社区组织、伙伴关系以及社会与政治行动。

社区去权指社会中的某些社群权利被剥夺。无权是去权的结果,去权乃无权之原因。无权往往导致弱势群体沦为烙印群体,使他们认为自己缺乏足够的力量和权利去改变自己的生活。这种自我贬低经常内化并整合进个人自我发展的过程之中,形成一种无权感。要扭转这种无权的态势,使弱势群体变得有足够强大的力量,以参与、分享、控制会对他们的生活造成影响的生活事件,增权就显得十分重要[20]。

1.2.1.5 社会资本

社区能力的一个重要特征是它部分地建立在社会资本的基础上[40]。社会资本可以定义为社会组织的一些特征,诸如网络、规范与信任等,这些特征有利于社会组织为互惠互利而协调合作[41]。根据 Woodhouse 的研究[42],社会资本可以定义为个人根据自己与他人的关系获得或使用的资源。社会资本包括社区内人际间的网络与关系和社区存在的信任与凝聚力水平[43]。尽管这个术语使用已相当普及,但是它仍遭受一些批评,最常见的批评或许是社会资本的支持者忽视了社会资本的一些潜在消极的方面(比如它强化了一些排外性的或反社会的亚群体[21])。社会资本过于强调关系而忽视了危害有效集体行动的结构因素(比如社区缺少相关的资源)。基于这些原因我们同意 Wallerstein 的观点,社区能力作为一个较为宽泛的概念较为有用[44]。

1.2.1.6 社区发展

社区发展的广为接受的定义是在 2004 年国际社区发展会议上提出的:社区发展是一种在制定社会、经济与环境政策时通过优先发展社区行动关注社区观点而增强市民社会的方法,它追求当地社区的增权。社区发展通过社区团体、社区组织和社区网络增强了人民的能力,增强了组织机构的能力,通过与市民对话形塑并决定社区的变化[35]。社区发展通过支持弱势与脆弱社区的自治的意见在支持积极的民主生活方面起着关键作用[45]。社区发展从一开始就认识到当前的经济、政治与社会结构必须改革。社区旅游表现出与更广泛的社区发展与参与式的规划哲学同步,也鼓吹在地方层次上社区对开发过程的控制[46],社区发展的目标为在社区公正与相互尊重的基础上建设活跃的可持续的社区[47],因此社区发展明确追求取消参与的结构性障碍,发展集体对地方事务的联合响应。

1.2.2 研究问题识别

传统上学术界和业界对于旅游业对目的地社区的影响有一个总的假设,即所谓的"涓滴效应"[48]:目的地发展旅游业的收益会像涓涓细流的溪水一样自然地促进地方经济发展,或者当地社区居民自动能够从旅游者在目的地消费中得到好处,但是很少有实质的证据来验证这个观点[49]。本文通过对天堂寨旅游就业的调查数据的实证分析当地社区究竟在多大程度上从旅游就业中得到好处。有学者认为旅游是一种上层建筑,是依赖于其他更根本的社会要素,几乎排除了当地人[50],较少注意到当地人参与旅游的状况,更关键的是缺乏对当地声音足够的关注,缺乏对当地人为何以特殊方式从事旅游的理解,而且经验资料相当少,不足以用来支持与反驳理论[51]。中国的社区参与式旅游发展的确借鉴了不少西方理念,正处在逐步调整适应的过程中。然而,这还存在着更多需要深究的问题:它是否会保持西方社区旅游的形式和内容,还是更多地体现中国特色?它能否切实体现社区参与在旅游发展中的积极作用?这些问题还有待进一步的实践工作经验和理论分析来做出回答[52]。有学者总结社区旅游的研究工作主要有以下特点:

(1)社区参与和旅游利益分配是社区生态旅游研究的热点。

(2)对社区参与和旅游利益分配问题的研究还处于初级阶段,虽然认识到社区参与和利益分配的重要性,但对具体该采取何种参与模式和资金分配形式还没有进行深入的研究,这既是社区生态旅游研究的重点也是难点,需要在今后的研究中不断地充实和完善。

(3)社区生态旅游的理论研究比较匮乏,系统性不够,尚未有一个大家普遍认可的理论体系[53]。

因此,迫切需要研究社区居民旅游发展的社区能力建设机制这个学术议题。

社区居民对发展旅游业的影响与态度研究。在山区发展旅游业会对周边社区产生复杂的影响,不是这种实际的"客观"影响影响着社区对旅游业的响应和态度,而是社区居民对旅游业认知到的影响(主观影响的认知)影响着社区旅游的参与方式与参与行为[54]。研究社区居民对旅游业影响的认知可以了解居民对社区发展旅游业的预期,居民对社区发展旅游业的态度,并且根据这些不同的态度可以把同一个社区居民群体分成不同的社区子群体,进而根据不同的旅游社区群体制定相应的社区旅游参与模式,社区参与旅游业的偏好与参与偏好,对于了解不同社区群体参与旅游业的困难与障碍因素有着实际的理论指导意义,进而对制定社区参与旅游业的支持政策,减少社区居民与旅游者、外来投资者、当地旅游管理部门等其他利益相关者的冲突摩擦有重要的实践意义。

旅游发展的社区能力建设机制研究。机制是指社区发展旅游业的涉及群体、不同群体参与旅游业的产业部门与领域、不同社区群体参与旅游业的方式以及不同社区利益相关者之间的相互关系、社区参与的过程与构成要素等。尽管社区旅游在国外研究较为成熟,但是在国内目前尚处于理论引介与消化阶段,缺少对西方国家旅游业发展背景下得出的社区参与的理论模式与方法在发展中国家的实证检验。基于目前中国旅游业发展的现状(发展模式、参与主题、规划委托方),社区发展旅游业涉及的利益相关者、中西方社区不同利益相关者参与的方式与旅游业发展的关注点、立足于中国旅游业发展背景下目的地旅游发展的社区能力建设机制以及立足于目的地现有旅游行政管理体制与框架下促进社区参与旅游业的支持政策亟待深入研究。

1.2.3 研究问题定位

基于上述分析,本研究企图从以下几个方面关注旅游社区参与问题:

(1)尽管旅游影响研究已经成为旅游研究中的经典命题,社区对旅游影响的研究持续成为旅游研究中的热点问题[55],但是作为一个山地发展初期的旅游地社区,社区居民对旅游影响的认知与已有研究文献相比较有无特殊的议题?如果有,呈现出哪些新鲜的问题?这些认知到的旅游业问题与回答者的社会经济特征有何关联?居民问卷前就旅游业对社区影响的访谈回答与结构式的问卷问题有哪些差异性的表现?

(2)尽管有些研究分别单独研究了相关的社区对旅游影响认知、社区旅游参与方式、社区旅游参与机制、社区旅游参与障碍、社区参与政策,但是对这几个不同的研究维度的相互影响与关联机制研究较少,需要深入研究不同研究维度对其他研究维度的影响,以及它们之间的关联机制。

(3)社区是一个具有多个利益相关者存在的复杂系统,在一个社区对某些地方议题很少有单一的声音,尽管他们最终对某些问题达成了一致意见。Harper在哥伦比亚乡村旅游社区参与中提到了支持旅游的当地势力,但是他并没有在阶级与地位不平等的脉络下证实这些力量[56]。Bourke与Luloff的案例表明根据阶级与地位当地社区已经出现了分化,但是并没有把这些视为有问题的,在他们的总结中仍号召社区内部需要合作[57]。McIntyre承认不同的利益相关者可能没有相同的观点和目标,但是他并没有探讨集体决策中这种潜在的冲突[58]。Kenny指出社区表达出来的需求往往反映了社区那些能够发出声音的社区权势群体的需要,社区行动经常成为地方上富裕的有权势的阶级行动[59]。由此可以看出,不少研究往往把社区预设为单一的均质的群体,在这一假定下的社区参与研究往往孤立地关注社区居民的旅游参与,而对于居民社区参与旅游业的结构性限制以及与社区其他利益相关者(各级政府、外部投资商、外地就业者、社区乡村精英等)之间的互动与博弈关注不足。

(4)已有的研究对居民的社区参与往往比较粗糙笼统地涉及参与旅游规划与管理等,这种研究焦点往往建立在西方国家民主化程度较高的情景下的社区参与,而在民主化程度还不够高、目的地社区经济还欠发达的发展中国家的旅游发展的社区能力建设,尤其是不同利益相关者的旅游发展的社区能力建设机制研究不足,本研究企图研究整个社区不同利益相关者的各自的参与模式、利益诉求与能力建设机制。

(5)本研究不仅实证性地研究已经参与的社区群体及其能力建设机制,更关注社区尚未参与的潜在群体对旅游业影响的认知、社区参与的障碍因素,以及除旅游业之外的山地社区经济的可替代性的谋生策略。

(6)研究方法与策略方面,本文尝试性探索了质性研究与量化研究具有可操作性的结合方法。就研究策略层面主要有量化研究(定量研究)与质化研究(质性研究)两大类别。定量研究是在实证主义研究思维下的研究方法、研究内容、适合的研究内容;质性研究是在现象学、结构主义、后结构主义、民族志等学科指导下的研究思路。定量研究和质性研究的融合能够提高研究的信度与效度,是当前研究的趋势[60,61]。如何寻找与达成两者之间现实可行的融合是值得探索的问题。本研究在调查方法、数据采集、数据分析与编码、数据解释方面进行了尝试性的探索。

1.2.4 研究总体架构

在文献综述的基础上,本研究建立如下理论分析架构(见图1-2),同时提出研究命题:

(1)社区不同利益相关主体对旅游发展的发展认知以及各自所处的社会旅游网络影响不同利益主体的旅游参与方式、能力建设机制、旅游发展障碍。

(2)在社区旅游参与过程中参与方式、能力建设机制、旅游发展障碍之间相互作用、相互影响决定了目的地社区旅游发展的过程与效果。

(3)目的地通过社区旅游网络把目的地社区与旅游业联系起来,必须立足于优化目的地社区旅游网络的基础上提出社区旅游的支持政策,社区旅游网络的主要载体就是旅游产业价值链,而社区不同利益主体的旅游发展的社区能力是在旅游产业价值链不同环节上实现与发展的。

(4)立足于目的地社区不同利益主体与旅游业的实际提出社区区域文化开发政策,同时社区区域文化开发政策也会反馈目的地社区与旅游业。

1.3 研究内容

基于本论文的理论分析框架(见图1-2),本论文研究的主要议题有:

(1)研究不同利益主体对社区旅游发展认知,在此基础上研究不同利益主体的发展方式、各自的能力建设机制与障碍。

(2)研究不同利益主体的社会网络结构及其对旅游发展方式、能力建设机制与障碍的影响。

(3)研究不同利益群体对社区发展障碍的影响以及不同的社区参与障碍因素对社区支持政策需求与启发,提出基于不同社区利益主体的社区区域文化开发政策。

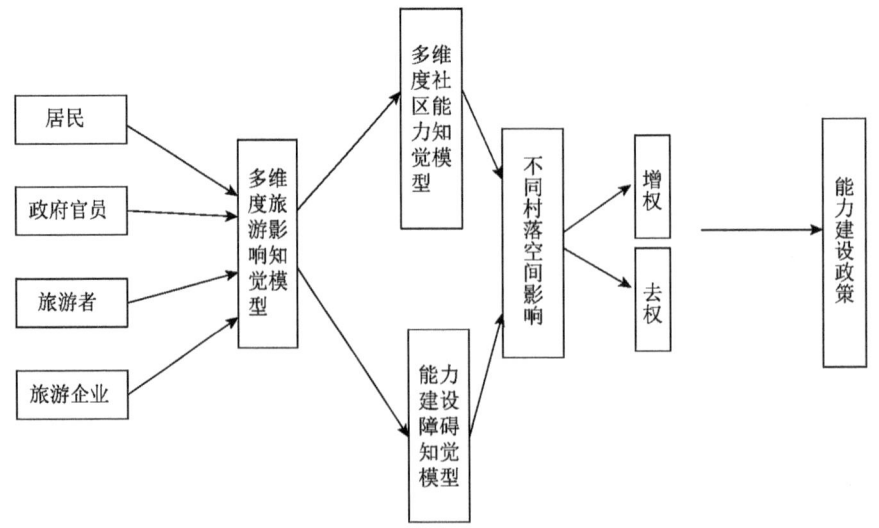

图1-2 本研究理论分析框架

基于此,本论文的章节组织框架如图1-3所示,全文共分为八章:

第一章,绪论,提出文章的研究背景、研究意义、研究问题、研究架构与研究

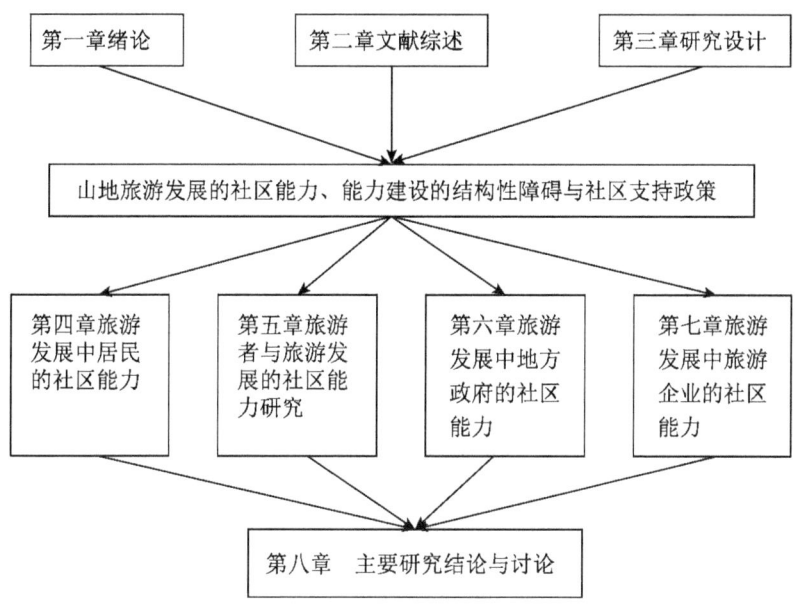

图1-3 本论文章节组织架构

内容。

第二章,文献综述,依据文章的架构图综述相关研究文献,明确更为具体的研究内容。

第三章,研究设计,包括案例地介绍、文章的研究方法论、调研方法、数据来源、数据采集与处理方法。

第四章,旅游发展中居民的社区能力,采用定量与质性研究相结合的方法综合研究了旅游发展中居民的社区能力建设。定量研究部分研究居民旅游发展认知、旅游发展的社区能力、社区旅游发展障碍的内容、个体差异、社区居民分类及其影响因素,重点研究居民旅游发展认知对旅游发展的社区能力、社区旅游发展障碍的影响机制。质性研究部分研究居民旅游发展的结构性障碍因素及形成机制,在此基础上提出了社区居民旅游发展的社区支持政策。

第五章,旅游者与旅游发展的社区能力,该部分以旅游消费中最具代表性的餐饮消费为例,从旅游者需求角度研究了旅游发展的社区能力建设。首先,研究旅游者的餐饮偏好、旅游者就餐满意度的影响因素,对于从需求角度促进旅游发展的社区能力建设提供了理论支持；其次，基于旅游消费偏好研究天堂寨餐饮业存在的问题、形成机制，加强天堂寨餐饮业与社区经济的联系的社区能力建设建议与社区支持政策。

第六章，旅游发展中地方政府的社区能力，首先，研究了地方政府官员行动偏好与考核机制对社区政府官员及社区旅游发展政策的影响；其次，研究社区旅游发展政策对社区不同利益相关者的影响；最后，实证地分析了天堂寨镇旅游发展决策群体的形成过程及其区域影响。

第七章，旅游发展中旅游企业的社区能力，从旅游产业链的角度研究了产业链不同环节（包括饭店餐馆、农家乐、种养大户、社区领导）的旅游发展认知、旅游发展的社区能力建设机制、旅游发展的结构性障碍因素与形成机制，以及社区支持政策。

第八章，主要研究结论与讨论，对论文的主要研究结论和主要创新点进行了总结，并且提出了今后研究工作的重点和进一步研究的方向。

第二章 文献综述

本章综述旅游发展认知、旅游发展的社区能力建设机制、旅游发展的社区能力建设的障碍以及旅游发展的社区能力建设的支持政策方面的国内外研究进展,从主要研究议题、经典理论、研究方法、主要研究发现4个角度分析评述了相关领域的研究成就与研究缺口,支持、补充、具体化了第一章的研究框架。

2.1 旅游发展认知研究

2.1.1 发展认知的维度

随着旅游规模的不断扩大,旅游给旅游地带来的经济效应、环境效应和社会文化效应日益明显,这些效应较长时期作用于旅游地居民,引起旅游地居民相应的心理体验和态度反应,形成其对旅游发展的认知[62]。Lankford 与 Howard[63]在华盛顿与俄勒冈州哥伦比亚河乔治地区用一个多项目的居民态度测量量表评估居民旅游开发态度的认知,总结了对当地旅游业的担心、个人与社区获利两个认知因素;对当地旅游业的担心包括大峡谷户外休闲质量、居住时间、在旅游相关工作岗位就业状况与旅游业接触程度对居民旅游发展认知的影响;个人与社区获利包括影响大峡谷地区旅游规划与决策的能力、当前旅游部门就业、与旅游者的接触程度、对当地经济的了解。AP 与 Crompton[64]根据3个得克萨斯社区的数据开发了发展认知量表,较好地证实了社会、经济与环境维度,但是在调查中出现了其他4个维度:拥挤、服务、税收与社区态度,他们指出社区态度维度也可以表述为社区文化效应的一个方面,而税收维度可以被认为总的经济效应的一部分。Gursoy 等[65]提出了一个新模型改进了 Jurowski 等人[66]的模型,把旅游业的效应划分为发展旅游业成本与收益,具体包括旅游开发的社区支持、经济发展认知、区域消极影响认知、社会获益认知、文化成本认知、社区依恋、社区关注、当地经济状况、经济为中心的态度、旅游资源基础的使用,并且研究了旅游成本与获益对居民支持旅游业的影响,同时他们增加了两个构面:当地经济发展状况、社区关心的问题,该研究通过把旅游认知分为 5 个方面(经济收益、区域消极影响、区域积极影响、区域文化展演与文化成本)扩展了 Jurowski 等人与 Gursoy 等的工作。郭英之、臧胜男与彭兰亚[67]测量上海社区居民对 2010 世博会发展认知,发现了公共经济效益、区域消极影响、文化认知发展、增加家庭情感、舒缓生活和推动社区进步 6 个主要维度,各因子中公共经济效益因其最大的方差贡献率成为最重要的一个世博会发展认知因子项,也是被社区居民强烈认知的世博会效应;其次是文化认知发展,但是社区居民对与自身生活密切相关的增加家庭情感、舒缓生活和推动社区进步认知程度一般,对世博会区域消极影响的认知程度最低。旅游发展认知维度的代表性成果总结如表 2-1 所示。

表 2-1　部分文献中的居民旅游发展认知的内容

研究时间	作者	因素抽取方法	居民发展认知的内容]
1980	Francois J. Belisle 与 Don R. Hoy	主成分分析	(1)旅游成本;(2)旅游供应;(3)旅游设施;(4)文化交流;(5)旅游交通;(6)旅游消极效应;(7)经济效应;(8)毒品交易
1993	Lankford 与 Howard	探索性因子分析	(1)对当地旅游业的担心;(2)个人与社区获利
1996	Kang 等	探索性与确证性因子分析	(1)旅游评价;(2)旅游获利;(3)消极效应;(4)旅游发展态度
1997	Jurowski, Claudia, Muzaffer Uysal 与 Daniel R. Williams	主成分分析	(1)经济的认知收益;(2)资源基础使用状况;(3)社区依恋;(4)自然保护;(5)经济发展认知;(6)社会发展认知;(7)环境发展认知

续表

研究时间	作者	因素抽取方法	居民发展认知的内容
1998	AP 与 Crompton	因子分析	(1)社会与文化效应;(2)经济效应;(3)拥挤;(4)环境效应;(5)服务;(6)税收;(7)社区态度
2001	John Williams 与 Rob Lawson	主成分分析	(1)生活成本;(2)当地人对社区的掌控;(3)学习文化;(4)社区问题;(5)当地休闲设施;(6)当地参与事件与活动;(7)自然环境;(8)社区犯罪;(9)社区形象;(10)生活方式与价值观
2002	Dogan Gursoy, Claudia Jurowski 与 Muzaffer Uysal	验证性因子分析	(1)社区区域文化开发;(2)旅游获益认知;(3)旅游成本认知;(4)旅游资源使用状况;(5)社区关注;(6)当地经济状况认知;(7)社区依恋;(8)经济中心的态度
2004	Dogan Gursoy 与 Denney G. Rutherfor	最大似然法	(1)社区区域文化开发;(2)旅游经济获益认知;(3)旅游区域消极影响认知;(4)旅游文化成本认知;(5)文化获益认知;(6)社区依恋;(7)社区关注;(8)当地经济状况;(9)经济中心的态度;(10)旅游资源使用状况
2004	Claudia Jurowski 与 Dogan Gursoy	主成分分析	(1)文化旅游开发的社区支持;(2)旅游获益认知;(3)旅游成本认知;(4)旅游资源使用状况;(5)社区关注;(6)当地经济状况认知;(7)经济为中心的态度
2005	Yalcon Kuvana 与 Perran Akan	已有的研究构念	(1)经济效应;(2)经济问题;(3)积极社会文化效应;(4)消极社会文化效应;(5)消极环境效应;(6)森林的好处;(7)与森林有关的问题
2008	张文与何桂培	因子分析	(1)生活环境质量下降;(2)经济生活水平提高;(3)不良社会影响;(4)文化交流与发展;(5)设施建设与资源保护;(6)社区付出多于获益
2008	Soo K. Kang, Choong-Ki Leeb, Yooshik Yoon 与 Patrick T. Long	主成分分析法	(1)消极社会发展认知;(2)积极经济发展认知;(3)消极环境发展认知;(4)消极经济发展认知

续表

研究时间	作者	因素抽取方法	居民发展认知的内容
2008	涂玮、刘庆友与金丽娇	自组织神经网络方法	以旅游资源型小城镇安徽省灵璧县为例研究居民旅游认知,呈现出环境资源成本、目的地利益综合、经济成本、区域消极影响、社会利益5个因子
2008	卢小丽、肖贵蓉	探索性与确证性因子分析	(1)经济正面发展认知;(2)社会文化正面发展认知;(3)环境正面发展认知;(4)经济负面发展认知;(5)社会文化负面发展认知;(6)环境负面发展认知
2009	郭英之、臧胜男与彭兰亚	因子分析	上海社区居民对2010世博会发展认知,发现公共经济效益、区域消极影响、文化认知发展、增加家庭情感、舒缓生活和推动社区进步6个主要维度

来源:根据文献[64]整理,有修改。

2.1.2 发展认知的内容

本文从经济、社会文化与环境3个方面来组织文献,这种组织方式便于与已有研究的对照同时发现各个研究领域的理论进展。

2.1.2.1 经济发展认知

很多社区近十年来发生了很大的变化,社区依赖的第一产业衰败,经济发展困难,需要寻找可替代的经济发展战略[68]。面对资源基础薄弱,一些社区把发展旅游业作为振兴经济的灵丹妙药[69]。在经济衰退的地区,当地社区往往低估了旅游开发的代价而过高估计了旅游业的经济收益[70]。他们往往为了获得旅游收入愿意忍受某些不方便的地方[71]。已有研究表明对当地经济的认知显著影响到对旅游业收益与成本的认知。进而影响到社区对旅游业的支持。Gursoy等人认为经济落后的地区,当地居民更多地重视旅游业的收益进而支持发展旅游业[65],也有实证研究表明当地居民意识到了旅游业可能产生的消极效应但是仍然支持旅游开发。居民旅游经济效应的认知主要表现为提供就业岗位[63]、提高了房地产的价值与房价[71]、增加了商业机会减少了失业[68]、提供伪民俗文化来获取经济收入[72]。正面的生活效应包括给个人、家庭与整个社区创造就业与经济机会和收益,另外还包括一系列的非经济生活效应,起到减少脆弱性、开发技巧与改善获得信息的途径,提高与创造新的基础设施,提供贷款与市场,改善食品安全与强化社区组织,还包括密不可分的无形生活收益,比如重新获取自豪感、增加权力、自然环境安全、文化方面的收益、居民的乐观主义以及更多的参与决策[73]。其他研究表明居民指出了旅游业的消极效应,包括不佳的经济收入,包括低工资,但是仍然赞同进一步的旅游开发,通常希望未来获得经济收入[74]。提高当地居民的生活,最大限度上增加对社区的收益的措施涉及加大使用当地劳动力、当地物质与服务同时也开发适当的可持续的基础设施和支持性的政策,以及环境策略[75,76]。

2.1.2.2 社会文化发展认知

社会文化发展认知可以分成两类[77]:一类是有关居民与旅游者遭遇的社会发展认知,例如,文化差距的影响、犯罪、卖淫与示范效应(例如当地人口价值、态度或行为的变化[78]);另一类是居民社会文化发展认知的内容有关对基础设施发展的社会效应以及对当地资源的认知影响,例如对目的地社区资源利用与接待设施、旅游地务工人员、目的地社区的语言、文化以及其生活方式的变化。居民认为旅游业提供了一些社会区域文化展演[79]。Harrison 认为旅游业提供了新的机遇促进了社会变迁,其他人认为旅游业给当地人创造了新的发展机遇,比如新的购物与娱乐机会[80]。居民认为旅游业通过改善道路与其他公共设施的条件而对当地的服务有积极影响。以往研究表明旅游业为当地的艺术品创造了需求,提供了自豪感与文化认同,增加了凝聚力、交流了思想,增加了对本文化的了解[81]。旅游业也为文化交流与本地传统的复新创造了机会,改善了生活水平,提升了社区形象[82];但是旅游业也有一些消极影响,影响了传统的家庭价值观[83],导致了文化的商业化[84],主客双方在社会文化方面的差异可能也导致了社会文化方面的冲突[85],从长远看目的地社区可能会从文化上更为依赖客源国[86]。另外学者们也识别了其他社会文化效应内容,尽管有些居民并不同意它们,这些内容包含增加了对当地人剥削,不在旅游区购物,增加了性放任[87]。研究结果有抵触的社会发展认知的内容是犯罪、恣意破坏公物行为、吸毒、家庭与社会结构变化[88],尽管其他的研究[89]并没有证实这些研究发现。这种有抵触的研究结果可能因为需要把旅游业的效应与工业化与现代化的效应区分开来的问题,究竟是旅游业的效应还是现代化的效应很大程度上还不知道。

国内旅游业对山地社区的社会文化效应涉及对少数民族山区居民的语言、

生活风俗、民族服饰[90]、女性的家庭权利[91]有显著影响。

2.1.2.3 环境发展认知

环境是旅游发展的重要投入要素,环境的维护对于旅游业的进一步增长尤为必要。在旅游增长的地区相反出现了环境退化[91],经济发展与合作组织把旅游业消极的环境效应分为对空气、水体的污染,产生了噪声与垃圾[92]、农牧场等景观的丧失、动植物的破坏、历史人文景观退化、拥挤的消极影响、主客冲突的影响、产业竞争的影响[93],但是某些大城市居民认为某些社会生活方面的影响(如噪声增加、破坏自然环境等)归为举办盛事活动而不可避免的一种区域消极影响[94]。

综上所述,居民旅游发展认知研究的主要案例地多位于城市与知名的成熟景区,以大城市社区居民为研究对象的研究较多,对于发展初期的成长型景区周边农村社区居民的旅游发展认知研究较少;从研究方法来看,定量研究占据主导地位,主要方法多为描述分析、因素分析、聚类分析、方差分析与卡方分析,质性研究非常少,即使有一些研究提及访谈,也没有详细展示其访谈提纲、访谈程序、访谈对象选择方法,所以运用质性方法研究具有旅游发展认知值得深入研究,有利于我们获得居民旅游发展认知内容与形成机制的深入丰富的理解与解释。

2.1.3 发展认知的差异因素

近20年来学者们已经逐渐开始研究居民旅游发展认知以及随后社区区域文化开发的影响因素[95],主要包括社区依恋、居住时间[63]、参与水平[96]、对旅游业与当地经济的了解程度[86]、个人收入对旅游业的依靠程度[97]、与旅游区临近程度或者与旅游者的接触程度[98]、居民社会经济特征、政治职位[99]与人口统计学特征[100];旅游业的类型与形式[101]与旅游者的接触水平[102]等相关因素。Faulkner与Tideswell[103]提出了居民旅游发展认知的影响因素框架,把影响因素划分为内部与外部因素,内部因素主要有居住时间、生活方式、旅游业的适应状况、是否靠近景区以及旅游业的参与状况;外部因素主要有旅游发展的阶段、旅游者与居民的比例、旅游发展导向与季节性。Williams与Lawson[100]详细地列举了影响居民认知的相关因素。我们大致分成3类探讨不同影响因素与居民旅游发展认知的关系,即社会统计学因素、社会经济因素、地理空间因素。

2.1.3.1 社会统计学因素

社会统计学变量是一个影响居民认知的重要的内部变量,这些方面包括性别、年龄、出生地、职业、社区依恋、社区归属感、种族、教育水平、居住时间。就性别来说,Mason 与 Cheyne 在新西兰乡村的研究中发现,女性由于认知到诸如交通、噪声与犯罪增加等消极影响比男性更反对旅游开发[104]。在南卡来咯纳州的查尔斯顿,Harrill 与 Potts 发现女性比男性对旅游开发的态度更消极[105]。作者们表明这种差异主要由于传统的工资与职业的差异,但是他们也声称这种发现可能也与女性主义的视角有关[106]。

年龄也是一个解释居民对旅游发展认知的因素,Tomljenovi 与 Faulkner 对澳大利亚黄金海岸的研究[107]发现,年龄较大的居民往往与年轻居民一样更支持旅游开发,另外年老居民更能容忍国际旅游者,更不担心旅游业消极的环境效应。在澳大利亚黄金海岸居民的个案研究发现,老年居民比较能够适应并容忍旅游业发展产生的消极影响,尽管注意到由于旅游发展产生的社区犯罪与混乱等现象,但一般并不认为这些全都是由于旅游业造成的[107]。但是,与 Tomljenovic 与 Faulkner 不同,Cavus 与 Tanrisevdi 在土耳其 Kusadasi 的研究中发现年老居民更多地认知到旅游业的消极影响。

就出生地而言,UM 与 Crompton[108]发现居民对社区有关出生地、传统与居住时间越关心,他们对旅游业积极发展认知得就越少,Davis 等发现当地人比外来的人对旅游业更持正面的看法[109]。就职业而言,Haukeland 在 3 个斯堪的纳维亚社区旅游社会文化效应研究中发现那些从事传统产业比如制造业的居民对旅游业消极发展认知的态度最强烈,并且与旅游发展的水平有关[110]。Husbands 发现在赞比亚维多利亚瀑布地区,白领工人比蓝领工人更倾向于支持旅游业[111]。Lanford[112]发现美国哥伦比亚河谷有八成以上的居民对旅游效应的认知上可分为有关地方旅游发展因素与有关个人及社区利益因素,此二因素各自在居民、政府雇员、民选或任命官员以及企业投资人 4 组之间具有显著差异。对旅游发展的态度上,居民显现出保守态度,对本身所属社会或区域要发展旅游业并不热衷;企业投资人则表现出最为热心支持;政府雇员及民选或任命官员基本上是赞成的。

社区依恋是影响人们认知旅游影响及支持旅游业的一个因素[108]。居民社区依恋程度可用居住时间、出生地、民族[108]、年龄与收入[113]测量。有关社区依恋对旅游发展认知与旅游业支持存在相反的看法,McCool 与 Martin[114]报告较高的社区归属感与较高级别的正面与负面影响高度相关。以往研究表明人们越对社区有依附感他们越可能认知到当地经济需要援助[65]。社区依附感有可能调节人们如何认知旅游业的成本与收益。Jurowski 等[66]提出关心社区的人对经济与社会效应更可能持正面的看法。但是，UM 与 Crompton[108]提出社区依恋与旅游发展认知呈负相关。Lankford 与 Howard[63]以及 Gursoy 等[65]没有发现依附感与旅游发展认知有明显关联。社区归属作为影响居民旅游认知和支持态度的因素之一，McCool 与 Martin[114]发现居民归属感越强越容易认知到旅游业正面的社会与经济效应并且更关注旅游业负面的环境效应。居民在社区居住的时间越久，对社区的归属感也就越强，就越不支持发展旅游[63]；但也有成果支持，居民的归属感与旅游发展认知不存在显著的因果关联[65]。

就教育水平而言，Teye 等的研究[115]表明，越是高学历的社区的居民，越愿意与旅游者进行交流沟通。非旅游部门工作的企业家的教育水平越高，他们认识到的旅游业的效应就越少[116]，可能是由于这个群体没有直接把博彩业的消极社会、经济与环境效应归咎到博彩业身上。在澳大利亚阳光海岸地区调查居民在旅游发展认知中教育水平方面无显著差异。

居住时间对居民旅游发展认知存在不尽相同的看法。在一项苏格兰的区分研究中，Brougham 与 Butler[117]识别出居民态度的显著差异与个人特征、与旅游者的接触、居住时间、年龄与语言相关。Liu 与 Var 对夏威夷居民的研究发现居民旅游发展认知就种族与居住时间没有显著差异[93]。Allen 等人（1993）对10个科罗拉多乡村社区的研究发现居住时间对居民对旅游开发的态度没有显著差异，支持了 Liu 与 Var 的发现。McCool、Martin[114]与 Williams 等[117]各自对蒙塔纳（Montana）与弗吉尼亚（Virginia）的研究发现，长期居民比短期居民对旅游积极发展认知的少。Snaith 与 Haley[118]对英国约克城居民的研究发现，居住的时间越短，对旅游积极发展认知的就越多，尽管短期与长期居民都认识到了旅游业的利益与影响。

2.1.3.2 社会经济因素

影响居民旅游业态度的变量主要包括旅游发展程度与当地经济水平[119]、个人对旅游业的参与[120]、旅游目的地旅游者的数量[121]、个人对旅游业与当地经济的了解程度[63]、当地居民与旅游者接触的程度[122]、当地游憩机会认知的影响[63]、旅游地的成熟度[123]、发展中国家旅游发展程度、旅游发展类型、对旅游发展事件的认知等[124,125,126]。

旅游发展程度与当地经济水平方面,居民的旅游态度与旅游地的发展阶段密切相关。在旅游发展的不同时期居民对旅游业的态度可能不一样,并且可能会影响到其对旅游开发的支持度[127]。旅游发展的早期阶段,居民对旅游效应倾向于积极的发展认知,旅游发展进入成熟阶段后居民旅游发展认知倾向于消极发展认知。经济欠发达地区的居民往往更多地关注旅游业可能的经济收益而对于旅游产生的负面效应并不是特别关注。在旅游发展起步阶段,居民对旅游正面效应的认知明显强于对负效应的认知,旅游对当地居民的经济效应强于旅游的社会文化效应和环境效应,当地居民对旅游的发展持积极的态度,这部分证实了 Doxey 的旅游发展阶段理论。

个人对旅游业的参与方面。Faulkner 与 Tideswell[103]在澳大利亚黄金海岸的研究发现,参与旅游业的居民旅游发展认知倾向于积极发展认知,而没有参与旅游业的居民对旅游业倾向于消极发展认知。Mason 等[104]发现,新西兰波杭伊纳谷地居民对旅游业的态度与社区对旅游业的依赖程度呈正相关。研究人员从不同角度审视了居民态度与经济依赖的关系,从单独个人到整个社区,绝大部分假设都是一个人或社区越依赖旅游收入,其对旅游开发的态度就越积极[80]。

个人对旅游业与当地经济的了解程度。有证据表明经济中心态度的程度显著影响目的地社区对旅游效应的响应与认知[66]。Jurowski 等[66]报告了经济中心的态度与 3 个影响变量(经济效应、社会效应、环境效应)呈负相关。Gursoy 等[65]发现经济中心的态度对旅游收益与成本的认知呈负相关,他们也报道了旅游业支持的程度明显受到当地人经济中心主义强度的影响。

社区关注方面。以往研究表明社区关注的问题可能影响对当地经济状况的认知、对旅游业成本与收益的认知、对旅游业的支持,对社区问题,比如教育、环境、犯罪等问题,越关心,越可能影响居民认知到的旅游业收益与区域消极影响,进而影响其对旅游开发的支持程度[65]。

当地人对游憩资源的使用状况。以往研究表明当地人是根据他们如何认知旅游业对游憩资源使用的影响来决定是积极地看待旅游业还是消极地看待旅游业[65]。Kendall 与 Var[128]认为那些使用旅游业资源基础的人往往积极地看待旅游业的效应,因为旅游业改善了当地的休闲设施与机会。其他人认为使用资源基础的当地人会消极地看待旅游业是由于相信旅游业会导致外地人与本地休闲者竞争休闲机会[65]。Jurowski 等人[66]报告了使用资源基础对认知旅游业的经济、社会与环境效应有正的影响,他们也汇报了当地人对资源基础的使用对旅游业支持有显著影响。那些报道旅游业对旅游资源使用有影响的研究得出结论说旅游业改善了目的地社区的娱乐与游憩机会[66]。总的结论是当地人对资源基础的使用可能与旅游业的正面效应有正相关,与旅游业的负面效应有负相关。

社会经济因素方面,主要表现在居民旅游相关收益、社会价值观、旅游就业等方面的影响。比如获取经济收益是古镇居民参与旅游业优先考虑的因素[159],价值观影响高层次人群旅游发展认知的效果比影响低层次人群的效果明显[98],在旅游部门工作的居民群体对旅游业积极效应的认知要高于不在旅游部门工作的居民群体,而对消极效应的认知比不在旅游部门工作的弱[82]。

2.1.3.3 地理空间因素

城市空间与旅游发展态度的关系,尝试把特定居民或旅游区与居民和旅游者的物理距离联系起来。根据规模、距离与区位变量,Toennies、Durkheim、Simmel与Wirth的线性模型假设社区依恋随着人口与人口密度的增加而减少,因此研究人员假设居民距离旅游活动集中区越近,他们就越能认知到旅游业的消极效应[130]。在国家游憩区周边5个农业县的研究中,Gursoy与Jurowski[65]发现,当地经常使用该区域的人对旅游获益的认知更消极并且不太可能支持旅游发展。作者声称居民的消极态度是由于担心旅游者增加后他们对该游憩区使用会受损害的结果。Gursoy与Jurowski得出结论说旅游规划应该涉及保护居民对游憩区的使用或提高他们对游憩区的使用能力。

Harrill与Potts在查尔斯顿的一项研究中发现居民旅游态度最消极的区域往往位于旅游中心并且受到的旅游消极效应最大,而对旅游影响态度更积极的地区往往远离旅游中心区,受到旅游的影响少[129]。这种空间的差异与Belisle与Hoy[131]的发现不同,他们发现距离旅游区越远旅游积极发展认知就越少。但是值得注意的是他们的研究是在哥伦比亚的波哥大,在那里绝大部分城市人口依靠旅游业。依据其他研究以及自己的研究成果,Harrill与Potts声称居民对旅游开发的态度部分上是空间区位与对旅游业经济依靠度的反映,受旅游影响严重但是经济上又不依靠旅游业的居民要比其他居民更多地对旅游业持消极态度[129]。

国内方面,主要表现为居民发展认知受居住地与旅游景区之间距离的影响,在古镇旅游地研究中,核心区居民获取旅游发展的利益最多,而旅游发展的成本主要由过渡区和外围区承担,其中,外围区居民对旅游的环境成本认知最强烈,而过渡区居民对旅游的区域消极影响认知最强烈[132]。之所以存在居民旅途有发展认知的空间差异,原因首先是旅游发展导致其人口居住空间的分异,在此基础上,通过旅游业影响方式、居民自身对旅游业的参与状况、居民的居住时间等因素形成其旅游效应的空间分异规律。

2.1.4 发展认知的群体聚类研究

2.1.4.1 旅游发展认知的群体聚类文献

尽管有大量的研究研究了当地居民对旅游业的看法,但是在旅游文献中对居民旅游看法分类的研究比较少。Robert Rothman 根据特拉华(Delaware)两个海滨社区居民的旅游开发的态度界定了3个群体:不依赖旅游业的社区、支持发展旅游业的社区、对旅游业存有矛盾态度的社区[133]。在一项佛罗里达居民群体划分的经验研究中,Davis、Allen 与 Cosenza 把居民分为下列5个群体:旅游憎恨者、旅游喜爱者、谨慎乐观者、中间者、单一原因爱好者[109]。AP 与 Crompton[134]根据得克萨斯4个社区对旅游效应的回应划分居民对旅游业的4种策略:接受、容忍、适应、退却。在这个回应的连续谱上,接受这个阶段最可能发生在个人直接从旅游业获利(比如就业)的时候。作者把容忍描述为稍微的接受,意味着居民吸纳了旅游影响带来的不方便或代价。达到适应阶段的居民接受每天与旅游业相处的现实但没有对旅游业表现出任何积极或消极的感觉。最后 AP 与 Crompton 把退却描述为默许:居民对旅游业不满,不是从事旅游业而是从旅游业中退出。作者建议未来研究时应该把旅游效应研究与居民采取的策略联系起来,并且应该发展问卷测量居民采取的测量。Ryan 与 Montgomery 划分了英国 Bakewell 镇居民态度的种类,识别出了热情支持者、有点生气者、旁观者[125]。类似的分类及适用于个人也适用于社区。Smith 与 Krannich 对美国西部经历旅游增长的3个社区进行了分类:旅游饱和社区、旅游实现型社区、旅游渴望社区[135]。Smith 与 Krannich 得出结论说研究人员应该尝试区别社区与个人的旅游依赖度以及相关的对旅游业的态度,这两个群体之间可能有显著差异。Fredline 与 Faulkner[136]研究澳大利亚黄金海岸旅游地居民旅游发展认知,运用聚类分析把居民旅游认知划分为5类,有保留的支持者、憎恨者、现实主义者、热爱者、个别原因担心者。Madrigall 从两个城市中区分出3种有所重叠的类别:热爱者、憎恨者、现实主义者[137]。Williams 与 Lawson[100]运用聚类分析把居民旅游发展的认知划分为4类:热爱者、怀疑者、纳税者、无辜者。较近期的研究,Pérez 与 Nadal 识别出了旅游开发支持者、谨慎开发者、举棋不定与小心谨慎者、保护主义者、另类开发者[138]。

2.1.4.2 研究的局限与问题

尽管已经认识到社区的多元性,并且声称有可能根据居民对旅游开发的认知对目的地居民进行细分[121],对于居民认知的聚类即使能够分出类别也难从现有的调查得出重要的结论。尽管从具有不同观点的居民中能够相当容易地识别出相应的类别,但是直接的比较几乎不可能[136]。之所以不同类别之间难以比较,主要是由于分类变量、社区与目的地特征、划分的类别数,以及不同问卷收集的数据划分造成的比较缺乏一致性。尽管根据居民对旅游业的回应识别出不同的居民的类别或许使研究人员能够较真切地发展居民态度与旅游业关系的更一般化的理论[136],但是从学术上这种方法仍旧是有局限的。必须承认早期的研究通过预先确定的问卷把研究框架强加到社区身上,对居民旅游发展的认知缺少超出研究者自身预设来研究该问题[136],因此相对现实中真实的类别,这些研究的精确性是值得怀疑的。需要结合案例地脉络与情景进行深入的质性访谈与田野研究,提出更切合目的地实际的居民认知分类。

2.1.5 发展认知的理论解释

2.1.5.1 巴特勒的旅游地生命周期模型

尽管该模型提出于 30 年前,但是该模型[139]在学界得到了广泛的承认。考虑到旅游区随着时间的演化,以及产品生产周期的概念(产品早期销售量比较低,随后进入了一个快速的增长期,稳定期最后进入衰退期),巴特勒提出旅游地遵循一个类似的演化模式。起初该地区由于交通条件与接待设施所限只有少量的旅游者来访,随着接待设施改进与大家对该地区了解的增加,旅游者数量也增加起来。由于营销宣传外加信息发布以及接待设施进一步的增加,旅游地应该会迅速发展起来。但是随着达到承载力的水平,旅游者人数最终会减少。按照假设的演化模式,旅游地经过经历的阶段为探索、参与、发展、巩固、停滞、衰落或者复兴。尽管该模型在学界得到了广泛的承认,但是该模型也有一些限制,该模型也是一个单方向模型[134],同时该模型也预设了社区对旅游业回应具有一定程度的同质性[104]。正如学者所发现,并不是所有的目的地都会清晰地经历这些发展阶段,因此该模型的预测力是有限的,因为不同地区生命周期可能会有所变化。

2.1.5.2 社会交换理论

社会交换理论指个人与团体间资源的交易与共享。这些互动发生在个人、角色占有者，或作为单个单位的群体之间。资源可以是任何内容，真实的或象征的，甚至可以是物质的、社会的或者是心理的资源。社会交换理论引起旅游学者的兴趣，是建立在一个假设的基础上，即旅游开发是用社会环境效应换取经济收入。据 AP 的研究[140]，社会交换理论假定社会关系是寻求从交换中获取相互利益的群体相互交换资源。交换的主要动机就是改善私人企业家与公共经济开发商的社区社会经济福利。AP 假设当资源交换价值高或平衡的时候或者对于不平衡的关系中对东道主群体价值较高的时候，居民就认为发展旅游是积极的。当资源交换在平衡或不平衡的关系中价值低的时候，居民就认为发展旅游业是消极的。Perdue 等运用社会交换理论研究了科罗拉多 16 个农村社区旅游发展认知与进一步旅游开发支持的关系[141]，发现当控制个人旅游收入的时候，居民发展认知与社会经济变量不相关。另外，支持进一步旅游开发与认知的积极或消极效应正相关或负相关，进一步旅游开发支持也与社区未来的认知负相关。

按照交换的逻辑，Madriga[142]发现来自亚利桑那州社区对旅游有积极发展认知的居民认为他们个人能够影响旅游决策，并且旅游相关企业对他们城市中的决策没有太大的政治影响。消极发展认知与个人的影响力（personal influence）负相关，并且与旅游企业有太多的影响的认知正相关。Getz 在苏格兰 Spey 山谷社区研究中发现居民消极发展认知的增加表明他们认为旅游收入减少，与他们的期望不匹配[143]。支持这些研究，Jurowski 等[144]在弗吉尼亚的研究发现经济获益作为一个交换的结果对居民的支持有直接的正影响。经济获利这个交换变量对社会发展认知影响最强烈，尽管它也对环境发展认知有些许影响。但是在 12 个亚利桑那州社区的研究中，McGehee[145]发现对社会交换理论不尽相同的支持，他没有发现个人旅游获利与旅游规划支持有关系。作者推测如果一个居民在旅游开发中有特权利益，那么他将会想看到旅游规划能够得到正确的实施或限制要少。McGehee 等对此研究发现提供了两种解释需要进一步研究：市民对社区进行旅游规划的能力不太相信；每个人不管个人获利如何都认为旅游规划是重要的。很明显未来一个重要的研究领域就是测量居民对旅游规划的态度以及开发的收益和影响。

2.1.5.3 社区依恋理论

McCool 与 Martin[146]把社区依恋定义为居民社会参与与融合进社区生活的程度和方式,以及对社区的情感。Buttel 等[147]把这个构念定义为居民社区团结或社区社会网络整合程度的态度与思想的表达。这些变量自从被 Park 与 Burgess 在系统模型识别为研究变量以外并没有经过仔细的考量就一直在社会经济因素中使用:居民的社区依恋随着居住时间、家庭关系与社交改进而增加。相反另一个假设可以追溯到 Toennies、Durkheim、Simmel 与 Wirth 的线性模型[149]:社区依恋随着人口与人口密度的增加而减弱。尽管这些模型在规划历史与理论中起着重要作用,最近的研究表明社区表现出既线性又系统的社区依恋特征,来自这些模型的变量就一直在文献中使用[150,151]。总的来说旅游研究人员已经着手从消极态度视角研究社区依恋与居民旅游态度的关系。旅游业是一个有可能削弱社区生活质量的产业,因此人们对社区生活越依恋就越会拒绝旅游开发。

国内尝试从不同角度对居民旅游发展的认知进行了研究,比如居民旅游发展认知的机理[152]、旅游地生命周期在解释居民旅游发展认知中的研究,同时发现生命周期理论比社会交换理论更有解释能力[153];有学者用涵化理论[154,155]解释居民与旅游者的相互影响过程,从文化交流的角度分析,二者的交流是一种文化相互借鉴的过程,但是这种交流却不是对等的,受到居民与旅游者交流关系的特点、接待地与客源地社会经济状况及其人口数量差异的影响。

综上所述,之所以居民旅游发展认知就是为社区旅游规划与管理政策的制定提供理论依据,不仅仅研究居民旅游发展认知的影响因素,更要研究居民旅游发展认知的结果变量。就目前而言,主要研究了居民旅游发展认知与旅游发展支持度、旅游发展的态度、居民满意度之间的关系,对于居民旅游发展认知与居民社区旅游参与方式、参与机制、参与障碍以及参与的支持政策的关联性研究非常缺乏,值得拓展居民旅游发展认知的后向研究。

2.1.6 旅游发展认知研究的评述

研究方法方面,就目前掌握的文献而言,国内的以单个案例研究为主,跨空间共时性研究较少;即使已有的跨空间的案例研究[153],也存在样本量不足的问题。比如一个研究 20 个遗产地居民旅游发展认知的研究,调查问卷总量为 1001 份,有效问卷 900 多份,涵盖了如此多的案例地类型,而每个旅游地调研问卷不足 50 份,不仅每个案例地调研不足,整个调研的代表性更是让人担忧。外在代表性比较好,内在信度不足;那么多案例地而样本只有1001份,如何具有代表性呢;有些研究结果自曝了研究的不科学性,比如"对于不同调研点的居民,从聚类分析结果来看,其认知并没有存在本质的差异"。这说明这种聚类意义不大,差异不显著,或者没有找到显著影响的变量。有的研究[156]研究程序叙述不完整、不规范(数据采集方法、数据分析方法不清晰)而直接解说结果,即使结果相当完美,但是阅读者在黑箱中亦不明白其结果得出的过程与科学依据。文献[156]虽然得出了比较完善的结论,但是其具体的收集数据方法以及研究分析方法并没有指出,这是一个有待于深究的问题。另外有的研究[157]定量研究的抽样方法没有交代,研究方法部分交代了使用访谈法,但是深度访谈提纲、访谈问题没有交代,访谈的程序以及样本选择标准、各个样本的代表性没有详细论证,定性数据的收集与分析处理方法没有详细交代,这种研究方法部分交代的闪烁其词,使人不免怀疑其研究结论的扎实性与科学性。有些研究[158]比较实事求是地交代了研究限制,比如只是一种探索性的研究,在样本结构、样本量方面还存在不足和有待改进的地方,社区对待会展的态度在很多方面还有待进一步深入研究,如会展业的发展阶段、居民距离会展中心远近、曾经参与与否、教育背景、年龄、职业是否影响人们对待会展的认知,还有城市规模是否也是一个影响因素,有相当多的研究没有交代研究中是否存在不足与限制因素。

　　有些文章研究方法交代中存在违背研究伦理的事实,侵犯了被研究者对研究过程的知情权,居民是在隐蔽状态下接受访谈的;样本量过少,两个村一个是47份、一个67份,关键是还使用的多变量统计分析方法,聚类与判别分析这些方法对样本量要求较高,否则研究结果就具有不稳定性与偶然性的可能,难以让人信服。另外问卷中的回答者主观题没有说明处理与使用的方法[159]。有些研究存在研究方法叙述不规范,没有说明抽样方法以及总体与样本特征,比如"通过人际关系"共发放450份问卷,回收421份,经筛选后有效回收样本总计388份[160]。有的研究在调查过程中,设计了关于旅游区居民的调查问卷,并着重调查社区居民的旅游参与状况,期间考察了19个村庄,并沿途走访了许多农户,完成了96份问卷调查(如果是质性访谈问卷要论证样本选择的典型性,受访对象所代表的居民群体)。有些研究没有明确的研究方法、数据来源,研究考察的程序还是停留在思辨性臆想性的研究结论,没有数据与方法支撑[161,162]。

　　居民旅游发展认知研究主导性的研究方法是定量研究,但对于居民旅游发展认知的质性研究相当缺少,检索国内文献只发现一例[163]。如果深入理解居民旅游发展认知的鲜活事实,弥补调查问卷过于结构化的缺陷,需要结合问卷调研的同时进行结构性访谈,再通过结构性访谈中寻找典型样本进行深度访谈,这正是本研究试图尝试的研究方法程序。

2.2 旅游发展的社区能力建设机制

2.2.1 社区能力的内涵

在旅游文献中对社区能力这个概念的关注非常有限[21],但是这个概念在其他开发领域,尤其是卫生、教育与农业得到了广泛的运用。表2-2所示社区能力的概念强调了社区能力常见的主题与特征:

社区能力是有关社区自身共同的知识与能力,这种知识是用来界定社区问题与社区选择的。因此,社区能力是社区其他活动的先决条件。除了定义社区能力和描述它的特征,卫生、农业与教育领域的研究也建立了任何社区能力建设实践需要注意的社区能力建设的领域或维度:界定和提出问题解决方法的知识与能力;批判性评价拟建项目与活动的能力;当地领导与企业家;目标区域特定的技术与管理技能;网络与社区凝聚力;与外部组织的平等关系;资源与基础设施;动机与信心。

表2-2 社区能力的代表性概念

作者	社区能力的定义
Goodman 等,1998,Poole,1997	影响社区识别、动员与解决社会与公共卫生问题能力的社区自身的特征
Easterling, Gallagher, Drisko, Johnson, 1998	居民个人和集体改善社区生活质量所具有的资源或优势的综合
Jackson 等,1999	社区本身具有或可以获得的各项能力的整体体现,外加广泛社会环境下实现这些能力的便利因素和障碍因素
Bopp, GermAnn, Bopp, Baugh Littlejohns 与 Smith, 2000	社区能力是指社区及其居民为解决社区居民面临的关键问题开展各项工作的能力

续表

作者	社区能力的定义
Chaskin,2001	社区用来解决集体问题,改善或维持社区福利所需的社会资本、组织资源与人力资本的综合表现。它既可能通过非正式的社会过程运行,也可以通过有组织的努力进行
Labonte 与 Laverack,2001	社区群体界定、评价、分析与按照群体成员关注点行动能力
Smith 等,2001:33	社区开发、实施与持续进行加强社区卫生行动的程度
Hounslow,2002:20	社区中的个人、组织与社区整体管理经营自身事务,联合行动培育与持续进行积极变革的能力
Laverack,2005:267	社区改进生活可以利用的资源与属性,它是一种根据社区问题重要性定义、评价、分析与行动的能力
Balint,2006:140	社区设定与实施相关目标所具有的优势、能力与技能的综合表现
朱孔芳,2008	社区能力建设是指社区及个人的"增能"或"充权"(empowerment)的过程,指促进各种社区"资源—资产"的增长,体现了社区工作的新视角、新策略,它是通过教育、整合等手段,丰富组织资源,积累无形和有形资产,增强社区自我发展的内驱力和能力
钱宁,2007	一般说来,社区的能力存在于人们所掌握的知识、技术、物质财富、价值观和他们生活实践中所形成的生活信念与目的追求中,它表现为人们利用各种资源服务于自己的目的的能力,广义的社区能力包括物质经济的能力和文化能力,前者为人们的创造活动提供物质基础,后者则是作为观念性的东西存在于人们的意识和目的性活动中

社区的能力取决于拥有的资源机会或生态、政治、环境方面的限制因素以及群体的生活条件。这些作者强调社区参与评价的重要性。有大量的证据表明自上而下的项目之所以失败,是因为尽管这些项目强调了可操作性和有效性,但是没有关注社区的需要或社区的诉求[164]。Labonte、Woodward 与 Chad 认为,能力建设的成功实施取决于参与者之间信息的自由交流与后续支持,这就有一个重要的启示:即使实施方法正确,信息也不会自动转变为行动,除非社区

充分的内部沟通与外部机构的支持[165]。这也提供了一个能力建设如何应用于项目规划的例子,因为它包括了改进的行动、使用的策略与需要的资源。

国内相关研究。正如国外学术文献中社区能力建设研究在卫生、农业、社会工作中应用广泛,而在旅游学术领域应用很少一样,国内旅游文献中出现社区能力建设的文章也非常少,仅有一位旅游学者提到社区参与旅游发展所需要能力可以通过目的地社区能力建设得以实现,要提高农民旅游参与程度离不开社区能力的建设[166]。有学者在综述国外社区生态旅游发展的战略对策时把社区能力建设作为一项重要措施提出[32]。有学者把社区能力建设作为社区增权的过程,通过教育、整合等手段,丰富组织资源,积累无形和有形资产,增强社区自我发的内驱力和能力[167]。社区能力建设过程要通过建构社区组织、培养社区领袖和骨干、提升社区意识、扩展社区居民的社会支持网络,以此发展社区的社会资本,同时通过增权来帮助社区依靠自身力量克服困难,实现社区自我服务、自我管理和自我发展的路径[167,168]。有学者把建立社区的社会支持网络、发展社区与外部社会的联络、帮助社区获得信息与资源机会看作是解决目前社区重建的条件因素,而把社区内部的自助和互助机制的建设、发展社区组织和基层群众力量、培养社区管理的精英和骨干看作社区能力提升的主导因素[169]。

目前国内在社区旅游研究文献中较多地使用了"社区旅游参与"的说法。在阅读国外社区旅游文献中发现使用"旅游发展的社区能力建设"这个术语逐渐越来越多[21,170,171],而社区旅游参与成为旅游发展的社区能力建设内容中的一个方面。社区能力建设诚然仍是一个发展中的概念,还不足以成为学术竞争的对象。但是根据我的文献综述与个人的调查实践,我个人比较赞同把旅游发展的社区能力建设用作一个推动社区旅游行动实践的概念。这是因为:

(1)旅游发展的社区能力是行动导向的。它经常与一个社区旅游发展的具体问题或社区旅游发展公认的变革目标有关。当目的地社区共同采取措施改善社区生活质量的时候经常需要评价旅游发展的社区能力。

(2)旅游发展的社区能力与社区旅游发展政策关系更密切,即目的地社区采取措施促进旅游发展的社区能力某些重要方面积极变革的意图更明显,比如经常用的方法是建立社区愿景。相比而言,尽管社会资本与社区旅游发展有密切的关系,但是社会资本的政策意涵并不明显。

(3)旅游发展的社区能力作为一个比较周全的概念考虑到了促进或阻碍社区发展的结构性因素,但是其他概念认识到这些因素与否较不明显。

(4)旅游发展的社区能力的绝大部分研究认识到了吸引社区民众参与进来定义适合于他们独特的社区背景的旅游发展的社区能力的维度与适当的测量方法。其他概念多是从象牙塔中得来运用到或强加到目的地社区身上。

2.2.2 社区能力建设的维度

社区能力在实践中社区可能需要一套维度指标指导社区能力建设,但是这些维度需要灵活地修改或适当地调整。Smith[171]研究了23篇经过筛选的文章,发现这些文章绝大多数提到的社区能力建设的概念依次有参与(15次),知识、技能与资源(10次),共同愿景(9次),社区感(7次),社区沟通(7次)。只有2篇文章提及领导与持续学习,4篇文章提到了社区的问题解决能力,23篇文章中提及的其他维度还有生活质量、网络伙伴关系、邻里合作。这种分析让我们知道了作者们如何评价社区能力以及哪些维度更为重要。从表2-3可以发现这7个定义提及的相关维度的次数从多到少大致依次为:社区领导(6)、社区资源(6)、知识与技能(5)、社区参与(4)、社区感(4)、外部联系与支持(4)、评价与省思(3)、问题解决(3)、项目管理(3),可以发现这9个维度提及较多,经常被引用。

表 2-3 代表文献中社区能力的维度

来源	社区能力的维度
Gibbon,1999	表现(representation)、领导、组织、需求评价、资源的可获得性、实施、联系、管理
Bopp等,2000	共同愿景、社区感、参与、领导、资源、知识与技能、沟通、持续学习
Laverack,2001	资源动员、参与、领导、问题评价、探求原因、与其他人和组织的联系、组织结构、外部代理人的作用、项目管理
Goodman等,1998	社区感、资源、技能、市民参与、领导、批评省思、社区权利、社会与组织间网络、社区历史的理解、社区价值观
Easterling等,1998	技能与知识、领导、效能感、社会资本、学习与开放的文化氛围
Chaskin,2001	社区感、社区成员的承诺水平、解决问题的能力、资源的获取渠道
Aref,F,Ma'rof,R,2009	社区参与、社区领导、社区结构、技术与知识、社区权利、社区感、资源利用、外部支持

续表

来源	社区能力的维度
王宁,2006;孙九霞,2008;左冰,2009;于萍,2010	社区增权、经济增权、政治增权、心理增权、社会增权、制度增权、教育增权、信息增权、个人增权、社区增权、组织增权
钱宁,2007;朱孔芳,2008	社区组织、社区领袖和骨干、社区意识、社会支持网络、社会资本、外部联系、社区资源
钱宁,2007;朱孔芳,2008;见参,2008	自我服务能力、自我管理能力、自我发展能力、自我教育、自我监督
张晓萍、李芳、王尧,等(2009)	经济资本、文化资本、社会资本
方劲,2006	社区发展基金
马贵侠与戴燕,2009	社区社会组织
黄娅,2010	批判性省思与思考的能力
彭兵,2010	知识与技能、社区归属感、外部联系(个人、社会组织、政府部门)

2.2.2.1 社区参与

社区参与是社区能力建设的一个主要因素,社区能力建设的最终目的也是促进社区有效充分的社区参与,所以社区参与和社区能力不是相互排斥而是互为促进的概念,没有社区参与,就没有合作,就没有社区能力的发展,就没有社区项目,因此旅游开发中没有社区参与往往导致社区失去发展的机会[172]。Ashley与Roe[173]把社区参与描述为一个连续谱,从被动参与、积极参与,到当地人的完全参与,完全参与阶段当地社区整体参与积极,社区拥有旅游开发的所有权。尽管有学者提出社区参与的分类(没有参与、象征参与、真正参与),但是并没有直接应用与旅游开发研究中。国内学者郑向敏与刘静[174]提出了社区旅游参与层次主要划分为初级、积极与成熟参与3个阶段,旅游参与的发展受社区旅游参与的影响因素主要有目的地旅游业发展的规模水平、社区居民对旅游业的认识程度、旅游主管部门对社区参与的重视程度、政策法规的健全程度、激励机制的完善程度影响。

2.2.2.2 技能与知识

技术与知识是社区能力建设的基本要素之一。392个案例分析研究表明进行有效旅游开发最大的障碍就是缺少旅游业的技术与知识。旅游业知识与技术的欠缺是关键性的障碍因素,它不但会限制当地人参与旅游开发的能力,而且会造成下一个障碍就是当地旅游业领导人的缺乏,进而造成外地代理人主导当地旅游业[21]。社区旅游技能与知识表现为多个方面:社区沟通、社区旅游推动与团队建设技术、社区旅游研究、规划与评估技术、问题解决技能、管理技能、开发技能[175]。最终所有的社区开发项目都需要一种技能与知识,就是建立一种新的体制推动社区改变。另外,随着社区旅游开发规划的实施与修编,社区技能与知识的组织方式可能也需要改变。因此,开发技能与知识对于任何社区旅游开发项目的长期成功都非常重要[175]。当地社区如果要在旅游政策制定中起到积极作用,社区居民就有必要获得旅游的技能与知识,包括充足的资助来源、政府培训项目、教育项目、支持旅游开发的自愿者群体。

2.2.2.3 社区感

社区感是社区能力建设的要素之一,社区感的意思是居民感到彼此相连,认识到他们有共同的目标,感觉有动力共同工作实现这些目标。McMillan与Chavis[176]定义社区感为社区成员的归属感,社区成员彼此之间感觉都很重要,感觉个人与社区群体之间也很重要,是社区成员之间的一种共同信任,成员的这种需要能够通共同的承诺而得以满足。Sarason[177]把它定义为个人与社区的一种相互依赖。当地社区鼓励社区成员间发展社区感,使社区居民认识到社区在旅游开发中的作用。随后社区成员展现出一种义务与责任感并且承诺支持旅游计划。据McMillan与Chavis[176]研究,社区感有4种要素:成员资格、影响力、融合、共同的情感联系。培养社区感既是旅游开发社区能力建设的过程又是结果。社区感与社区权利、社区参与紧密相关,因而能够促进社区能力建设的发展。

2.2.2.4 社区领导

很多学者把旅游业作为社区发展的工具尤其在景区周边目的地社区[178]。社区能力建设与旅游开发的一个关键方面就是需要社区领导把社区主要的利益相关者召集起来,充分利用他们的聪明才智发动他们去行动。社区领导能够在利用娴熟的领导技能解决社区挑战的同时把不同的人聚集到一起提高了社区社会资本。没有社区领导,社区能力建设与旅游开发不会自动实现[179]。目前社区领导一个最经常引用的定义由 Goeppinger[180]提出,他把社区领导看作社区中个体之间相互作用、相互影响的过程。有学者把社区领导划分为操纵、告知、磋商、互动、合作、增权与社区动员不同的层次(Leksakundilok,2006)。当地人经常把缺少社区领导作为社区发展的障碍,尤其在濒临衰退的社区。社区领导是当地社区旅游发展战略的一个方面。Ying 与 Zhou[181]以安徽西递与宏村为例发现旅游开发决策权从社区委员会集中到小部分社区精英手中,中国人微弱的公共意识,社区参与意识淡薄给那些地方政府忽视公众利益与态度以可乘之机。

2.2.2.5 社区结构

Poland[38]把社区结构作为社区能力的一个维度。根据 Anderson 等人的研究,社区结构指的是社区中比较小的或非正式的社区团体和委员会,他们培育了社区归属感,使社区有机会表达观点和交流旅游开发的信息[182]。社区结构包括一些小团体比如社区委员会、青年团体。社区结构既能提供社区发展的问题来源又能提供潜在的解决方案[183]。当地社区结构连接了社区中的组织与个人,对旅游开发过程有显著影响,社区结构被认为是社区能力的一个维度[182]。

2.2.2.6 外部支持

Maclellan[182]把外部支持列为社区能力的一个维度。外部支持是决定当地社区有机会获得旅游开发的外部帮助。社区使用的外部支持既可能是内部的,也可能是外部的社会资本,或产生信任、信心和合作的能力以及社区内外的沟通渠道。诸如政府部门、当地政府的外部支持能够把社区与旅游开发的外部资源联系起来,外部支持也有助于提高社区组织的能力充分利用社区发展的机会。

2.2.2.7 资源调动

资源调动是测量社区辨别当地社区资源开发的能力和社区能力的一个维度[184]。成功的社区能力建设需要从战略高度使用资源。Goodman 等讨论了资源调动的维度,包括资源获得、资源多样性、资源的公平分配、资源共享、资源使用、资源的鉴定与规划[184]。Eng 与 Parker[185]把资源调动作为测量社区与外部社会关系的维度。Fawcett 等把有权使用资源作为影响社区能力建设过程的一个环境要素。这些资源包括经济、人文、物质与政治资源[186]。社区能力建设需要发展多方面资源也需要时间发展,因而社区资源调动是社区能力的基本要素,影响社区实现目标的能力。社区资源有多个来源包括私人与公共部门,其中经济资源是社区最核心的资源。旅游开发作为社区开发的重要部分一定伴随着资源分配,社区进一步开发更大程度上取决于当地提升社区旅游资源的能力。

2.2.2.8 社区权利

旅游业中社区权利的研究有不同角度,从宏观角度说,社区权利是社区发展政策的基本要素和把旅游业与政治经济与发展联系起来的一个关键问题[187]。有人认为只有社区权利能够造成当地居民带来经济利益公平分配的时候,旅游发展的社区权利被认为是必要的。Cheong 和 Miller 认为只有社区居民看到旅游业带来的收益,旅游业才能让当地居民支持资源保护[188]。Ashley 与 Roe[189]描述社区权利是一个连续谱,从被动参与到积极参与,最终达到充分参与,这个时候才会有积极的社区权利和企业所有权。在此背景下有人认为社区权利是旅游开发成功的重要因素。Simmons 提出社区参与旅游决策对于目的地居民是至关重要的。上述旅游开发中社区权利的理论观点引起人们的研究兴趣。这些观点如果运用,旅游开发的很多问题可能就会避免[190]。

进一步研究的问题主要有 3 个:一是检验考察这些研究概念的具体内涵与适用性,研究适应中国山区农村社区的操作化指标;二是研究不同社会统计属性(性别、年龄、职业、收入、岗位、居住地点)的群体对社区能力建设机制多个维度的差异及影响因素;三是在这些潜在变量的操作化基础上构建社区能力建设机制的结构方程模型,探索不同潜在变量的内在关联机制。

2.3 旅游发展的社区能力建设障碍

旅游开发中社区能力建设面临很多障碍,但是这些障碍很少被旅游研究学者讨论[21]。社区旅游发展面临的障碍研究对于组织居民参与旅游业、提高旅游发展的社区能力是非常重要的,这能够帮助个人、社区、组织更有效地影响旅游政策的制定,有助于政府识别居民社区旅游发展与参与的障碍,制定优先考虑的重要政策,克服社区旅游发展与参与的障碍不管对政府还是社区都是一个挑战。本研究初步综述很多国家尤其是发展中国家社区旅游发展面临的障碍,即为什么目的地旅游业没有与周边的社区联系起来或者说目的地社区为何没有参与到旅游业中来,有哪些限制与障碍因素,这部分研究对后面研究农村社区旅游能力建设的支持政策提供了理论与政策依据。

表 2-4 旅游发展的社区能力的测量项目

社区能力建设的维度	社区能力建设的测量指标
社区参与	(1) 在社区旅游中包括广泛的当地人的代表 (2) 鼓励本社区自愿者群体参与旅游开发 (3) 克服困难鼓励本社区当地人参与旅游开发 (4) 用不同的方式通知当地居民有关旅游开发计划的信息 (5) 鼓励本地居民参与旅游业活动 (6) 给当地居民参与旅游活动提供机会 (7) 社区组织参与本社区的旅游开发
技能与知识	(1) 给当地人提供学习旅游业知识的机会 (2) 给社区成员提供旅游业方面的知识与技能 (3) 能够获得旅游开发方面的培训 (4) 能够获得资源、知识与技能方面的详细目录 (5) 提供旅游业方面的知识与信息
社区感	(1) 居民参与旅游开发活动感到自豪 (2) 居民关心社区的旅游活动 (3) 我感觉我对旅游开发做出了重大贡献 (4) 我觉得我有责任提高社区参与旅游业的水平 (5) 我欢迎旅游者并且对旅游者友好 (6) 社区居民经常找我帮忙解决旅游业中的问题 (7) 了解如何经营社区旅游
社区领导	(1) 寻找办法解决旅游开发的障碍 (2) 积极参加旅游开发行动 (3) 给当地居民沟通与汇报 (4) 创造机会培养社区新的领导 (5) 给年轻人提供领导旅游业的机会 (6) 鼓励与支持旅游业的利益相关者参与旅游业
社区结构	(1) 与已有的社区结构取得联系 (2) 改善现有的社区结构 (3) 创造新的社区结构帮助社区成员

续表

社区能力建设的维度	社区能力建设的测量指标
外部支持	(1) 提供与项目有关的信息 (2) 提供与项目有关的技术知识 (3) 保证项目易于获得所需支持 (4) 开放与持续的社区沟通
资源调动	(1) 获得项目成功的内部资源 (2) 获得项目成功的外部资源
探求原因	(1) 解决项目进程的根本问题 (2) 让关键人群参与探求原因的过程 (3) 让关键人群参与问题解决的过程
外部联系	(1) 与各个部门建立网络联系 (2) 通过联系共享信息 (3) 通过联系共享与获得资源 (4) 保持项目间的联系采取联合行动解决项目问题

来源:Mary Frances Maclellan-Wright,Donna Anderson,Sarah Barber,2007。

2.3.1 国外研究进展

国外旅游发展的社区能力建设的障碍即可以从旅游供需角度进行划分,也可以从社区能力的维度进行论述,本部分兼列两个方面。

旅游供给方面,Belisle 从各个方面分析了目的地农业与旅游业联系失败的原因:历史原因,包括农业历史发展与现状限制了当地食品生产的扩张,把最好的地种植出口作物而用低质量的土地种植小农业;自然原因,包括地形、土壤类型、降雨量分别或共同限制农业的扩张;行为原因,包括土地所有权的分配、经济、技术储存设施缺乏;市场原因,包括营销或宣传不足[191]。Belisle 研究旅游业与农业联系的障碍因素有:自然环境的障碍、行为因素的障碍、经济限制、技术限制,宣传营销不足[191]。Momsen 认为旅游业与农业的联系并不总是随着时间变化,部分上与经济和地理条件有关,尽管旅游业加强与传统市场部门的联系,但是一系列自然和人文障碍存在导致当地食品供应的质量与数量问题,经常阻碍这两个部门潜在共生关系的形成,两个部门缺乏沟通和了解需要改进[193]。如果当地食品生产者要充分参与到旅游业中来,必须找到把旅游业与农业这种运行关系形成制度的方法,这样乘数效应就会提高,旅游业的需求变化就会影响供应商的变化以及上游供应商的变化,建议除了提供制定合同、供应的设备和冷藏设施外还要增加部门间的沟通。Momsen 发现,旅游业之所以没能显著地推动经济发展是因为材料进口,食品在国外加工,伴随旅游者而来的外国服务人员构成了替代的旅游供给系统[193]。

旅游需求方面的障碍因素,包括旅游者对母国同类食品的偏好、进口食品便宜、确保食品质量和供应可靠、本地食品质量不如进口食品尤其是卫生质量、饭店可能不知道当时生产产品的种类和质量、农民想维持传统的作物收成不想扩大生产、农民缺乏饭店食品的需求信息、饭店和农民被阻止的相互交易、农民或中间商向饭店定时供应当地食品或履行合同不可靠[194]。另外旅游进口方面的原因包括产品可获得性的不稳定、持续供应的不稳定、质量的不稳定。Torres[48]、Meyer[195]从加强目的地农业与旅游业联系的角度提出了一个分析框架(见表 2-5),把影响目的地旅游发展的社区能力建设的因素分为 4 种:需求相关因素;供给相关因素;营销、中间商相关的因素;政府政策因素。

从社区能力建设维度分析能力建设的障碍可能是一种更有针对性的研究思路。社区参与方面的障碍主要包括社会政治传统,强势政府排斥草根阶级参与旅游开发;信息的可获得性;缺乏意识,当地居民对旅游影响缺少了解组织了居民参与旅游决策,分享旅游收益[196]。Ebbesen 等总结了社区能力建设的障碍:社区开发没有界定明确的目标和结果;没有领导团结、激励大家参与旅游业;公众支持有限,或者社区对于政策变化没有发言权;没有资金与政策;发展社区能力没有政府支持;无法利用资源迅速抓住机会[197]。Hunt 研究社区建设的障碍有:公众不能参与政策制定;社区缺乏相应的知识与缺少意识;当地社区与政府权力不平衡(强政府,弱民间);缺少财政资源;缺少合作[198]。

社区权利障碍。社区权力作为社区能力建设的要素在参与旅游开发中经常面临着障碍[199]。旅游发展中社区权利的限制旅游学者几乎没有讨论过。Tosun 研究建议是在发展中国家存在的旅游开发的障碍有运营障碍、结构障碍和文化障碍。尽管这种分类没有具体的原因,但是它至少在理论方面有助于理解社区参与旅游开发的障碍:运营障碍包括旅游开发公共管理的集中、缺少政府批准、政府对当地居民不信任;结构障碍包括与机构与权利结构有关系、精英主导旅游开发、旅游开发决策缺少社区内部的自治权;文化障碍包括当地社区对旅游开发反应冷淡,认知水平低[200]。

社区领导障碍。缺乏强有力的领导是第三世界国家有效地进行旅游开发的重要障碍因素。运营方面需要政府支持、允许旅游开发、社区参与、专家技术、人力资源、领导参与旅游开发的资源、旅游开发政策。操作方面包括行动偏好与政治支持,这个方面与社区领导参与、协调、合作、沟通、可获得的信息和行政支持(Murray,2004)。文化方面地方领导需要热心于旅游开发,提高旅游发展的意识。

技术与知识障碍。西澳大利亚政府公共政策局对社区参与的障碍做了一个调查,结果显示社区能力建设的障碍有:缺乏社区参与的知识、技巧;缺少资金;个人与团体缺乏社区参与的能力;没有社区开发的从业人员(Social Policy Unit,2004)。Hunt研究当地社区能力建设的障碍有:地方当局没有认识到社区作为地方开发的一个单位;对社区层面人力资源开发关注不够;缺少了解政府决策的信息渠道;缺少有效的政府机构;依赖政府和官员满足社区的需要;没有能力解决社区问题,管理个人或社区事宜;当地社区没有专家控制社区发展的事宜[198]。Bushell与Eagles指出发展中国家当地社区旅游开发缺点比较相似,以下几个要素往往更突出:缺乏正式的教育或没有知识;没有外语沟通的技巧;解决社区卫生、垃圾、基础设施和建筑的维护有不同的方式;对外国人的食品制作知识缺乏了解;对旅游业发展的可能后果的政策决策与规划技巧缺少了解,没有能力控制旅游发展过程、难以预料的政治气候以及长期的资金不确定性[201]。

表2-5 旅游发展的社区能力建设障碍因素

影响因素	相关影响因子
需求相关因素	旅游业发展类型,饭店所有权、规模和等级(Bélisle,1984a;Milne,1992;Momsen,1986) 旅游业发展水平(Momsen,1994;Momsen,1996) 旅游者类型(Bélisle,1984;Gomes,1993;Miller,1985;Weaver 1991) 对地方美食的宣传(Goffe,1975;Gomes,1993;Momsen,1986;OAS,1984) 健康与安全因素(Torres,2003) 厨师的培训经历和国籍(Torres,2003) 旅游季节性(Farver,1984;Torres,2003)

续表

影响因素	相关影响因子
供给相关因素	自然环境的限制(Miller,1985;Gomes,1993) 根深蒂固的生产方式(Pattullo,1996) 当地产品的数量与质量(Bélisle,1983;Bélisle,1984a;Bélisle,1984;Miller,1985) 当地生产的食品价格高(Bélisle,1984a;Bélisle,1984;Gomes 1993;OAS 1984) 技术与加工限制因素(Bélisle,1983;Bélisle,1984a) 农业劳动力(Torres,2000) 农业部门缺少资金(Torres,2003) 农业景观(Dilley 1986;Telfer 与 Wall,1996;Socher 与 Tschurtschenthaler,1994;Bowen,Cox 与 Fox,1991)
营销、中间商相关的因素	销售与基础设施的限制因素(Pattullo,1996) 供应不能适应需求(Bélisle,1983;Bélisle,1984;Bélisle,1984a) 供应的空间模式(Bélisle,1983;Momsen,1986) 协议、合同、回扣问题(Belisle,1983;Telfer 与 Wall,1996;Torres,1997) 缺乏信任(Telfer 与 Wall,1996;Torres,2003;Woolcock,2001) 分销设施(Telfer 与 Wall,1996;Latimer,1985) 中间人(Belisle,1983;Freitag 1994)
政府政策因素	(Torres,2003;Latimer,1985;Belisle,1983;Telfer 与 Wall,1996;Taylor,Morison 与 Fleming,1991;Mak,1993)

Torres 与 Momsen 对墨西哥犹坎塔州的合作农场进行了半结构深度访谈,展示了向旅游业供应食品的农民的障碍因素,涉及地理条件、产业供应链、语言沟通、食品供应、资金信贷、土地调控、经营规模、市场销售等一系列障碍因素[202]。

Briedenhann 与 Wicken[203]研究发现南非边缘化乡村社区旅游发展的障碍因素主要有:当地政府缺乏经营乡村旅游的能力;经营社区乡村旅游存在困难;缺乏经营乡村旅游的企业管理知识;管理技巧和扩大乡村旅游基础设施的资金。有些国家通过加强与生产部门的后向联系和与分销和旅游部门的前向联系对经济发展做出了重大贡献,但是这些企业仍旧受下列因素的制约:规模问题、投入问题、技术与专业知识的可获得性、语言障碍、低生产效率、高生产和营销成本、不可靠和高成本的交通、低效的市场渗透策略。

Mwaijande[24]采用各个利益相关者的焦点团体座谈系统地研究了各种障碍,其中灌溉水缺乏是农民为旅游业生产足够农产品的最大障碍,因为政策制定者、农民与旅游业的其他利益相关者都认为灌溉水缺乏是影响农民为旅游业供应足够农产品的障碍因素。其他的障碍根据重要程度排序包括:缺少政府的支持;缺乏农村的劳动力;没有足够的农业土地;缺少农业贷款。农村劳动力缺乏是突出的因素,因为年轻人口从事农业活动的非常少。而且大家都认为市场信息不足是当地农产品销售的一个障碍因素。其他障碍因素包括:当地农产品数量不够;当地食品供应不持续;来自进口食品的全球范围的竞争;无法获得市场销售渠道,农民与厨师之间缺少沟通。

David F Redman 在《把旅游业作为扶贫战略:创造与地方经济后向联系的机遇与障碍》[204]一文中采用深度访谈的方法详细研究了社区参与旅游的障碍因素,包括当地社区不能参与该地区快速的旅游发展的障碍(自然资源基础衰退;自然环境恶化;基础设施差;谋生方式单一;农业土地有限;土壤条件差;流向城市打工;农业或山区资源缺乏管理);债务与贷款(灾后房屋维修;生产工具和设备;得病医疗);当地灾害性气候;社会文化因素(教育水平低下;没有意识到旅游;缺少旅游专业知识;缺乏旅游方面的信息)。区域层次的障碍因素包括:各种增长政策的导向(强调旅游者人数而不注重与当地经济的联系;增加当地社区的收益);缺少专业人员;基础设施不完善;资金不足;没有正确的评价与监督机制;对旅游缺乏了解;政府强调管制而不是赋予社区权利;旅游者对健康与卫生情况的担心;缺乏旅游业管理能力;缺乏旅游研究能力,不能发现潜在旅游者并进行有效的促销;旅游营销与宣传没能成为省市规划主要部分;广泛存在的腐败;政治与社会不稳定;环境退化;当地经济条件薄弱。当地社区参与的障碍在绝大部分文献中大都是描述性的甚至是臆测性的,或者语焉不详,需要一些扎实的实证分析。

2.3.2 国内研究进展

社区能力建设的障碍在国内直接相关的研究非常少,间接相关的因素涉及民主意识淡薄、经济发展水平落后、旅游管理部门人员观念和知识水平[205]、公共资源利用无度、公共秩序混沌失序和公共福利供给短缺[206]、公司或政府占主导地位、作为强势的政府和公司与作为弱势的农民间难以平等对话[207]、政策与相关经济信息匮乏、人力资源的流失、社会资源与支持网络不足、政策偏差、文化教育和权利保护缺位,以及农村生活价值的失落、政府过多地干预社区事务[168]、缺乏资金、知识和对旅游不够了解[208]、政府的强力干涉、制度改革的高昂成本、参与话语权高度集中于社区内的少数人[209]、权利—利益结构网的存在[210],由此形成的权利关系造成了社区参与旅游发展的结构性障碍,所以社区能力建设的真正实现有赖于这些结构性障碍的消除。

综述上述研究发现社区参与障碍主要就一般的社区进行研究,对偏远的乡村山地社区的研究,尤其是一个发展中的山地景区周边农村社区的研究比较缺乏。上述综述一方面为问卷设计提供了丰富的理论基础,另一方面对于本研究试调查的访谈提供了问题意识与研究的敏感度。我们的研究与以往研究视角不同,强调从两个方面深入研究:一是已经参与旅游业社区居民的参与障碍研究(现实障碍或者进一步持续发展的障碍);二是对于现有农村社区没有参与旅游业的居民群体的社区参与障碍的认知研究(潜在参与障碍);同时比较从事旅游业与为从事旅游业对社区参与障碍的差异研究。

2.4　旅游发展的社区能力建设的支持政策

2.4.1　国外研究进展

2.4.1.1　旅游地食品替代战略

采取进口替代政策是各个国家普遍采用的减少外汇漏损刺激地方农业发展的方法,一般是限制关键商品的进口,同时通过技术援助、贷款和制定政策保护价直接支持农业生产[211]。在政策限制的同时支持当地农民达到旅游业对原材料的数量质量标准。在进口替代的体制下,如果当地农业不能满足旅游业的需要就会损害旅游业的发展,Belisle[212]主张进口替代政策,一般重点满足国内旅游市场的需要。以改善农产品销售,使农民日益获得种子、肥料、贷款和灌溉的形式直接推动新作物种植并且相应地给予技术和经济资助是很多国家提高当地农业的生产能力满足旅游业需要普遍采用的政策。欠发达的种植经验和技术欠缺是当地农产品不能与外地廉价优质进口产品有效竞争的主要因素[213]。在少数情况下宾馆直接参与到当地生产者的生产项目中[7]。

2.4.1.2　农业多元化发展与增值战略

在旅游业与农业之间建立一种共生互惠的联系,促进研究各种方法直接提高这两个部门的联系。政府部门需积极制定政策,实施计划,通过旅游开发刺激当地农业的发展。在新自由政策推动情况下,高度专门化的非传统农产品可能成为联系农业与旅游业的一个新机会。加勒比海非传统农产品不仅出口,而且还直接向国内旅游饭店销售诸如新鲜农产品、鲜花等装饰植物[214]。

2.4.1.3 农产品规模化发展与营销战略

由于旅游地农产品不管是生产还是营销都不容易规模经营,表明小型农场主向旅游市场和国内消费市场供应农产品具有明显的限制因素。政府尝试通过建立地区农产品集散中心来改善地方农产品的销售水平。储存和流通的制约因素被认为是公司难以维持高度易腐烂的蔬菜水果质量的主要原因[211]。"接纳农民"试验计划也鼓励当地全包价旅游商与农民签订合同。这个合同作为农民获得贷款的有用凭证。

在很少情况下,宾馆与生产商直接签合同采购食品[7]。在坎昆有一些尝试,饭店直接与渔民(与农民签订协议的较少)签订合同,但是这些合同没有执行下去是因为饭店和生产者相互之间缺乏信任,对价格有争议,生产者不能及时地、持续地供应产品。政府计划也通过定时地发布产品定价、供需信息而致力于改善农民和饭店双方的沟通[215]。有些尝试专门致力于某些农作物的研究和销售渠道支持[216],结果收效甚微,这是因为它没能关注诸如缺少安全的市场、供应的季节变动、交通设施落后、储存设施落后等重大问题[216]。有些作者把重点放在需求方,强调向旅游者宣传当地食品并且把向旅游者供应的食品本地化[217]。有些作者强调旅游者仅逗留一段时间期望改变他们的消费方式是不现实的。Belisle建议更具现实意义的是改变当地供应以适应旅游者需求,他强调旨在鼓励农业生产的政策现在一般集中在国内市场,需要转向旅游市场[212]。

2.4.1.4 农产品深加工与旅游渗透战略

农产品加工是联系当地生产与旅游业需求的另一个有重大潜力的领域[218],比如旅游者纪念品的乡村产业。Momsen指出这种专业食品的生产卖价高,给农产品提供了高附加值,同时避免了出口的运输成本[219]。农产品加工是一个目前开发仍不充分的领域,尽管它代表了一个给当地农产品价值增值的重要机会。Telfer[220]强调了在生产部门、加工部门、流通部门、宾馆、餐馆和厨师之间建立区域战略联盟的重要性以强化当地农业与旅游业的联系。他描述了尼亚加拉瀑布区"尼亚加拉美味"战略联盟,该联盟致力于提高旅游业对当地农产品的利用。联盟的运行机制包括开发基于当地农产品的地区美食;实施贯穿整个食品链的优质标准;推销当地产品,开发新型的尼亚加拉产品和产品来源;增加农民、供货商、餐馆和宾馆的沟通。该联盟通过建立一家农民市场和备有高级冷储设备的分销中心便于本地农产品的销售。在一个品牌名称下的质量分级与销售是可以用来促销当地产品的机制。Telfer[220]描述了尼亚加拉地区实施本地产品质量标准并且在尼亚加拉地区贴上品牌名称以辨别当地生产的产品并且保证质量。同样,在法国他们开发了一个本地产品的标记分等系统以证明产品符合国家规范和标准。

2.4.1.5 农业旅游产业化战略

最近出现了农业旅游、乡村旅游或农场旅游等流行的可选择旅游形式,反映了后福特旅游形式的增长和向寻求可选择企业的后生产主义农业系统的转向[221]。乡村景观不再仅仅是一个生产空间,它本身已演化成一种旅游者消费的产品。乡村旅游在给生产者提供另一种收入形式的同时起到促销本地农产品的作用——旅游业与农业的双赢之举[222]。在农业旅游中消费地区所独有的当地生产的食品成为旅游者体验的关键因素。在法国、意大利、加利福尼亚出现的农场餐馆(农家乐),他们直接从当地农民那里购买本地食品或者在某些情况下本身就种植农产品,表明采用本地种植的农产品本身成为一种有吸引力的旅游产品。法国乡村旅游与当地农业共生的其他例子有:向旅游者出售当地新鲜的农产品;农庄客栈本身既经营农场又兼为旅游者烹饪食品;家庭客栈提供由当地农产品烹制的传统食品;农家乐是住宿加早餐的农场对等物;农场提供餐馆和当地小吃;当地烹饪遗产节事活动和传统地区餐馆[220]。

2.4.1.6 旅游业与社区经济产业链一体化协同战略

一般认为真正改善旅游业与农业的联系需要一种整合的方法,供需双方都必须考虑到。这要求国家政府、旅游业、金融机构、批发商、农业开发机构、农民和旅游者的共同参与。在1984年的OAS/CTRC论坛期间提出了一个改善旅游业和农业联系的利益相关者协作模型[222]。表2-6列出了该模型的一些关键因素,重点在于制度的作用和功能。尽管这个模型强调了这些重要问题,但仍然没有考虑到供应的季节性变动和诸如缺少安全市场和交通落后等结构性制约因素。

表 2-6 基于旅游产业链的社区支持政策框架

社区利益相关者	社区经济发展支持措施
旅游者	(1)充分了解相关信息——愿意体验当地食品和烹饪方法 (2)政治上正确的宣传——能够接受本地产品的质量不完善
政府	(1)税收、农作支持和对有关部门直接奖励 (2)进口替代政策——进口设障和提高税率 (3)当地美食体验的国内外宣传与营销,包括电话、宣传小册子、交易会、纸质媒体 (4)培训援助——建立机构与批准项目 (5)研发资助(政府机构、多方机构、大学、私营或国有企业) (6)营销研究资助
金融机构	(1)提供技术援助津贴、项目准备和可行性研究经费 (2)提供农作物保险援助 (3)资助新产品生产经营、存储、交通和加工设备
农民	(1)转变生产适应市场需求 (2)既提高收益又提高质量 (3)完善提高农场和农产品长期效益的实践,包括:种植密度、作物轮作和土地休耕 (4)使用诸如耕种、灌溉、生物病虫害控制和有机肥料等高效完善的农作实践
流通渠道	(1)确保农民能够得到推荐的种子、牲畜和家禽品种 (2)确保农民易于得到高效地生产和销售推荐品种所必要的准确信息
批发商	(1)向宾馆和餐馆采购人员推销本地农产品 (2)配备设备,签订协议使本地产品质量最优,价格最低进而最大程度上供应本地农产品,这涉及:高质量的食品包装、高质量的食品经销、高质量的食品运输、高质量的存储、高质量的食品加工
饭店和餐馆	(1)培训厨师、酒吧招待、服务员展示、宣传本地产品的烹饪方法 (2)在菜单上提供本地产品 (3)对当地批发商和种植户需要的食品种类和质量做出反馈 (4)采购当地生产的食品

资料来源:文献[222]。

2.4.2 国内研究进展

旅游发展的社区能力建设支持政策在国内研究非常少,相关的社区旅游参与的支持措施涉及开展旅游教育培训[223]、加强信息沟通、采取科学合理的经济利益分配方式,设置科学合理的社区参与机制[167]。从社区能力建设的角度,主要涉及建构社区组织、培养社区领袖和骨干、提升社区意识、扩展社区居民的社会支持网络,以此发展社区的社会资本,使其具有自我自治、自我管理和自我发展的能力[168]。

总之,通过国内文献的综述,目前社区区域文化开发政策,特别是针对于社区区域文化开发政策的结构性制约机制与形成机制研究较少,现有相关的议题比较宏观,缺少相关针对某些具体案例地的扎实的实证研究,由于比较多的建议更多建立在宏观的推演层面没有接触社区旅游能力建设的实践,所以也影响了这些政策的指导作用与借鉴价值。

2.5 本章小结

本章第一部分从旅游发展认知的内容、发展认知维度、发展认知的影响因素、基于发展认知社区群体聚类、发展认知机制解释的经典理论、国内外研究的缺陷与潜在问题综述了国内外在旅游发展认知方面的研究进展;第二部分主要从社区能力建设机制构成[169]的角度分社区参与、社区技能与知识、社区感、社区领导、社区体制、外部支持、资源调动、社区权利 8 个研究议题综述了国内外的研究成就与研究问题;第三部分,旅游发展的社区能力建设障碍研究是国内研究比较薄弱的领域,本文主要立足于国外文献,从旅游业与目的地社区经济联系的角度归纳不同环节目的地旅游发展的社区能力建设面临的各种障碍,回应第一章提出的研究架构图;第四部分,旅游发展的社区能力建设的支持政策,主要立足于加强旅游业与目的地社区经济联系的角度关注提高旅游发展的社区能力与旅游业对目的地社区经济系统贡献率的支持政策。

第三章 研究设计

3.1 引言

根据研究目的与研究架构,本研究主要选择国家地质公园、国家级自然风景区、风景名胜区大别山腹地核心景区安徽省六安市天堂寨景区为主要案例地。研究主要采取定量与质性研究相结合的研究思路,既收集定量数据,也收集质性研究数据,两种研究互为补充、互为解释与佐证,以期提高研究的品质。

3.2 研究区域

3.2.1 案例地区位

由图 3-1 可知,从宏观区位分析,天堂寨景区位于鄂、豫、皖交界处的大别山腹地,湖北罗田县、英山县、安徽金寨县两省三县交界处,金寨县的西南端,有"华东最后一片原始森林"美称的天堂寨国家森林公园就坐落在其境内。从微观区位分析,天堂寨镇辖 8 个行政村,171 个居民组,总人口 17 130 人。耕地面积 1.95 万亩,山场面积 22.2 万亩,森林覆盖率 78.2%,是金寨县林业大镇之一。

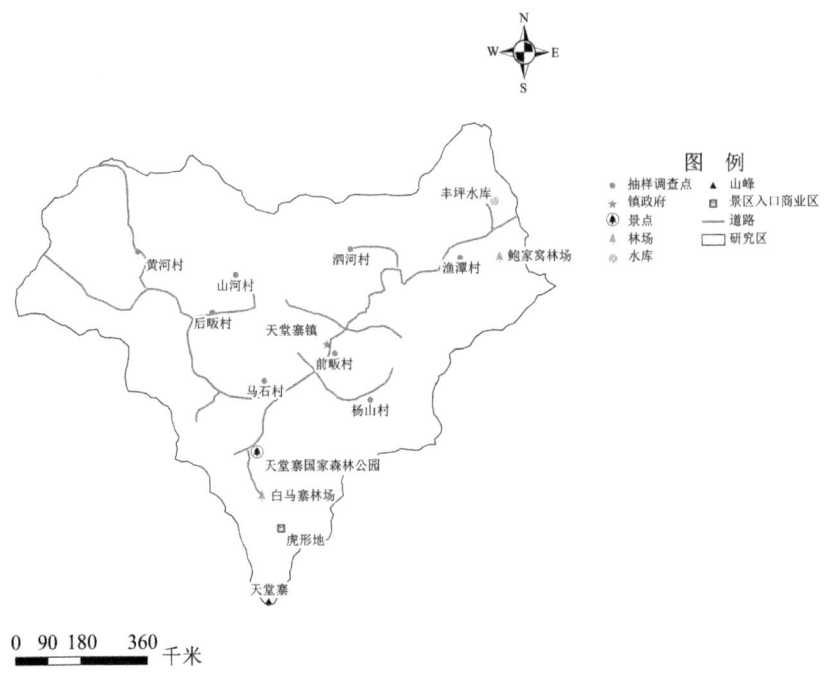

图 3-1 天堂寨镇区位图

3.2.2 天堂寨镇的资源环境特征分析

(1) 天堂寨镇是林业大镇,山场面积 22.2 万亩,人均 15 亩,国家级天马自然保护区在其境内,有国家公益林 13.6 万亩。

(2) 天堂寨镇是旅游重镇,天堂寨镇与天堂寨国家森林公园紧密相连,全镇从事旅游服务业约 0.5 万人,年接待各地旅游者 10 万人左右,旅游业逐渐成为天堂寨镇的支柱产业。境内的主要景区是天堂寨景区,伴随天堂寨景区旅游知名度的提高,相继开发了"天水涧"和"金三角"漂流、白马大峡谷、鲍家窝林场以及虹鳟鱼养殖基地等,旅游业将成为主导产业。

(3) 天堂寨镇是边陲要镇,与两省三县交界,是国家级旅游开发扶贫试验区所在地,有初级中学 1 所(暖流中学,由香港逸挥教育基金会援助),村小学 16 所,学生入学率达 100%。实现村村通公路、通电话。

3.2.3 天堂寨镇旅游发展

天堂寨风景区集国家森林公园、国家地质公园、国家自然保护区、省级风景名胜区于一体,是一个比较典型的山地旅游景区。天堂寨风景区自2004年后旅游业快速发展,旅游规模迅速增加(见表3-1),旅游接待初步形成规模(见表3-2)。

表3-1 2004-2007年天堂寨景区旅游接待量与旅游收入

年份	2004	2005	2006	2007
旅游者量(万)	7	9.6	12	14.8
旅游收入(万元)	228.97	321.33	449.86	629.80

数据来源:天堂寨景区发展公司;六安市旅游局。

表3-2 天堂寨镇饭店餐馆结构

饭店等级	四星级	三星级	二星级	社会餐馆	农家乐
数量(个)	1	3	4	19	24
房间数量[1](间)	64	82	147	286	192
接待规模[2](人)	150	189	309	1009	500

注:1.房间数量包括标准间、三人间,其中含部分无空调房间;2.接待规模指饱和接待量。
数据来源:天堂寨景区管理处。

近几年来,天堂寨镇党委政府紧紧抓住天堂寨风景区开发开放的机遇,"打天堂牌、发旅游财、走生态路、唱特色戏、做集镇文章、抓结构调整",主攻蔬菜、山核桃、菌药3项产业,以市场为导向,以增加农民收入为核心,放手发展民营经济,搞活商贸流通,大力发展服务业,着力推进农业产业化进程,坚定团结,务实创新,实现了全镇经济快速发展。第三产业旅游服务业收入比重逐年增加。天堂寨盛产天麻、香菇、黑木耳和大别山薄壳山核桃,近几年来,天堂寨腊肉、天堂寨泡菜也为越来越多的人所喜欢。

3.3 研究方法论

本文研究涉及不同利益主体的旅游发展认知、旅游发展的社区能力及机制、旅游发展的社区能力建设障碍及社区支持政策等复杂问题,采用实证主义主要研究了社区不同利益主体旅游发展的认知、居民旅游发展的社区能力知觉问题;采用解释社会学范式主要研究了不同利益主体社区能力建设机制问题、不同利益主体旅游发展能力建设的障碍问题及可行策略;采用批判理论范式主要研究了地方政府官员多元化的利益诉求及其对社区旅游发展政策制定的影响、天堂寨社区内外利益主体的利益交换与博弈;采用女性主义研究范式研究不同身份的女性居民(服务员、旅游企业老板、农家乐业主、普通女性农民)在社区旅游参与的结构性障碍因素。

3.4 研究方法

Bopp, Germann 与 Bopp 等从社区能力建设文献中选出的 23 篇高被引文章研究社区能力建设中研究方法的使用状况,发现其中 10 篇文章主要用了质性的测量方法,7 篇文章用的是定量的方法,3 篇文章用的是混合式方法,3 篇文章没有具体说明用的什么方法(因为它们是理论文章)[227]。总的来说质性文章较多地使用参与式的研讨会和焦点团体座谈方法(见表3-3),11 篇文章指出使用的是专题讨论会或焦点座谈方法,8 篇文章用的是问卷调查,2 篇文章用的是问卷与专题讨论混合式方法,1 篇文章用的是深度访谈,1 篇文章没有具体说明数据收集方法。质性研究人员似乎喜欢用专题讨论方法,正如 Gibbon、Labonte 与 Laverack[23]所说,他们在不同研究背景下的研究经验使他们强调"轻松的对话"或专题讨论会研究社区能力方面的重要性。我们注意到在文献中呼吁使用混合式(多种方法)方法测量社区能力[228, 229],但是正如上述文献所表明的一样,这种混合式(多种方法)方法在实践中用得很少。Fawcett 把使用混合式(多种方法)方法描述为:"把各种社区能力建设的举措编织成五彩斑斓的绣锦,为我们了解社区能力建设的成果提供扎实可靠的基础。组合使用多种方法比单独使用任何一种方法都更稳健[230]。结合目前的研究趋势,本研究综合使用了专题座谈会、问卷前面对面结构式访谈、问卷调查、深度访谈等多种方法研究社区旅游能力建设机制问题,为不同研究背景下社区旅游能力建设提供扎实可靠的理解。

表3-3 文献中研究方法使用状况

数据收集方法	专题讨论会或焦点座谈	问卷调查	混合式方法	深度访谈	未指明方法	样本数量
论文数量	11	8	2	1	1	23

来源:文献[227]。

3.4.1 问卷调查

2010年1月15日—2月6日,我们一行4人(1名研究生、3名山东大学本科生,其中有一名是天堂寨镇的大学生)赴天堂寨实地调研,另外又在天堂寨镇招聘11名在校大学生参与了实地调研。研究阶段与相应的研究方法如下:

3.4.1.1 问卷调研前的访谈

试调查目的不仅是预演调查确保回答者都能理解问题并且提供合适的答案(确保回答者能够回答),还检查整个调查能否顺利进行(见表3-4)[231]。对问卷一些词语表达提供了一些修改建议,用当地社区大家都能理解的词语代替问卷中的词语。在问卷调查正式调查阶段,为了确保调研效果,我们先后举办了4次团体座谈与对典型样本的深度访谈。目的有四:一是了解目的地社区参与的现状、问题、障碍因素、当地的支持政策,进一步调整问卷,使之较好地适于调查地区的基本情况;二是调查问卷的试调研,修改问卷的题项,主要是修改问卷的专业术语,修改问卷的量表问题,去除过于专业的当地人不易理解的问项,修改问卷的提问方式,改变问题形式,比如旅游就业偏好五点里克特量表改为单选题,改变提问的方式;三是现场培训调研员,本人现场采用规范的调研方式进行问卷面对面调查,规范调查前的调查说明内容、问项的术语解释、问卷调研前访谈的调查问题标准的提问方式、规范并统一问卷术语的解释标准。通过这些措施规范了调研的规程与提问的方式,提高了调研的内容效度;四是了解不同利益相关者对天堂寨旅游业的认知与参与程度,天堂寨除了旅游业外其他的经济发展策略以及与其他经济发展策略相比旅游业的比较利益与限制因素。

表3-4 问卷试调查与调查样本情况

访谈时间	地点	参与者	访谈内容
1月16日上午9—11点	天堂寨镇会议室	镇组织办李主任、民俗办黄主任、天堂寨旅游发展公司办公室倪主任、黄山饭店老板、土特产经销店老板	(1)问卷试填与题项修改,增加反映本地的问项,删除与修改不适合本地的题目 (2)天堂寨社区旅游参与的方式、参与的障碍、本地的支持政策、旅游业对天堂寨镇的影响
1月16日下午1—2点	YS村村部	村委会杨书记 村企业家	(1)本村社会经济结构与就业方式 (2)本村参与天堂寨旅游业的现状、困难与解决措施

续表

访谈时间	地点	参与者	访谈内容
1月16日下午4—5点	MS村村部	村书记王书记 村长黄村长 小学校长王校长 MS村医生	(1)试填与修改问卷 (2)本村社会经济结构与就业方式 (3)本村参与天堂寨旅游业现状、障碍因素与参与旅游业的方式与措施
1月17日	TY饭店	饭店总经理	(1)试填与修改问卷 (2)社区参与旅游企业经营的动机、困难与支持措施
1月18日	TT山庄	饭店总经理	(1)试填与修改问卷 (2)饭店企业与地方经济的联系方式 (3)饭店企业社会网络

3.4.1.2 抽样程序与方法

本调查抽样程序采取分层随机抽样,先抽取户,再从户抽取个人。调查范围是天堂寨镇街道与天堂寨镇的8个行政村,抽样框是天堂寨镇2009年农村改水改厕补贴名单表,调查总体是天堂寨镇(包括街道)总共4282户。考虑到调研的时间与经费情况,抽样规模定在总体的10%,远大于所有总体5%的最低要求[232],可抽取424户,对8个行政村分层抽样,每个村抽取10%的户。考虑到离新年还有一段时间,天堂寨镇外出打工的家庭可能还没有回来,可能出现抽空的现象,本调查实际按照12%抽样,取样总共500户。在家庭的抽样顺序为男家长、女家长、爷爷、奶奶、大儿子、大女儿、二儿子和二女儿依次抽样,这样基本上保证了样本性别结构的均衡。为确保问卷的回收率与被调查者安排时间接受调查,研究团队预先确定出抽中的名单,提前两天通知各个村部,由他们负责通知到各个抽中的户,要求抽中的户拿着家庭户口本参与调查,这样就确保了调查的精确性。实际现场调查500户,但是某些户外出还没有回来,某些家庭外迁,实际调查472户,回答不完整与空卷总共14份,实际有效问卷458份,有效回答率为91.6%。

本地调查采用调查前访谈与问卷调查相结合的方式进行。每次调研前先统一询问接受调查者两个问题:

(1)天堂寨发展旅游业对您本人与您的家庭来说有哪些好处(积极影响)、

有哪些坏处(消极影响)?

(2)请您谈谈您准备如何参与到天堂寨旅游业中来(参与方式)?有哪些困难(参与障碍)?

这种问卷前提问目的有四:一是通过问卷填写前的提问,实际上让接受调查者综合回忆相关社区参与的经验,对填写问卷实际上起到一种"预热"的作用,方便顺利地填写问卷;二是这种质性数据编码、分类后与调查问卷相互参照,与调研数据做相关分析,起到一种互为校验的作用;三是弥补调查问卷过于结构化的缺点,补充丰富调研内容,解释调查数据的分析结果;四是通过简短调查,识别出典型的样本,调查成员转告给我后由我进行深度访谈。征得受访人同意进行录音、誊录、做记录。调查资料严格保密,符合伦理行为规范。提前两天通知给每个村委员会该村抽取的名单,由村委会提前转告到每个家庭调查时间,这样确保了回答率,并且也符合伦理标准[9]。

3.4.1.3 问卷结构与设计

问卷分为四部分:第一题是回答者基本信息(见表3-5),该部分设置目的一是检验社区旅游发展认知、社区旅游机制、社区参与障碍的社会经济影响因素;二是进行不同社会经济变量的差异检验。第二题到第四题是问卷的主要部分,调查的是社区对天堂寨旅游业影响的认知(总共有43个小题)、社区旅游参与因素(总共有39个小题)、社区旅游参与的障碍因素(总共有54个小题),问卷采用五点里克特量表形式,要求被调查者选择最符合自身情况的选项。每个选项的数值如下:1=非常不符合;2=比较不符合;3=一般;4=比较符合;5=非常符合。Lankford与Howard、Ko与Stewart建议在旅游研究中采用里克特量表的形式是由于它效度较高[63, 233]。

表3-5 样本人口统计学特征（单位:人）

人口统计学变量	变量各个类别频数分布						
性别	男 326(71.2%)	女 132(28.8%)					
年龄	青年 62(13.5%)	中年 366(79.9%)	老年 30(6.6%)				
居住状态	原住居民 404(88.2%)	外迁居民 54(11.8%)					

续表

人口统计学变量	变量各个类别频数分布							
是否村委	村委 60(13.1%)	非村委 398(86.9%)						
教育水平	小学及以下 134(29.3%)	初中 208(45.4%)	高中 68(14.8%)	大中专 33(7.2%)	本科及以上 15(3.3%)			
工作性质	农业 327(71.3%)	非农业 131(28.7%)						
居住村	QF村 109(23.8%)	YT村 53(11.6%)	YS村 56(12.2%)	MS村 58(12.7%)	HF村 37(8.1%)	SH村 38(8.3%)	SANH村 44(9.6%)	HH村 63(13.8%)
现在工作	务农 220(48.0%)	打工 61(13.3%)	土特产经营 23(5.0%)	建筑业 18(3.9%)	公务员 18(3.9%)	饮食业 16(3.5%)	养殖业 15(3.3%)	旅游业 14(3.1%)
	商店 14(3.1%)	运输业 10(2.2%)	服务员 7(1.5%)	学生 19(4.1%)	其他 23(5.0%)			

由表 3-5 可知,由于调查是根据每个行政村的户数按比例分层抽样,调查户数较多的有 QF 村、HH 村、MS 村、YS 村,户数最少的是 HF 村,其中 QF 村、YT 村分布在公路沿线,距离景区较近;其他村不在公路沿线,距离景区较远。参加问卷调查者性别以男性为主,明显多于女性,原因在于有不少女性居民即使回答问卷仍填写家庭男主人的名字或由家庭男性居民前来填写。居住状态以原住居民为主,外迁居民很少。参与问卷填写以普通居民(非村委会成员)为主,村委会成员较少。从事职业以本村务农、外地打工、建筑业、经营土特产等非旅游工作为主,旅游相关的工作非常少,呈现出明显的旅游业发展初期的农村社区特征。工作性质主要是农业工作,非农业工作较少,这是中国传统农村社区典型的特征。年龄以 45 岁左右的中年人为主,青年人外出打工较多,所以比例较小。居民受教育水平较低,以初中及以下文化为主。综上所述,天堂寨居民社区是一个典型的发展初期旅游地的农村社区,较好地保持着当地传统社区特征。

3.4.1.4 数据分析与解释

使用 SPSS 软件包分析数据,将每个回答通过编码转化为分析数据;主要使用描述分析方法简单分析了每个问题回答的频数、百分比与均值与标准差;利用相关分析分析了社区旅游影响、社区参与、社区参与障碍等不同维度之间的相关;利用多元回归检验了社区旅游业影响、社区参与、社区参与障碍的影响因素;利用因素分析提取了社区旅游业发展认知、社区参与、社区参与障碍、社区旅游企业经营的维度;利用聚类分析研究了社区发展认知、社区参与、社区参与障碍的不同社区群体;利用典型相关分析方法研究了山地村落旅游影响多维度知觉模型对旅游发展的社区能力、旅游发展的能力建设障碍的影响,最后结合团体会议中的观察与文献综述分析解释了分析结果。

3.4.2 深度访谈

本书不仅仅通过问卷调查方法研究社区对旅游业的参与,还尝试运用问卷调查前的访谈数据从三角校正的角度试图检验定量结果的正确性和适用性,从问卷调查前的访谈中发现典型样本进行了深度访谈。既然这些社会意义都是藏在人们具体的、特定的行为中,如果抽离社会行为的场景,离开发生的脉络,而去找出人类行为的特征,质性研究者是不愿意去做的[234]。那些行动通常是在一个社会历史脉络里的特定情境中发生的,这个脉络也会深深地影响局内人和局外人如何去诠释该行动[234]。质性资料的功能:第一项是发展研究假设,要想发现、探究一个新领域,人们通常认为最合适的策略就是运用质性资料。此外,质性资料适合用来检验研究假设,看看某一预测是否获得支持。最后,质性资料也适合用来辅助量化资料;如果研究者想要对同一情境搜集到的量化资料进行补充、证明、解释、阐明或再诠释,那么质性资料很能发挥这些功能[234]。我针对不同来源的资料采用不同的研究旨趣与分析方法,比如针对文件档案可能主要是理解文本或行动的意义,而针对访谈资料可能主要着眼于规模发现、语言特征或反省。

3.4.2.1 研究的问题

通过深度访谈主要研究社区不同利益相关者对天堂寨发展旅游业影响评价,社区对区域文化开发的方式与机制,社区不同利益相关者在现实生活中旅游参与的障碍(主要的收入方式与经济来源,参与旅游就业与经营的问题、困难、障碍、建议、措施),天堂寨没有参与旅游业群体对潜在旅游参与方式与参与障碍的认知,社区不同群体对旅游业与其他经济发展方式(农业、外出打工、其他经商、从政)利益比较,提高天堂寨农村社区参与旅游业的政策、措施、见解、方法。

3.4.2.2 访谈对象分布与代表性

根据社区不同的旅游利益相关者群体,在时间与经费预算限制情况下对典型的社区利益群体代表进行了深度访谈。访谈对象包括旅游企业业主(星级饭店、景区公司、旅行社经理、餐馆、不同等级饭店、旅游纪念品商店、蔬菜零售商)、地方行政官员(县旅游局局长、镇长、村长或书记)、村民代表(养殖专业户、种植专业户、种植合作社召集人)、社区旅游业精英代表(主要为各种企业业主)、导游、原林场员工及其家属、政府管理人员,具体样本分布如表3-6所示。

表3-6 深度访谈样本分布与访谈主题

样本类别	人口统计学属性	代表性	访谈主题
星级饭店	男,50岁,大专	四星级饭店;徽菜大师、饭店副总经理、行政总厨	饭店餐饮企业采购的地理网络;饭店当地采购的困难与潜力
星级饭店	男,46岁,大专	三星级饭店总经理	饭店与当地社区经理联系的困难与潜力
星级饭店	男,47岁,中专	三星级饭店总经理	饭店对天堂寨的影响与旅游就业
当地餐馆	男,31岁,初中	老板,厨师,有星级宾馆从业经历	天堂寨企业精英的识别;天堂寨旅游业与当地经济的联系
旅游纪念品商店	男,48岁,大专	老板,天堂寨林场员工	天马林场三十年来变迁,尤其是天堂寨发展旅游业的过程;天堂寨林场体制的变迁;休闲生活方式企业家;旅游纪念品采购的地理网络
旅游纪念品商店	女,42岁,职业中专	老板妻子,天堂寨林场家属	旅游企业经营动机,旅游企业社会网络,天堂寨制度变迁对个人的影响;商店采购网络
天麻种植户	男,28岁,小学	天麻种植户兼营收购	天麻的成本结构与购销网络
中药材种植户	男,45岁,高中	MSTM中药材种植协会会长	中草药种植成本结构、中草药种植的困难与政府支持的建议

续表

样本类别	人口统计学属性	代表性	访谈主题
土特产零售商	男,44岁,初中	老板,土特产专门收购与销售	土特产收购网络;信息渠道;销售网络
土特产经销商	男,50岁,小学	老板,土特产收购与销售兼营零售	土特产收购网络与销售网络;土特产收购后处理;经营困难与拓展建议
土特产收购商	男,46岁,初中	老板,土特产收购	土特产收购网络;不同土特产经营效益比较;天堂寨农村社区经济收入策略;天堂寨社区经济收入差距内在机制
SH村黑毛猪养殖户	男,40岁,初中	户主,黑毛猪养殖专业户,有外出打工经历	养殖规模;从业经历;采购与销售渠道;成本结构;发展困难与支持建议
HF村黑毛猪养殖户	男,46岁,高中	养殖合作社创建人,曾经在乡镇政府工作,有外出打工经历;镇养殖培训讲师	发展历程、运行机制,发展困难以及与旅游业的结合尝试
YS村养殖专业户	男,40岁,小学	户主,多种养殖(鸡、黑毛猪,羊)	养殖成本结构、销售方式、困难以及基于农村视角的农业与旅游业的联系的困难与建议
MS养猪专业户	男,高中,47岁	养殖户主兼兽医	养殖与销售渠道,发展瓶颈、设想与建议
农家乐一	男,35岁,小学	农家乐老板	旅游业对天堂寨社区的影响;天堂寨社区居民经济收入的主要策略;社区参与旅游业的限制与困难;旅游业自身的局限性
农家乐二	男,38岁,初中	农家乐老板,经营时间长,企业员工兼营旅游	农家乐发展的困境;假期制度变化的影响;同业竞争的影响;经营环境的变化
农家客栈	女,35岁,小学	农家乐老板妻子,农家乐新进入者	农家乐建立的过程与困难、进入的制约因素、旅游业的社区影响

续表

样本类别	人口统计学属性	代表性	访谈主题
导游一	女,24岁,大学	导游大学生	天堂寨旅游业的影响
导游二	男,27岁,中专	兼职导游	天堂寨客源结构、淡旺季分布,天堂寨旅游业引发的社区变化
镇副镇长	男,39岁,大学	主管旅游工作副镇长	天堂寨旅游业发展思路;天堂寨旅游业与社区经济的联系;天堂寨旅游业发展的优劣势
景区管委会副主任	男,46岁,初中	景区管理处副主任	天堂寨旅游业发展的历程与变化;天堂寨旅游发展的社区影响
JZ县旅游局副局长	男,40岁,大专	主管旅游发展规划与导游培训	金寨县旅游参与的鼓励政策;对景区附近农民的教育项目;农村补偿政策;天堂寨旅游发展的优劣势;天堂寨旅游发展的支持政策
社区领导一	男,42岁,高中	村长	天堂寨发展旅游业对社区的影响;社区参与旅游业的困难与制约因素;旅游业自身的限制因素
社区领导二	男,46岁,初中	村书记	天堂寨旅游业发展的积极影响、消极影响;社区参与旅游业的困难
社区领导三	男,42岁,高中	村书记	村民收入的主要方式与经济策略;参与旅游业的打算与潜力

3.4.2.3 访谈方式

访谈对象采取结构式访谈与半结构式访谈相结合的方法。首先按照结构式访谈方法按照调查大纲访谈;其次,调查完主要结构式问题后会根据回答者的话题围绕天堂寨社区不同利益相关者对旅游业影响的认知、社区参与的不同方式与参与机制、社区参与的障碍以及旅游业自身的限制因素、天堂寨旅游业与非旅游业经济收入方式的比较、地方政府支持旅游业的政策措施等进行广泛的非结构式调查,试图在广泛的社会经济背景下来研究天堂寨社区旅游业的参与机制问题。

由研究者本人进行,鼓励访谈者发表他们的想法、观点与意图,同时在征得回答者同意后进行了访谈录音,随后誊录了音频资料,同时配合做访谈笔记。访谈时间长短不等,短者十余分钟,长者两个小时,在不同的时空背景下深度研究了社区不同利益群体对旅游业的关注点与参与的困难。

访谈方式有时候根据镇政府选列出的村养殖大户名单中寻找访谈对象,有时候根据滚雪球的方式由访谈人员推荐其他访谈对象。通过深度访谈可以比较具体真实地探寻社区参与旅游业的问题、困难、障碍、建议、措施;识别出当地优势农产品资源,构建基于地方旅游业的农产品供应链体系。之所以采用结构式与半结构相结合的方法收集信息,一方面是因为结构式访谈方法保证了访谈资料总体的标准化并且可以控制,便于随后分析不同群体对同一问题回答的比较[231,235];另一方面是因为半结构访谈方法获取信息比较灵活,便于发现原先没有意识到的新问题,同时又能够检验问卷的适合度,随时修改研究问题,深化对研究问题的认识。

3.4.3 文本分析
3.4.3.1 文本分析内涵与分析方法

解释社会学范式、冲突理论范式和女性主义范式都采用定性的内容分析[236],即本部分所谓的文本分析。文本分析法是按某一研究课题的需要,对一系列相关文本进行比较、分析、综合,从中提炼出评述性的说明。客观性、系统性、非接触性、主观参与性是其主要特征[237]。用事实以及数据说话,是文本分析客观性的主要表现。所分析的对象是有明确特征的,传播内容则是十分显著的文本外部特征。它从不凭空推测分析对象背后的可能含义,而依赖于固有的分析程序来得出结论;一旦研究目的与范围确定,就要尽量排除人为因素的影响,做到客观、无偏向。文本分析的对象都是大量的、系统化的、具有一定历时性的文献,都要面对如何确定调查范围和取样的问题。必须有足够的数据来克服可能出现的随机偏差。除语言符号分析等特殊情形之外,单个的、少量的文献通常不能作为分析的依据。文本分析非接触性是指通过对二手资料进行的间接、非接触式的研究方法,这一点与社会调查、访谈、实验等研究方法有着根本的差异。主观参与性是指文本分析因研究者为自身价值观念、政治立场、知识构架、认知体验所影响,而对文本中各种符号的"所指"得出不同结论。相对的主观性是不可避免的。文本分析并不以其所依据的文本本身作为研究目的,而是将传播内容与社会现实进行比较,推断信息传播者的态度、倾向,推断传播效果以及不同利益相关者的反应与影响。

3.4.3.2 文本分析步骤

(1) 文本资料来源

文本分析内容分析的对象是以文本的外部特征为主,故只适用于有实体形态的文本。本书分析的对象主要包括政府工作报告、政府公文、政策实施办法、政府工作人员的调研报告、地方旅游业发展的大辞典记录、政府网站新闻等分析实体。本书文本分析资料来源主要有两种:第一种,六安市政府、金寨县政府、天堂寨镇政府网站公开发表的政府工作报告、政府公告、政策实施办法比如《金寨县招商引资奖惩办法》,这一部分主要为电子文档;第二种,天堂寨镇政府收集到的纸质的调研报告、招商引资项目推介手册、天堂寨镇各种规划文本,这一部分主要是纸质文档。这一部分资料见附录D。

(2) 文本分析程序

在对分析内容进行技术处理的时候,文本分析法通过对文本本身的文字、符号、语境等来解析、鉴别并进行归类整理,在此基础之上挖掘文本的间接的、潜在的动机和效果。文本分析程序为3个阶段:资料描述,主要包括资料的翻录与注解;资料分类,主要包括分类、分解与拼接;资料连接,主要包括资料的联系与连接、资料的佐证与证据。就资料分析的类目与分析单元的决定:分析单元是指在判断分析时判定的最小单位,它可以是时间间隔、文章段落、句子或字数,也可以是场景等。通常类目的形成有两种方法:一是依据传统的理论或以往的经验,或对某个问题已有的研究成果发展而成;二是由研究者根据假设自行设计而成。本书扎根于文献资料本身与作者的文献阅读经验发展类目与分析单元,并且基于资料的变化动态地不断丰富类目系统。

(3) 文本分析的信度

文本分析的信度直接影响研究结果质量。本人认为,文本分析的信度是分析数据的真实性、完备性、客观性以及不同主体、不同形式文本的互文佐证性。文本分析的信度贯穿于整个研究过程。

(4) 分析结果表述

文本分析隶属定性分析,通过对文本中字词句以及符号的诠释,结果是基于事实资料建构出理论,同时辅之以文本数据以及不同利益相关者不同形式文本不同场景的文本作为互文参照与佐证,提高研究结果的扎实性与可靠度。

3.5 研究方法小结

研究问题、研究对象决定了研究方法、数据采集方法以及数据的形式。尽管问卷调查很重要,数据的定量分析不容忽视,但是质性数据也适用于很多方面的分析,可以较为深入地理解质性数据构建出重要观点,并不是所有的数据都可以定量测量。应用质性研究可以更容易捕捉到行为方面的变化,诸如权利结构、社会公正、团体动力机制、剥削与控制等问题。利用质性研究也可以较为合适地描述过程变化。不同利益主体的社区旅游参与机制本身的错综复杂性也要求使用不同要求进行研究结果的交叉检验与理论的三角校正,研究结果的多角度分析,不同观点的比较分析、超越即时性的因果关系而寻找相关变化与影响的认知、发展方向与变化的来源[238]。这里提出的方法遵照 Ashley 描述的混合式研究路线[239],这种方法通过使用家庭调查和对立意抽样获得的小样本的半结构深度访谈扩展并且提升了研究议题,所以说家庭问卷调查和半结构深度访谈如果融合到社区旅游参与分析中就能提供一个稳健的评价与检测工具。基于这种研究思路,根据不同的研究问题的特点与要求,整理本研究的研究方法如表 3-7 所示。

表 3-7 研究问题与数据采集方法与技术

研究问题	研究对象	研究方法	数据采集方法	数据性质	研究性质
旅游发展认知	居民、社区企业家	问卷调查;结构式访谈;个案分析	问卷为主,访谈为辅	问卷、访谈稿	定量为主,质性为辅
社区能力建设机制	政府官员、居民、企业家、乡村精英	文献研究;深度访谈;个案分析	访谈为主,问卷为辅	访谈稿、政府文献、新闻稿	质性为主
能力建设障碍	政府官员、居民、企业家、乡村精英、旅游者	文献研究;内容分析;结构访谈	访谈为主,文献为辅	访谈稿、政府文献、问卷	质性为主,定量为辅

续表

研究问题	研究对象	研究方法	数据采集方法	数据性质	研究性质
社区参与障碍	居民、企业家、乡村精英	结构式访谈	访谈	访谈稿	质性为主

3.6 数据来源

研究数据通过问卷调查、深度访谈收集了大量的一手数据(见表3-8),主要是访谈资料。另外,本研究还收集了大量的二手资料,包括相关新闻、文档资料、报告,如表3-9所示。二手资料主要有天堂寨政府2007年度、2008年度政府报告,天堂寨镇旅游规划文本,天堂寨景区2004—2008年客源统计资料,天堂寨镇养殖大户种植大户名单,天堂寨农家乐名单,天堂寨镇资料,旅游从业人员详细资料,这些资料的数据形式以及对象的研究内容见附录D。

表3-8 一手数据调查方法与内容

调查方法	调查对象	调查内容	研究内容
深度半结构访谈	旅游企业;村领导;景区管理人员、导游、巡山人员、原林场员工;政府管理人员	不同利益相关者对旅游影响的认知、区域文化开发度、旅游参与的障碍、提高旅游业与当地农业社区联系的问题、障碍与措施	社区参与与扶贫的政策、措施,地方农产品对外来商品的替代战略;旅游业与农业社区联系的问题、困难、障碍、建议、措施;识别出当地优势农产品资源,构建基于地方旅游业的农产品供应链
家庭入户调查	农村社区居民、天堂寨镇所有旅游企业	评价谁参与社区旅游、谁从中获益,以及旅游业对扶贫的贡献;从事工作、农村收入、工作地点、旅游发展认知、旅游参与障碍与建议	农村社区旅游参与度与农村没有参与旅游业的测量;农村社区旅游参与的社会分异;旅游业支持度与旅游参与障碍

表 3-9　二手数据来源

调查部门	数据形式	调查内容	研究内容
天堂寨镇政府	政府年度报告、管理规划文本、经济统计资料、天堂寨养殖大户统计资料、反季节蔬菜统计资料	天堂寨政府报告、统计资料、天堂寨镇地图、天堂寨镇旅游规划文本	社区参与与扶贫的政策、措施、地方农产品对外来商品的替代战略
天堂寨镇景区	天堂寨镇客源详细资料	天堂寨客源的地理结构	天堂寨镇旅游者地理结构与餐饮偏好的对应分析
饭店、旅行社、商店企业	天堂寨员工花名册	数量、年龄、性别、教育水平、家庭住址	旅游就业的地理与社会分异

第四章
旅游发展中居民的社区能力

本章先后讨论了居民旅游发展的认知、旅游发展的社区能力、社区旅游发展障碍以及社区旅游发展的支持政策4个方面的议题,重点研究了它们之间的关系与影响机制。由于天堂寨山地村路属于经济欠发达的山区农村,旅游就业能力是社区能力建设的重中之重,所以本章特别讨论了旅游就业偏好及其相关影响因素,据此提出了社区旅游发展支持政策。

4.1 居民旅游发展认知实证分析

4.1.1 引言

尽管旅游业发展给目的地社区居民带来经济、社会、文化与环境等一系列复杂的影响,然而决定居民旅游业发展态度与支持水平的是其认知到的旅游效应。因此,研究目的地社区居民对旅游业发展认知的影响因素尤为重要。Faulkner与Tideswell把居民旅游发展认知的影响因素划分为内部与外部因素,内部因素主要有居住时间、生活方式、旅游业的适应状况、是否靠近景区以及旅游业的参与状况;外部因素主要有旅游发展的阶段、旅游者与居民的比例、旅游发展导向与季节性[103]。Harrill把居民旅游发展认知的影响因素划分为个人特征因素、空间因素与社会经济因素[240]。个人特征因素主要有性别、年龄、居住时间、教育水平、职业等;空间因素主要是居住地与旅游景区的距离;社会经济因素主要有是否从旅游业中获益等。其实还有一些因素可能影响居民旅游发展的认知,即是否是村委会委员以及居民的工作性质,这两个因素在国外文献中鲜有论及,本研究企图在检验常规因素的基础上扩展居民旅游发展认知的影响因素研究。同时,居民旅游发展认知具有高度的目的地背景特征[152],每一个目的地旅游业都可能对目的地社区产生特殊的影响,进而导致目的地社区居民对旅游发展认知形成不同的态度。因而研究不同类型的旅游地发展认知是很有价值的。国内外大量文献研究了大规模的、成熟型的、知名景区居民旅游发展认知问题,而对于处于发展初期的成长型旅游地的居民发展认知研究较少,尽管已有文献指出有必要逐渐加大对发展初期的旅游地的研究。本研究以处于大别山腹地的发展初期的天堂寨景区为例研究其居民旅游发展认知的影响因素,扩展我们对不同目的地背景下居民旅游效应的了解。

4.1.2 居民样本的人口统计学特征

由表4-1所知,我们的调查是根据每个行政村的户数按比例分层抽样,调查户数较多的是QF村、HH村、MS村、YS村,户数最少的是HF村。其中QF村、YT村分布在旅游路线沿线,距离旅游景区较近;YS村、MS村、SH村距离旅游景区中等;HF村、SH村、SANH村距离旅游景区较远,在后面的分析中我们基本上按照距离旅游景区的距离分成近、中、远三类农村社区进行讨论。参加问卷调查者性别以男性为主,明显多于女性,原因在于有不少女性居民即使回答问卷仍填写家庭男主人的名字或由家庭男性居民前来填写。居住状态以原住居民为主,外迁居民很少。参与问卷填写以普通居民为主,村委会成员较少。从事职业以务农、外出打工、建筑业、土特产经营等非旅游工作为主,旅游相关的工作非常少,呈现出明显的旅游业发展初期的农村社区特征。工作性质主要是农业工作,非农业工作较少,这是中国传统农村社区典型的特征。年龄以45岁左右的中年人为主,青年人外出打工较多,仍打工未回。居民受教育水平较低,以初中及以下文化为主,居民受教育水平普遍偏低。居住时间以中等程度即30年以上的为主;绝大部分居民距离景区较近。综上所述,天堂寨居民社区是一个典型的发展初期旅游地的农村社区,较好保持着当地传统社区特征。

表 4-1 样本社会统计学特征

自变量	选项							
居住村	QF村	YT村	YS村	MS村	HF村	SH村	SANH村	HH村
	109 (23.8%)	53 (11.6%)	56 (12.2%)	58 (12.7%)	37 (8.1%)	38 (8.3%)	44 (9.6%)	63 (13.8%)
性别	男	女	文化程度	小学及以下	初中	高中	大中专	本科及以上
	326 (71.2%)	132 (28.8%)		134 (29.3%)	208 (45.4%)	68 (14.8%)	33 (7.2%)	15 (3.3%)
居住状态	原住居民	外迁居民	是否村委	村委	非村委	工作性质	农业	非农业
	404 (88.2%)	54 (11.8%)		60 (13.1%)	398 (86.9%)		324 (70.7%)	134 (29.3%)
现在工作	本村务农	外地打工	土特产经营	建筑业	乡村公务员	饮食业	养殖业	旅游业	开商店	运输业
	220 (48.0%)	61 (13.3%)	23 (5.0%)	18 (3.9%)	18 (3.9%)	16 (3.5%)	15 (3.3%)	14 (3.1%)	14 (3.1%)	10 (2.2%)
	服务员	学生	其他							
	7 (1.5%)	19 (4.1%)	23 (5.0%)							
就业偏好	景区护林保管员○	商店●	餐馆●	导游●	景点开发●	旅馆●	土特产店●	清洁卫生工人○	保安○	蔬菜粮油店○
	75 (16.4%)	69 (15.1%)	47 (10.3%)	44 (9.6%)	42 (9.2%)	35 (7.6%)	30 (6.6%)	27 (5.9%)	21 (4.6%)	19 (4.1%)
	参与不可行○	早餐店○	厨师●	其他(出租店铺、开歌厅)○						
	17 (3.7%)	13 (2.8%)	11 (2.4%)	8 (1.7%)						

注：●代表直接旅游参与；○代表间接旅游参与。

4.1.3 居民旅游发展认知的描述分析

由表4-2可知,从回答率分析,天堂寨居民对旅游发展的消极效应,包括生活居住拥挤、犯罪增加了、旅游者干扰了农村的生活、旅游者会破坏本地文化、靠近景区住有麻烦等项目一般持不赞同态度,对旅游发展的经济、文化、社会、环境等各个方面的积极效应持赞同与肯定态度;对某些项目包括就业机会增加了、生活居住拥挤、噪声环境污染增加、环境问题、就业问题也有比较高的中立态度,这反映当地居民对这些旅游发展的影响持不确定态度或者说态度模棱两可,但是基本上偏向赞同态度,这反映出旅游业发展初期阶段的旅游地社区居民一般常有的态度,比较肯定旅游发展的积极效应而忽略或者没有看到旅游发展的消极效应。可能随着旅游发展进程加快,旅游业的各种消极效应也会暴露出来。

表4-2 居民旅游发展认知描述分析($N=338$)

居民旅游发展认知项目	居民回答率(%)			均值	标准差
	不赞同●	中立	赞同○		
开发历史文化古迹(老房子、寺庙)	7.0	18.3	74.7	4.08	1.001
开发民俗文化节目(舞狮子、玩花船)	6.6	16.1	77.3	4.12	0.999
就业机会增加了	9.7	28.9	61.4	3.83	1.098
买卖东西方便了	3.1	18.0	78.9	4.26	0.912
发展旅游业后玩的地方多了	4.4	17.0	78.6	4.19	0.939
投资机会增加了	10.7	23.2	66.1	3.85	1.128
生活居住拥挤	42.2	30.2	27.6	2.75	1.235
犯罪增加了	71.2	16.0	12.8	1.96	1.212
噪声与环境污染增加了	28.3	30.4	41.3	3.18	1.259
保护了本地文化	10.0	22.0	67.9	3.86	1.047
可看可玩的地方多了	6.0	22.3	71.7	4.01	0.985
保护了老房子	18.0	22.2	59.9	3.64	1.198
交通方便了	6.2	11.3	82.4	4.28	1.002

续表

居民旅游发展认知项目	居民回答率(%)			均值	标准差
	不赞同●	中立	赞同○		
旅游者干扰了农村的生活	64.9	18.8	16.3	2.20	1.222
旅游者会破坏本地文化	70.6	16.7	12.7	2.00	1.193
靠近景区住有麻烦	48.6	27.5	23.9	2.56	1.249
本地村民开发了文化表演	16.8	27.6	55.6	3.59	1.181
村民向旅游者表演文化节目	22.3	26.5	51.2	3.39	1.229
旅游者看我们的文化表演真自豪	13.7	23.6	62.8	3.74	1.204
在村里无拘无束	14.8	21.9	63.3	3.77	1.215
熟悉村里情况	7.0	18.2	74.9	4.08	0.990
在村里生活很满意	6.3	24.1	69.6	3.99	0.997
环境问题	20.2	35.1	44.7	3.37	1.189
学校教育	12.2	25.8	62.0	3.73	1.126
就业问题	23.1	30.0	46.9	3.37	1.204
提高生活水平	4.7	23.0	72.3	4.10	.968
政府多增加工作岗位	18.5	20.3	61.2	3.68	1.267
创造工作机会让年轻人在家乡创业	15.6	16.0	68.4	3.86	1.232
保护自然平衡	7.8	14.9	77.3	4.13	1.020
防止自然灾害	8.5	15.2	76.2	4.10	1.073

注：●"不赞同"包含：1＝非常不赞同，2＝比较不赞同；○"赞同"包含：4＝比较赞同，5＝非常赞同。

一般而言，李克特量表 1~5 等级评分平均值在 1~2.4 表示反对，2.5~3.4 表示中立，3.5~5 表示赞同[85]。从居民旅游发展认知项目的均值分析，居民对绝大部分旅游发展的积极效应持赞同态度(3.5~5)；对旅游发展的消极效应一般持中立即不确定状态(2.5~3.4)，包括生活居住拥挤、噪声污染增加、靠近景区住有麻烦、村民向旅游者表演文化节目、环境问题、就业问题，原因要么是居民目前尚未认知到这些问题,要么是忽略了这些消极效应;居民对少部分旅游效应项目持反对态度,包括犯罪增加了、旅游者干扰了农村的生活、旅游者会破坏本地的文化。这也充分反映出旅游地发展初期的居民旅游发展认知更多地强调旅游发展的积极效应方面,对旅游发展的消极发展认知不明确或忽略了这些潜在的消极效应。

在我们的质性结构访谈中,征得当地居民同意对居民访谈进行了录音,后整理成 Word 电子文档,转化成 RTF 格式后导入国际通用的质性数据分析软件 MAXQDA 进行编码分析,研究发现天堂寨居民旅游发展积极经济发展认知主要包括就业机会增加、生活水平改善、外来投资增加、税收增加、收入增加、交通改善(方便)、促进当地经济发展;社会效应的认知包括旅游发展促进了城镇化建设、社会福利改善、信息交流增加、居民文化水平提高、游憩场所增加、社会治安改善、结交新朋友;积极环境效应的认知包括旅游发展促进了生态环境保护、文化古迹的保护。

天堂寨居民对旅游发展消极效应的认知方面,经济方面主要包括就业机会少、通货膨胀、物价上涨;社会方面主要包括交通事故增加、卫生健康隐患、社会治安事件增加;环境方面主要包括环境污染、火灾事故增加。

居民对旅游参与障碍的认知方面主要包括缺乏资金、交通不方便、旅游发展的空间不均衡、人才缺乏、信息技能方面欠缺、外来投资不足、政府管理体制问题、政府与居民利益纷争、居民参与旅游市场开发困难、国家政策在地方上执行的扭曲、地方贪腐问题、居民本身的旅游发展的失权。这些现象都增加了旅游参与的困难。

通过封闭式问卷与质性结构访谈数据结果对比分析,我们发现问卷调查仍旧存在着问题过于结构化、忽略了目的地社区旅游发展的脉络情景问题,不能发现基于当地情况的旅游发展认知事实。质性数据结果能够深刻揭示出当地旅游发现的现实问题(比如交通不方便、缺乏资金、缺乏人才、政策执行的偏差),其中问卷调查中之所以居民旅游积极发展认知比较显著,而质性访谈又揭示出那么多的问题,原因可能在于居民旅游发展认知的参照点的差异,比较问卷调查中旅游交通改善、经济收入增加、社会福利改善这些积极效应的认知,更多的是与过去时间点纵向比较居民感觉发生了积极的变化;而质性访谈中旅游发展认知的参照点似乎更多基于现时段认知,更多认知现有存在的实际的问题,比较旅游发展的不平衡、交通不方便、资金缺乏、市场开发不足、人才信息缺乏等问题,都是当地居民旅游参与认知到的现实问题。所以以质性结构访谈与问卷调查相结合具有比较明显的优点,互为补充彼此解释了居民旅游发展认知的时空差异,综合全面地反映了现时段的旅游发展问题,具有较高的研究效度与信度。

4.1.4 居民旅游发展认知的因素分析

社区对天堂寨旅游业效应的认知收集了452位社区居民对旅游业效应的认知数据,去除缺失变量,投入因素分析的有效观测值为338位社区居民的数据;社区对旅游发展认知原始问卷共有43个原始变量,经信度检验删去13个变量,为简化变量同时了解社区旅游发展认知的维度,用30个变量进行因素分析。原始数据经过KMO及Bartlett's检验后发现,此处KMO值为0.801,大于0.8,根据Kaiser的观点,很适合做因素分析[242],Bartlett's球形度检验值为2678.586,自由度为435,达0.01显著水平,表示非常适合进行因素分析。

本研究以最大似然法进行因素萃取,并以Varimax法进行因素转轴,因素分析结果如表4-3所示。从表4-3可知本研究共萃取9个特征值大于1的因素,特征值分别为5.70、2.83、1.89、1.60、1.42、1.31、1.15、1.11、1.01,分别解释变异量为19.01%、9.42%、6.31%、5.35%、4.74%、4.35%、3.82%、3.71%、3.37%,累积解释为变异量60.06%。由于因素分析的目的在于以少数几个因素解释原有变量的变异量,因此,在自然科学的研究中,决定保留的因素所能解释的变异量以能达到95%为宜,至于社会科学则以达到60%为宜[243],本研究因素分析解释总变异量共解释60.06%,达到了保留因素所能解释变异量的要求。

表4-3 天堂寨社区对旅游业发展认知的因素

旅游发展认知变量	因素一 区域积极影响	因素二 区域消极影响	因素三 区域文化展演	因素四 自然保护	因素五 社区依恋	因素六 经济期望	因素七 地方议题	因素八 区域文化开发	因素九 经济发展
发展旅游业后玩的地方多了	0.708								
可看可玩的地方多了	0.682								
保护了本地文化	0.450								

续表

旅游发展认知变量	因素一 区域积极影响	因素二 区域消极影响	因素三 区域文化展演	因素四 自然保护	因素五 社区依恋	因素六 经济期望	因素七 地方议题	因素八 区域文化开发	因素九 经济发展
投资机会增加了	0.440								
保护了老房子	0.384								
交通方便了	0.288								
旅游者会破坏本地文化		0.716							
旅游者干扰了农村的生活		0.648							
靠近景区住有麻烦		0.622							
犯罪增加了		0.600							
生活居住拥挤		0.476							
噪声与环境污染增加了		0.474							
村民向旅游者表演文化节目			0.897						
本地村民开发了文化表演			0.496						
旅游者看我们的文化表演真自豪			0.443						
防止自然灾害				0.788					
保护自然平衡				0.630					
山里一草一木都保护				0.460					
在村里无拘无束					0.630				
熟悉村里情况					0.577				
在村里生活很满意					0.511				
创造工作机会让年轻人在家乡创业						0.774			

续表

旅游发展认知变量	因素一 区域积极影响	因素二 区域消极影响	因素三 区域文化展演	因素四 自然保护	因素五 社区依恋	因素六 经济期望	因素七 地方议题	因素八 区域文化开发	因素九 经济发展
政府多增加工作岗位						0.594			
学校教育							0.580		
就业问题							0.501		
提高生活水平							0.477		
开发民俗文化节目(舞狮子、玩花船)								0.961	
开发历史文化古迹(老房子、寺庙)								0.413	
买卖东西方便了									0.714
就业机会增加了									0.450
特征值	5.70	2.83	1.89	1.60	1.42	1.31	1.15	1.11	1.01
解释变异量(%)	19.01	9.42	6.31	5.35	4.74	4.35	3.82	3.71	3.37
累积解释变异量(%)	19.01	28.44	34.74	40.09	44.83	49.17	52.99	56.70	60.06

由表4-3可知,因素一可解释6个变量,这些变量主要测量的是社区对旅游业区域积极影响方面的认知,所以将因素一命名为区域积极影响;因素二解释了6个变量,这些变量主要测量的是天堂寨发展旅游后可能会引起的社会的消极效应,所以将因素二命名为区域消极影响;因素三解释了3个变量,这3个变量主要是天堂寨发展旅游业后带给当地社区的文化发展,所以将因素三命名为区域文化展演;因素四解释了3个变量,主要反映了社区居民对自然保护的态度,所以将因素四命名为自然保护;因素五解释了3个变量,主要反映了社区居民对在天堂寨生活的依恋,因此将因素五命名为社区依恋;因素六解释了2个变量,反映了社区居民对发展经济的期望与看法,因此将因素六为经济期望;因素七解释了3个变量,主要反映了社区居民主观认知的社区面临的、急于解

决的主要议题,因此将因素七才命名为地方议题;因素八解释了2个变量,主要反映了旅游业发展后带动了区域文化的开发,因此将因素八为区域文化开发;因素九解释了2个变量,反映了天堂寨发展旅游业后带动区域经济的发展,因此将因素九命名为区域经济发展。

4.1.5 居民旅游发展认知的多变量方差分析

4.1.5.1 模型检验

由于多变量方差分析同时处理多个因变量,因此除了实验处理各组样本在各因变量得分的方差外,还必须计算各个因变量的协方差,所以多变量方差分析必须符合方差协方差齐性的假设。有关方差齐性检验最经常用的方法是Box检验方法,这个方法对方差的正态性假设相当敏感,因此多变量分析先确定因变量符合方差正态性的假设。根据陈正昌、程炳林、陈新丰与刘子健的观点[241],方差齐性检验意义有二:一是对每一个因变量,ANOVA的方差同质性建设必须符合;二是任何两个因变量之间相关在k组之间应该相同(因变量方差齐性)。综合表4-4和表4-5可知,职业自变量同时违反多变量方差分析两个假设条件、社区与景区的距离自变量违反多变量方差分析第一个假设条件,不适合进行单因子多变量方差分析,其他自变量适于进行单因子多变量方差分析[241]。

表4-4 协方差矩阵等同性的Box检验

	Box 的 M	F	$df1$	$df2$	Sig.
性别	52.336	1.120	45	113 338.915	0.269
年龄	117.739	1.179	90	18 918.438	0.119
教育水平	223.131	1.076	180	11 912.527	0.231
居住状态	56.497	1.149	45	15 531.771	0.228
是否村委	51.552	1.051	45	16 381.889	0.379
职业	73.100	1.491	45	16 381.889	0.018*
工作性质	53.414	1.143	45	119 457.881	0.236
社区与景区距离	127.914	1.362	90	176 392.405	0.013*

注:* $p<0.05$。

表 4-5 误差方差等同性的 Levene 检验

因变量	检验统计量	性别	年龄	教育水平	居住状态	是否村委	职业	工作性质	社区与景区距离
区域积极影响	F	0.086	1.700	0.597	0.492	0.182	0.217	0.355	1.150
	Sig.	0.769	0.184	0.665	0.484	0.670	0.642	0.551	0.318
区域消极影响	F	2.466	1.318	0.847	2.117	1.041	2.321	2.164	0.090
	Sig.	0.117	0.269	0.496	0.147	0.308	0.129	0.142	0.914
区域文化展演	F	0.400	1.040	2.129	0.352	0.334	0.703	1.825	1.235
	Sig.	0.527	0.354	0.077	0.553	0.563	0.402	0.178	0.292
自然保护	F	1.356	0.952	1.104	0.519	3.222	0.173	1.001	0.141
	Sig.	0.245	0.387	0.355	0.472	0.074	0.678	0.318	0.869
经济期望	F	0.103	2.395	1.839	1.076	2.144	0.153	3.241	1.704
	Sig.	0.749	0.093	0.121	0.300	0.144	0.014*	0.073	0.184
区域文化开发	F	0.735	1.214	0.617	0.005	0.003	0.413	0.128	2.645
	Sig.	0.392	0.298	0.651	0.944	0.954	0.521	0.721	0.072
社区依恋	F	5.741	0.587	0.313	0.064	0.163	1.096	3.570	1.817
	Sig.	0.050	0.556	0.869	0.801	0.686	0.296	0.060	0.164
地方议题	F	1.299	1.826	1.538	0.022	1.496	0.297	0.858	1.014
	Sig	0.255	0.163	0.191	0.883	0.222	0.586	0.355	0.364
经济发展	F	0.910	2.691	1.638	0.005	0.126	3.316	1.905	0.179
	Sig	0.341	0.069	0.164	0.945	0.723	0.069	0.168	0.836

注：* $p < 0.05$。

4.1.5.2 多变量方差分析的结果

在确定多变量方差分析模型符合研究假设后还应检验自变量对因变量的显著性，决定多变量方差分析模型是否具有统计学意义。不同学者提供了不同的方差显著性检验方法。学者帕莱(Pillai)与霍特林(Hotelling)提供了特征值和的统计量、Wilks 提供了特征值的乘积 Lambda 统计量、路易(Roy)提供了最大特征根统计量[241]。根据张文彤[244]、陈正昌、程炳林、陈新丰等[241]的研究建议，这几种统计量一般相同，当结果不相同的时候，一般以 Pillai 的跟踪和 Wilks 的 Lambda 统计量为准。由表 4-6 可知，性别、年龄、是否村委与工作性质在居民旅游发展认知 9 个分量表的平均数有显著差异存在,其他自变量如教育水平、居住状态、职业、社区与景区之间的距离没有显著差异。这说明性别、年龄、是否村委与工作性质 4 个自变量至少在居民旅游发展认知一个因变量上有显著差异存在。

表 4-6　居民社区旅游发展认知的多变量方差分析结果

方差分析	检验方式	统计量	F	Sig.	方差分析	检验方式	统计量	F	Sig.
性别	Pillai 的跟踪	0.066	2.589	0.007*	是否村委	Pillai 的跟踪	0.050	1.917	0.049*
	Wilks 的 Lambda	0.934	2.589	0.007*		Wilks 的 Lambda	0.950	1.917	0.049*
	Hotelling 的跟踪	0.071	2.589	0.007*		Hotelling 的跟踪	0.053	1.917	0.049*
	Roy 的最大根	0.071	2.589	0.007*		Roy 的最大根	0.053	1.917	0.049*
年龄	Pillai 的跟踪	0.096	1.845	0.018*	职业	Pillai 的跟踪	0.026	0.978	0.458
	Wilks 的 Lambda	0.906	1.844	0.018*		Wilks 的 Lambda	0.974	0.978	0.458
	Hotelling 的跟踪	0.102	1.844	0.018*		Hotelling 的跟踪	0.027	0.978	0.458
	Roy 的最大根	0.068	2.495	0.009*		Roy 的最大根	0.027	0.978	0.458
教育水平	Pillai 的跟踪	0.139	1.309	0.105	工作性质	Pillai 的跟踪	0.052	2.007	0.038*
	Wilks 的 Lambda	0.867	1.316	0.101		Wilks 的 Lambda	0.948	2.007	0.038*
	Hotelling 的跟踪	0.147	1.322	0.098		Hotelling 的跟踪	0.055	2.007	0.038*
	Roy 的最大根	0.075	2.723	0.004*		Roy 的最大根	0.055	2.007	0.038*
居住状态	Pillai 的跟踪	0.025	0.931	0.498	社区与景区距离	Pillai 的跟踪	0.080	1.518	0.077
	Wilks 的 Lambda	0.975	0.931	0.498		Wilks 的 Lambda	0.921	1.524	0.075
	Hotelling 的跟踪	0.026	0.931	0.498		Hotelling 的跟踪	0.084	1.529	0.074
	Roy 的最大根	0.026	0.931	0.498		Roy 的最大根	0.067	2.435	0.011*

注:* $p < 0.05$

(1)性别方面的差异分析

由表 4-7 和表 4-8 可知,性别自变量只在区域消极影响、社区依恋两个因变量有显著存在,具体为女性比男性居民显著关注旅游业发展带来的区域消极影响,同时女性比男性居民对社区的依恋度也显著较高。之所以出现这种结果有如下集中理论解释:

①可能与山地传统农村社区家庭的性别分工有一定的联系。中国传统的农村社区一直保留着"男主外,女主内"的性别分工,具体到天堂寨而言,往往男性居民外出打工而女性居民留守照顾孩童,劳动力不多的家庭尤其如此,所以女性更能体验到旅游业带来的消极社会效应,所以更多地体验到旅游业的区域消极影响。

②之所以女性比男性对社区依恋度也显著较高,一方面限于眼界,由于对大山外面的世界了解有限,加之自小生于斯长于斯,长期的生活习惯,所以对社区可能更为依恋。另一方面是长期的濡染旅游现象,对旅游现象的消极效应逐渐地产生了社会适应。

③与性别旅游就业差异有关。天堂寨旅游业对当地女性居民吸纳旅游就业要比男性显著地多,女性从旅游业中就业获益较多,所以对当地发展旅游业后的社区依恋度也较高。

④旅游发展的阶段。天堂寨旅游业发展正处于发展阶段,旅游发展可能给社区带来比较明显的经济效益,而没有严重地损害当地居民的利益和情感,居民尤其是更多更长在本土社区生活的女性居民对旅游业就更多地持支持的态度。

表 4-7 性别、年龄、是否村委与工作性质多变量分析中各因变量检验结果

自变量	因变量	型 III SS	df	均方	F	Sig.	自变量	因变量	型 III SS	df	均方	F	Sig.
性别	区域积极影响	0.842	1	0.842	1.166	0.281	是否村委	区域积极影响	0.218	1	0.218	0.301	0.584
	区域消极影响	7.162	1	7.162	9.278	0.003**		区域消极影响	3.931	1	3.931	5.030	0.026*
	区域文化展演	0.027	1	0.027	0.031	0.860		区域文化展演	1.955	1	1.955	2.313	0.129
	自然保护	0.359	1	0.359	0.495	0.482		自然保护	3.744	1	3.744	5.226	0.023*
	经济期望	0.018	1	0.018	0.025	0.875		经济期望	1.717	1	1.717	2.417	0.121

续表

自变量	因变量	型III SS	df	均方	F	Sig.	自变量	因变量	型III SS	df	均方	F	Sig.
性别	区域文化开发	2.454	1	2.454	2.505	0.114	是否村委	区域文化开发	0.033	1	0.033	0.034	0.855
	社区依恋	4.592	1	4.592	7.480	0.007**		社区依恋	0.057	1	0.057	0.091	0.764
	地方议题	1.428	1	1.428	2.584	0.109		地方议题	0.075	1	0.075	0.134	0.715
	经济发展	0.050	1	0.050	0.077	0.781		经济发展	0.121	1	0.121	0.188	0.665
年龄	区域积极影响	2.907	2	1.453	2.023	0.134	工作性质	区域积极影响	0.029	1	0.029	0.040	0.843
	区域消极影响	7.473	2	3.737	4.832	0.009**		区域消极影响	2.203	1	2.203	2.800	0.095
	区域文化展演	0.620	2	0.310	0.364	0.695		区域文化展演	0.170	1	0.170	0.200	0.655
	自然保护	1.232	2	0.616	0.848	0.429		自然保护	6.368	1	6.368	8.987	0.003**
	经济期望	1.185	2	0.593	0.830	0.437		经济期望	3.084	1	3.084	4.367	0.037*
	区域文化开发	3.804	2	1.902	1.943	0.145		区域文化开发	0.959	1	0.959	0.974	0.324
	社区依恋	0.426	2	0.213	0.339	0.713		社区依恋	0.049	1	0.049	0.077	0.781
	地方议题	4.770	2	2.385	4.382	0.013*		地方议题	0.012	1	0.012	0.021	0.885
	经济发展	3.013	2	1.506	2.366	0.095		经济发展	0.007	1	0.007	0.012	0.914

注：* $p<0.05$；** $p<0.01$。

(2) 年龄方面的差异分析

由表4-7和表4-8可知，不同的年龄阶段在区域消极影响、地方议题两个因变量有显著差异存在，经过单因素方差分析的事后检验（Scheff法）发现只有青年居民比中年居民显著关注旅游业发展带来的区域消极影响，中年与老年居民之间没有显著差异。同时老年人比青年人显著地关注地方议题，同时也比中年人关注地方议题，只是差异不显著。对这种结果的解释有如下几点：

①青年人之所以比中年居民显著关注旅游发展带来的区域消极影响，可能

与青年居民受教育水平比较高有关,而中年居民主要是家庭经济收入的支柱,较为关注经济发展,而对旅游发展带来的区域消极影响不如青年与老年居民那么关注。

②老年居民比青年与中年都关注地方议题,可以解释为老年居民长时间的居住对社区依附感比较强烈,社区投入(involvement)较深,所以比较关注地方议题(社区发展的重大问题)。

(3) 是否村委方面的差异分析

由表4-7可知是否村委在居民社区旅游发展的区域消极影响、自然保护两个因变量之间有显著差异。由表4-8可知,非村委会成员的居民比村委会成员的居民能够显著认知到发展旅游业带来的区域消极影响,同时在自然保护方面,非村委会成员的居民也明显比村委会成员的居民更强调自然保护。

在区域消极影响方面之所以非村委居民比村委居民更关注区域消极影响,可能的解释有二:一是由于村委会成员经常参加镇上召开的各种旅游发展的会议,通过各级领导讲话对发展旅游业给社区带来的各种效应,尤其是正面效应了解得比非村委会居民更多更详细,因此也增加了其发展旅游业改变山区社会经济的期望,提高了其通过发展旅游业获取收益的信心与预期;而普通居民对发展旅游业带来的各种效应缺少了解,初步涉入旅游业不免带有恐惧担心的成分存在,所以更多地强调发展旅游业可能会产生的各种区域消极影响;二是立足点不同,地方上的各级基层组织面临着发展当地经济、带领村民发家致富的紧迫任务,天堂寨山区没有矿产资源,而山区自然环境优美,素有"华东最后一片原始森林"之美誉,所以借助天堂寨优势的自然发展旅游业成为当地各级政府组织首要的选择,这种选择既符合国家新农村建设的发展政策,又与山区农业产出减少、劳工外出打工的大为增加的山区经济带来了新鲜的选择,所以各级政府组织包括村委会都首先看到了旅游业发展带来的各种正面效应,而对各种可能的区域消极影响即使注意到也不会过于关注,甚至面临旅游业带来的可能的巨大经济发展,即使存在区域消极影响也在所不惜,这一点已经为孙九霞、保继刚在阳朔社区旅游发展案例中所证实[245]。

表 4-8 居民旅游发展认知各分维度平均值

自变量	性别		年龄			是否村委		工作性质	
类别	男	女	青年	中年	老年	是	否	农业	非农业
样本数	(N=243)	(N=95)	(N=46)	(N=264)	(N=28)	(N=41)	(N=297)	(N=241)	(N=97)
区域积极影响	0.031	0.079	-0.109	-0.011	0.288	0.068	-0.009	-0.005	0.014
区域消极影响	-0.091	0.232	0.373	-0.062	-0.020	-0.290	0.040	-0.051	0.127
区域文化展演	-0.014	0.949	-0.057	0.021	-0.110	0.204	-0.028	-0.014	0.035
自然保护	-0.020	0.052	-0.152	0.024	0.016	-0.283	0.039	0.087	-0.216
经济期望	-0.004	0.011	0.148	-0.024	-0.009	0.191	-0.026	-0.060	0.150
区域文化开发	-0.053	0.136	-0.087	0.048	-0.317	-0.026	0.003	-0.033	0.083
社区依恋	-0.072	0.186	-0.008	-0.011	0.118	-0.034	0.004	0.007	-0.018
地方议题	-0.040	0.103	-0.195	-0.000	0.327	0.039	-0.005	-0.003	0.009
经济发展	-0.007	0.019	-0.154	-0.000	0.261	-0.050	0.007	0.002	-0.007

在自然保护方面,非村委会成员之所以比村委会成员显著多地强调发展旅游的自然保护,原因在于当地农民亲眼目睹了发展旅游业后大量满载旅游者的旅游车辆涌入天堂寨,更目睹了旅游者不注意保护自然、随地乱扔垃圾的不良现象,在访谈中,有当地村民多次提到加强自然保护,防止环境污染的问题,主要涉及旅游者随地乱丢塑料袋、易拉罐、矿泉水瓶等垃圾;旅游餐饮企业乱丢生活垃圾产生的污染以及旅游发展后山上树木砍伐等,同时也提到由于大量接待旅游者潜在的风险比如火灾。正如下列居民访谈资料所说:

"(污染)占比例的少,也有污染,塑料袋、易拉罐山上到处扔,天气干燥,小心防火,我们还是怕火""最好垃圾不要乱扔,我们这边人垃圾矿泉水瓶随地乱扔,一些原始的东西遭到破坏,山上树木乱砍滥伐,植物动物遭到破坏""环境污染的问题,带来小的东西随便乱扔乱放""有的游客不卫生,矿泉水瓶啊随地丢垃圾,对环境不好"。

非村委会成员之所以比村委会成员显著多地强调发展旅游的自然保护,还有一个重要原因就是目前天堂寨当地社区居民参与旅游业的仍旧很少,大量的社区居民仍旧沿袭"靠山吃山"传统山区经济发展方式,主要就是依靠山区的林业发展特色山区中药材,山区自然环境是当地社区居民安身立命赖以生存的场所,所以他们较为关注自然保护。还有就是天堂寨自从发展旅游业后当地政府在加强自然保护方面采取了大量的奖惩措施,进行了大量广泛深入卓有成效的社区宣传工作,所以保护自然环境的观念已经深入人心,对于发展旅游业后加强自然保护工作也是广大社区居民首先想到与关注的问题。各级村委会成员面临发展旅游业后带来的巨大潜在收益机会,可能更多的是强调旅游业带来的正面效应与经济发展,即使目睹了旅游业可能产生破坏自然环境的问题,似乎并未像普通社区的居民那样反应明显。

(4)工作性质方面的差异分析

由表4-7可知,不同工作性质(农业与非农业)居民在旅游发展的自然保护认知与经济期望认知两个因变量上有显著差异,具体表现为从事农业工作居民对旅游发展后自然保护的认知显著高于从事非农业的居民;从事非农业的居民对旅游发展后的经济期望显著高于从事农业工作的居民。

自然保护认知差异的原因:第一,从事农业工作的居民主要依靠山区农林资源获取收入,山区的自然资源以及相应自然环境是其立身之本,"靠山吃山",所以从事农业工作的居民当然就比那些不依赖农业生活的居民关注自然保护了;第二,目前政府发展旅游业后对自然环境的大力宣传也主要是针对农村居民,并且这种宣传已经深入人心,大量的政府环境保护的公共宣传也提高了农村居民保护环境的意识,所以从事农业工作的居民也就逐渐认知到旅游发展后首先应该保护自然环境。

经济期望认知差异的原因:在天堂寨山区非农业工作主要围绕旅游业展开,从事与旅游相关的工作,在我们访谈中大量的居民认知到了旅游业提供提高居民的收入,所以从事非农业的居民通过旅游就业获取经济收入,改善生活水平的经济期望非常高,加之大量的接触旅游者亲眼目睹了旅游者"慷慨解囊"

的大量的消费,对从事非农业工作、与旅游者接触较多的居民的刺激要比从事农业工作、接触旅游者机会少或没有机会接触旅游者的从事农业的居民大得多,所以从事非农业的居民对旅游发展后的经济期望显著高于从事农业工作的居民。

4.1.5.3 总结

天堂寨农村社区是典型的发展初期旅游地的农村社区,较好保持着当地传统社区特征,影响当地居民旅游发展认知的因素主要有性别、能力、是否村委与工作性质。性别因素只在居民旅游发展认知的区域消极影响、社区依恋两个维度有显著差异,女性比男性居民显著关注旅游业发展带来的区域消极影响,同时女性对社区的依恋度显著高于男性居民。不同的年龄阶段在居民旅游发展认知的区域消极影响、地方议题两个维度有显著差异,青年居民比中年居民显著关注旅游业发展带来的区域消极影响,同时老年人比青年人显著地关注地方议题。是否村委在居民社区旅游发展的区域消极影响、自然保护两个维度有显著差异,非村委会成员的居民对发展旅游业带来的区域消极影响的认知显著高于村委会成员的居民,同时在自然保护方面,非村委会成员的居民也明显比村委会成员的居民更强调自然保护。居民工作性质不同在旅游发展的自然保护认知与经济期望认知两个维度有显著差异,具体表现为从事农业工作居民对旅游发展后自然保护的认知显著高于从事非农业的居民;从事非农业的居民对旅游发展后的经济期望显著高于从事农业工作的居民。

本文的主要研究方法是问卷调查法,尽管使用了问卷调查前的结构式访谈,未来研究中仍需要依据结构化访谈数据与个人的深度访谈数据运用质性研究方法进一步探索居民旅游效应的认知因素,然后与问卷研究结果相互比较相互印证,这样既可以克服问卷过于结构化的缺点,又可以更深入地理解居民旅游发展认知的过程与机制。

根据研究结论得出以下几点政策建议:

(1)在旅游发展初期的旅游发展宣传中要向女性居民针对性介绍发展旅游业给社区带来的各种旅游收益,进一步提升其社区依恋度;针对青年居民、非村委委员的普通居民要详细解说社区针对旅游发展消极效应的各种防范措施;针对中年人群体、从事非农业工作的居民群体要详细解说旅游业提供各种经济机会;针对老年人群体要详细宣传旅游发展推动解决社区重大问题的巨大潜力。

(2)对于旅游发展后要进一步加大天堂寨自然环境的保护,防范因旅游过度发展导致的环境退化现象(包括过度的旅游商业化与旅游地城市化现象),维护天堂寨"华东最后一片原始森林"的原始自然环境品质,使之更为名至实归。

4.1.6 基于旅游发展认知的社区居民聚类分析

本部分以前述居民旅游发展认知的因素为聚类变量,依据居民旅游发展认知对居民群体进行聚类分析,以便针对不同群体采取针对性的社区旅游参与的支持政策,同时识别出对于居民群体划分的显著影响因素。

4.1.6.1 聚类识别

本部分采用系统分层聚类法,以平均联接法测量类与类之间的距离。根据林震岩研究建议,在测量类与类之间的距离时平均连接法是聚类效果较好且使用普遍的一种聚类方法,所以本部分采用分层聚类法,以平均连接法测量类与类之间的距离。首先制定表4-9所示聚类结果,以便不同类别分类效果的比较甄选。根据林震岩[246]的研究建议,聚类分析各类别的观测值不能太多或太少,每个类占样本总数的比例至少达到10%,各类别之间最好不要有观测值很多或很少的现象;聚类数最好是2~4类,因为超过5类就很难对每个聚类加以解释其特征与命名了。由表4-9可知,在上述7个聚类参考方案中,5~8分类方案都存在个别类别观测值太少,不足10%的情况;3分类方案存在观察值很多或很少的现象。考虑到本研究总体涉及8个行政村,4200余户家庭以及居民谋生策略具有较高的异质性,本研究选择4分类聚类方案。

表4-9 基于旅游发展认知的居民群体聚类

类别	2	3	4	5	6	7	8
A	58.3%	58.3%	27.3%	27.3%	27.3%	27.3%	27.3%
B	41.7%	29.8%	29.8%	29.8%	29.8%	23.3%	23.3%
C		12.0%	31.0%	31.0%	8.0%	8.0%	8.0%
D			12.0%	9.5%	23.0%	6.4%	6.4%
E				2.5%	9.5%	23.0%	22.7%

续表

类别	2	3	4	5	6	7	8
F					2.5%	9.5%	9.5%
G						2.5%	2.5%
H							0.3%

4.1.6.2 类别命名

表 4-10 是根据不同居民群体在旅游发展认知各个维度均值按照递减排序制作而成。由表 4-10 可知，A 群体首先注意到旅游业带来的区域积极影响、区域文化展演以及自然保护和解决地方议题的巨大潜力，对经济期望非常高，但是又不太担心得不到经济发展，所以特别支持发展旅游业，所以我们把 A 群体命名为"朴素乐观型"；B 群体不怎么担心旅游业不会产生各种积极效益，但是对在社区生活的依恋度非常关注，尤其关注旅游业带来的经济发展，所以我们把 B 群体命名为"社区经济主导型"；C 群体把旅游业可能产生的各种收益、社区生活满不依恋以及地方议题放在次要地位，但是特别关注旅游业可能产生的各种区域消极影响，对旅游发展是有保留的支持，所以我们把 C 群体命名为"谨慎支持型"；D 群体对旅游业产生的各种收益以及增加社区依恋度、解决地方议题的潜力都不怎么看好，加之比较关注旅游业产生的各种区域消极影响，所以很不支持旅游发展，所以我们把 D 群体命名为"悲观反对型"。

表 4-10 不同聚类群体对社区旅游发展认知的特征

	区域积极影响	区域消极影响	区域文化展演	自然保护	经济期望	区域文化开发	社区依恋	地方议题	经济发展
A	1	4	1	1	1	1	3	1	3
B	3	3	3	3	3	3	1	3	1
C	2	1	2	2	2	2	2	2	2
D	4	2	4	4	4	4	4	4	4

注：表中数字是按照不同群体在各个旅游效应维度的均值递减排序。

4.1.6.3 聚类群体的社会经济特征及结果解释

根据访谈结果,我们把天堂寨 8 个行政村按照是否靠近旅游公路以及与景区的距离分为 2 组,其中 QF 村、YT 村为近距离组;其他村为远距离村。根据表 4-11,朴素乐观型、社区经济主导型与谨慎支持型在居住村方面以近距离村为主;悲观反对型以黄河为代表的远距离村为主。

表 4-11　各聚类群体社会统计学特征

	朴素乐观型 ($N=89$)		社区经济主导型 ($N=97$)		谨慎支持型 ($N=101$)		悲观反对型 ($N=39$)	
	特征	样本值(百分比)	特征	样本值(百分比)	特征	样本值(百分比)	特征	样本值(百分比)
居住村	QF 村	19 (21.3%)a	QF 村	22 (22.7%)	QF 村	29 (28.7%)	HH 村	11 (28.2%)
性别	男	68 (76.4%)	男	66 (68.0%)	男	68 (67.3%)	男	32 (82.1%)
教育水平	初中	44 (49.4%)	初中	40 (41.2%)	小学及以下	38 (37.6%)	初中	20 (51.3%)
居住状态	原住民	81 (91.0%)	原住民	86 (88.7%)	原住民	87 (86.1%)	原住民	34 (82.7%)
是否村委	非村委	75 (84.3%)	非村委	85 (87.6%)	非村委	93 (92.1%)	非村委	32 (82.1%)
工作性质	农业	67 (75.3%)	农业	67 (69.1%)	农业	74 (73.3%)	农业	25 (64.1%)
居住时间		48 (41.19)		48 (40.46)		50 (42.53)		30 (38.97)
年龄		48 (43.26)		48 (42.07)		40 (40.39)		30 (39.18)

注:表格中分类变量对应的数据,括号外为众数,括号内为样本有效百分比;居住时间与年龄对应的数据,括号外为众数值,括号内为样本均值。

第四章 旅游发展中居民的社区能力

这一结论与研究文献中比较相符,旅游发展初期的旅游地近距离的农村社区比较多地认知到旅游发展的积极效应,而距离比较远的社区较多地认知到旅游业的消极效应。教育程度上朴素乐观型、社区经济主导型与悲观反对型以初中教育水平为主,但是在数量有所差别,其中以朴素乐观型初中教育水平占的最多,其他谨慎支持型以初中以上较高学历教育水平占的比例比较多;悲观反对型初中教育比例比较低,相对低教育水平和较高教育水平比较多,教育水平之所以差别不大与天堂寨整体居民旅游教育水平普遍比较低,以初中以下文化水平为主有很大的关系;性别上尽管以男性为主,但是远距离的村男性的比例相对较高;居住状态方面没有显著差异,以当地居民为主;是否村委方面以谨慎支持型当地非村委居民占的比重最高;居住时间与年龄具有高度一致性,朴素乐观型、社区经济主导型、谨慎支持型以当地居住时间较长的年长者为主,主要是当地的中年人;悲观反对型以当地年轻人为主。前3个区域文化开发的类别基本上为天堂寨当地从事农业工作的当地男性的中年居民,这部分人是家庭经济收入的主要赚取者,所以总体上赞同天堂寨发展旅游;而悲观反对型以距离偏远的年轻人为主,与前3类相比他们其中有比较多的村委委员(非村委4个类别中比重最小)、非农业的比例也比较多,他们充分看到距离偏远的农村社区参与旅游的困难,所以比较偏向于对旅游发展悲观反对。

我们的质性资料支持了这种类别划分,比如距离偏远的农村居民普遍对旅游发展持悲观反对态度,相反距离景区比较近的农村居民对旅游发展比较持积极肯定态度。比如居住偏远居民所说:

"有利的是对街道上的靠近公路沿线的那一部分人有益,对下面的老百姓一点利益都没有,因为我们在后边的,涉及不到我们""国家发展旅游业,有条件的地方我们这个地方也就是顺公路沿线带动一点,有点效益,宾馆有点效益,卖点菜,但是远的、十里二十里的他们根本就没有收益,像十里二十里的山区,就没有效益了,只有发展山区经济作物,不能片面的一刀切,旅游业不是所有的都适合发展"。

相反,居住在旅游公路沿线的居民反映:

"好处很多,在农村来讲,游人来的多可以卖菜卖笨鸡,养的鸡可以卖吧,农家土菜游人特别喜欢吃;农家养的猪没有喂过饲料的,收入增加了,游人来得越多我们经济来源更广了,我们的畈上田被征去了搞开发,游人越多经济来源就越多;我们对经济发展特别高兴"。

通过这些质性数据可以进一步解释之所以这两类居住村的居民在旅游发展认知方面呈现出如此显著差异,与山地村落居住方式、旅游地空间结构与自然资源使用权垄断有密不可分的关系。

与平原地区相比,天堂寨镇深处大别山腹地,山地聚落依山势而建,自然分散居住,存在一个典型的问题就是交通不便,摩托车是山地居民的主要交通工具,所以距离天堂寨镇旅游公路沿线较近的居民能够从事经营旅游业,处于大山深处的居民难以获利。

从旅游空间结构角度分析,天堂寨镇属于单一核心景点,到达景区只有一条主要干道,旅游业一般沿旅游公路布局,同时由于山地聚落分散居住的特点,旅游业空间辐射能力有限,旅游业的空间效应距离衰减明显,周边地区难以发展。

从自然资源使用角度分析,天堂寨深处 TM 国家级自然保护区核心区内,依照我国自然保护区的规定,严禁在核心区内对山林资源进行采伐,以保护为主,尽管有国家补助(每亩山场补助 3.5 元,但是深度访谈中发现到达居民手中一直只有 2.5 元),但与居民原有的山林采伐获利不可同日而语,在国家自然保护区内只有发展旅游业的少数居民从这种自然保护政策中获益,大部分居民无法参与旅游业却承受划归到国家自然保护区内不得使用山林资源的代价,所以较多居民尤其是居住远离旅游公路的居民多反对发展旅游业。

4.1.6.4 聚类效度检验

聚类分析只是一个探索性的分类方法,究竟研究者分类能否有效区分出观测值间的形态,聚类方法本身并没有提供检验的统计量。检验聚类效果中一个常用的方法就是以聚类结果为自变量,分类依据变量为因变量进行单因子方差分析,各组平均数差异的 F 值达显著水平就表示聚类结果可以有效地区分出观测值间的形态差异[247]。由表 4-12 可知,4 个居民群体在旅游发展认知的 9 个维度都呈现出显著差异。这说明本聚类方法可以有效地区分出观测值间的形态差异,聚类效果较好。

表 4-12　不同居民群体旅游认知的 One-Way ANOVA 差异分析

居民旅游发展认知维度	总平均值 $n=326$	朴素乐观型 ($N=89$)	社区经济主导型 ($N=97$)	谨慎支持型 ($N=101$)	悲观反对型 ($N=39$)	F 值 Sig.	多重比较检验
区域积极影响	0.000	0.394	−0.355	0.263	−0.696	30.566***	1-2、1-4、2-3、2-4、3-4
区域消极影响	−0.004	−0.543	−0.400	0.809	0.104	82.972***	1-3、1-4、2-3、2-4、3-4
区域文化展演	−0.004	0.487	−0.206	−0.084	−0.415	15.136***	1-2、1-3、1-4、3-4
自然保护	0.023	0.340	−0.303	0.300	−0.598	25.570***	1-2、1-4、2-3、2-4、3-4
经济期望	0.016	0.286	−0.128	0.049	−0.324	6.356***	1-2、1-3、1-4、3-4
区域文化开发	−0.010	0.238	−0.100	0.088	−0.612	6.421***	1-2、1-4、2-4、3-4
社区依恋	−0.001	−0.233	0.247	0.291	−0.853	32.312***	1-2、1-3、1-4、2-4、3-4
地方议题	0.019	0.194	−0.065	0.179	−0.584	13.555***	1-2、1-4、2-3、2-4、3-4
经济发展	−0.000	−0.030	0.141	0.014	−0.322	3.407*	2-4、3-4

注1："多重比较检验"栏中，1、2、3、4 分别指朴素乐观型、社区经济主导型、谨慎支持型、悲观反对型。

注2：* $p<0.05$，*** $p<0.001$。

4.1.6.5 聚类划分的影响因素

传统上对于称名变量互为因果关系的探讨主要是利用卡方独立性检验以检验两个称名变量间关联强度的显著性,至于3个或3个以上称名变量间互为因果关系的检验卡方独立性检验因为无法检验变量间交互作用的显著性因此将不再适用,而必须改用 Logit 对数线性模型为方法进行案例分析[247]。多分类逻辑斯蒂回归解决因变量是多分类变量、自变量是名义变量或等距以上变量之间的回归问题。针对无序多分类结果的另一种常用分析方法为判别分析。它和这里的广义 Logit 模型既有区别也有联系,在应用上主要针对侧重点不同:判别分析重在预测,而广义 Logit 模型更关心的是发现影响因素。所以本部分以天堂寨居民旅游认知聚类结果为因变量,以相关社会经济因素为自变量进行多分类逻辑斯蒂回归建模以识别聚类结果的影响因素。由表 4-13 可知,该模型的 -2 倍对数似然值为 703.749,似然比检验卡方值为 137.786,在 0.0001 水平呈现显著水平,说明整个模型拟合度高,具有统计学意义。这种检验的卡方值越大,代表模型的拟合效果越佳。由表 4-14 可知,年龄与居住时间、居住村、现在工作对天堂寨居民旅游发展认知分类有显著影响。

表 4-13 居民旅游发展认知聚类的逻辑斯蒂回归模型的整体检验

	模型拟合标准			似然比检验		R^2	
	AIC	BIC	-2 倍对数似然值	卡方	显著水平	Cox 和 Snell	Nagelkerke
最终模型(a)	865.749	1.171E3	703.749	137.786	0.000**	0.349	0.375

注:** $p < 0.01$。

注a:居民旅游发展认知分类=常数,年龄,居住时间,居住村,性别,文化程度,居住状态,是否是村委会成员,现在的工作,工作性质。

表 4-14 居民旅游发展认知聚类的逻辑斯蒂回归模型回归系数的显著性检验

	简化模型的 AIC	简化模型的 BIC	简化模型的 -2 倍对数似然值	卡方	显著水平
常数	865.749	1.171E3	7.037E2	0.000	.
年龄	871.760	1.166E3	715.760	12.011	0.007**

续表

	简化模型的 AIC	简化模型的 BIC	简化模型的 -2倍对数似然值	卡方	显著水平
居住时间	871.019	1.165E3	715.019	11.271	0.010*
居住村	871.648	1.098E3	7.516E2	47.900	0.001**
性别	863.688	1.158E3	7.077E2	3.939	0.268
文化程度	859.606	1.120E3	7.216E2	17.857	0.120
居住状态	864.620	1.159E3	7.086E2	4.871	0.181
是否是村委会成员	865.625	1.160E3	7.096E2	5.877	0.118
现在的工作	857.433	1.061E3	7.494E2	45.684	0.014*
工作性质	861.914	1.156E3	7.059E2	2.165	0.539

注：* $p<0.05$，** $p<0.01$。

(1) 年龄与居住时间的影响

居住时间较长或年龄较大者更多认知到旅游发展的积极效应,对旅游发展更多地持肯定支持态度,之所以这种显著影响效果,理论解释如下:年龄与居住时间一直以来是测量居民社区依恋的主要指标[129],居民的社区依恋随着居住时间、家庭关系与社交改进而增加,居住时间长的、与这个环境有密切关系的居民对这里的旅游业持积极评价。McCool 与 Martin 发现对社区依恋强的居民比对社区没有依恋的居民较高地评价旅游业的积极效应[114]。尽管他们更担心发展旅游业的代价不能在社区中公平分配。同样,William 等发现运用地区认同测量出的较高社区依恋的居民比较低社区依恋的居民更支持旅游开发[113]。Jurowski 等认为社区依恋高的居民评价社会与经济效应较积极而评价环境效应较消极[66]。Jurowski 发现社区依恋较高的居民更支持旅游开发并且对旅游业社区生活质量的效应更乐观[248]。在新奥尔良的法国街区,Vesey 与 Dimanche 发现社区依恋与旅游业的积极发展认知有关系[152]。

(2) 居住村(区位)的影响

旅游发展初期的目的地社区,距离旅游景区或旅游公路越近的居民越有大量接触接待旅游者的机会,从旅游业中直接获利就越多,所以就比较明显地感受到旅游业的积极效应;而距离偏僻的居民则更多地认知到旅游业的消极效应。处于不同发展阶段的旅游目的地居民对旅游业的认识存在差异,因而影响到他们对旅游发展的态度[162]。旅游发展的早期阶段,居民对旅游效应倾向于积极的发展认知,旅游发展进入成熟阶段后居民旅游发展认知倾向于消极发展认知。Harrill与Potts在查尔斯顿的一项研究中发现居民旅游态度最消极的区域往往位于旅游中心并且受到的旅游消极效应最大,而对旅游效应态度更积极的地区往往远离旅游中心区,受到旅游的影响少[105]。这种空间的差异与Belisle与Hoy的发现[131]不同,他们发现距离旅游区越远旅游积极发展认知就越少。但是值得注意的是他们的研究是在哥伦比亚的波哥大,在那里绝大部分城市人口依靠旅游业。相反,Kor发现,支持旅游业的土耳其安卡拉居民不靠近旅游区居住[249]。依据其他研究以及自己的研究成果,Harrill与Potts声称居民对旅游开发的态度部分上是空间区位与对旅游业经济依靠度的反映,受旅游影响严重但是经济上又不依靠旅游业的居民要比其他居民更多地对旅游业持消极态度[105],Uriely等在对巴勒斯坦北部拿撒勒古城(Nazareth)的研究中提出了"遗产邻近"的概念,认为有文化或宗教遗产运用于旅游发展的居民群体比没有遗产被利用的群体具有更高的区域文化开发度[250]。我们认为距离与旅游发展的认知是情景化的,西方文献中不少旅游案例地都是比较成熟的大规模旅游发展景区,学者们有一个预设就是旅游大规模发展所具有的消极旅游效应要比积极旅游效应多。我们认为与目的地社区的旅游业发展程度与当地居民对旅游业的预期和依赖程度有很大的关系,天堂寨目的地社区仍旧是一个旅游业处于发展初期的山地农村社区,旅游业处于成长期,当地居民对旅游业经济获利期望高,距离景区近的居民由于有大量的获利机会就更多地认知到旅游业的积极效应,而距离偏远的农村社区由于交通条件限制当地居民不能便捷地参与旅游业,所以对旅游业更多持悲观反对态度,本文前面的质性访谈数据也支持了我们的这种结论。

(3)现在工作的影响

从事与旅游业越相关工作的居民对旅游发展认知就越积极,而现在工作与旅游相关程度越低甚至无关的居民对旅游发展认知越消极。现在工作也通过居民不同的经济条件、参与到不同旅游工作中、获利的差异而间接影响居民的旅游发展认知。Faulkner 与 Tideswell(1997)在澳大利亚黄金海岸的研究发现,参与旅游业的居民旅游发展认知倾向于积极发展认知,而没有参与旅游业的居民对旅游业倾向于消极发展认知[103]。Mason 等发现,新西兰波杭伊纳谷地(Pohangina Balley)居民对旅游业的态度与社区对旅游业的依赖程度呈正相关[104]。很明显,正如马丁等在南卡来咯纳州希尔顿总部做退休人员对区域文化开发的研究中所说,那些没有从旅游增长中得到经济收入的个人和社区将不会支持进一步的旅游开发。

4.2 居民旅游发展的社区能力建设

4.2.1 天堂寨旅游发展的社区能力的描述分析

由表4-15可知,在天堂寨旅游发展的社区能力项目中居于前10位的项目有:"我是天堂寨人我属于天堂寨""我们是一个大家庭""获得外界支持""获得旅游开发的技术""提供旅游开发信息""提供旅游开发的知识""建立对村民有帮助的群众组织""获得村内支持""给村民们提供学习技术知识的机会""在解决村旅游问题中让村民提意见",通过这些问卷说法,说明:

首先,天堂寨居民对社区归属感与社区认同感比较强烈。社区感是社区能力建设的要素之一,社区能力建设要求加强社区感,当地社区鼓励社区成员间发展社区感,使社区居民认识到社区在旅游开发中的作用。随后社区成员展现出一种义务与责任感以支持旅游计划[251]。

其次,旅游发展急需获得社区的支持,社区支持是社区能力建设的重要要素,Maclellan 等把外部支持列为社区能力的一个维度[252]。外部支持是决定当地社区有机会获得旅游开发的外部帮助,社区使用的外部支持既可能是内部的也可能是外部的,社会资本或产生信任、信心和合作的能力以及社区内外的沟通渠道,诸如政府部门、当地政府的外部支持能够把社区与旅游开发的外部资源联系起来,外部支持也有助于提高社区组织的能力充分利用社区发展的机会[253]。

再次,制约社区旅游发展的主要问题是旅游发展的知识技能,也是社区旅游发展急需培养的能力,技术与知识是社区能力建设的基本要素之一,研究表明进行有效旅游开发最大的障碍就是缺少旅游业的技术与知识,它不但会限制当地人参与旅游开发的能力,而且会造成下一个障碍即当地旅游业领导人的缺乏,进而造成外地代理人主导当地旅游业[21]。成功的旅游开及其实施需要当地社区具备相关的旅游技能与知识支持社区参与旅游业。当地社区如果要真正地参与到旅游开发的实施与管理中来,就必须提升当地社区旅游方面的技能与知识。

另外,建立居民自己的社区组织对于表达居民社区旅游发展的愿望,实现居民自身利益有至关重要的作用。Laverack把社区组织作为社区能力的一个维度[254],社区组织包括一些小团体比如社区委员会、青年团体。根据Anderson等人的研究,社区结构指的是社区中比较小的或非正式的社区团体和委员会,他们培育了社区归属感,使社区有机会表达观点和交流旅游开发的信息[182]。

表4-15 旅游发展的社区能力描述分析

旅游发展的社区能力	排序	均值	标准差
建立以及参加村旅游开发委员会	13	4.37	0.854
成为村旅游开发的牵头人	21	4.20	0.927
克服困难参加村旅游开发项目	16	4.31	0.800
采取有效的方法与村民沟通交流	15	4.32	0.866
我愿意做村旅游责任人	22	3.86	1.114
在村委会指导下带领大家开发旅游	18	4.29	0.927
培养村旅游开发积极分子	12	4.38	0.853
与村委会居民组经常沟通	17	4.30	0.847
提高村居民组办事效率	12	4.38	0.846
建立对村民有帮助的群众组织	7	4.46	0.770
提供旅游开发信息	5	4.48	0.727
提供旅游开发的知识	6	4.47	0.799
当旅游开发需要帮助的时候就能得到帮助	18	4.29	0.958

续表

旅游发展的社区能力	排序	均值	标准差
与村民反复沟通	19	4.26	0.889
寻找解决问题的根本措施	17	4.30	0.938
在旅游开发中让村民提意见	11	4.39	0.871
在解决村旅游问题中让村民提意见	10	4.40	0.881
获得村内支持	8	4.44	0.833
获得外界支持	3	4.50	0.809
获得旅游开发的技术	4	4.49	0.830
给村民提供学习技术知识的机会	9	4.42	0.845
与镇上各个部门取得联系	16	4.31	0.817
我是天堂寨人我属于天堂寨	1	4.65	0.774
在村里做事很放心	15	4.32	0.925
我们有共同的乡规民约	14	4.36	0.922
村里的事大家都参加	20	4.21	1.043
我们是一个大家庭	2	4.56	0.789

反之,在旅游发展的社区能力建设中,"在村委会指导下带领大家开发旅游""与村民反复沟通""村里的事大家都参加""成为村旅游开发的牵头人""我愿意做村旅游责任人"居于后5位,这说明并不是这几种因素缺乏,恰恰表明社区领导缺乏,居民旅游参与不足。在社区发展中社区领导缺乏常常导致外部投资商主导当地的旅游业,使得居民利益边缘化不能有效得到保障,社区参与不足,反映居民旅游参与的困难,比如公众一般很难理解复杂而又技术性强的规划问题;公众不了解决策过程;决策过程很难具有代表性;居民的冷淡态度;人员的成本费用增加;决策过程延长;决策效率的负面影响。这表明,实施社区导向旅游规划方法面临的最大困难之一是规划过程的政治性。社区规划意味着

很高程度的公众参与规划过程。然而,公众参与又意味着地方社区对规划和决策过程有一定的控制力。因此,社区导向的旅游规划方法表明旅游发展需要进行合作或社区参与管理。然而社区内部的权利分配是不均衡的,有些群体和个人能够对规划过程施加更大的影响。因此,有些情况下公众参与旅游规划更准确地说是一种象征,因为政府已经决定了决策或决策指导,社区很少有机会说"不"[255]。

总之,天堂寨旅游发展的社区能力中社区归属感与认同感较高,但是社区旅游发展中缺少相关的知识技能,缺少社区领导、社区组织,急需社区内外的各种支持。

4.2.2 天堂寨旅游发展的社区能力的因素分析

旅游发展的社区能力建设量表收集了 458 位居民旅游发展的社区能力建设状况的数据,去除缺失变量,投入因素分析的有效观测值为 388 位社区居民的数据;旅游发展的社区能力建设量表原始问卷共有 25 个原始变量,经信度检验删去 3 个变量,为简化变量同时了解旅游发展的社区能力建设的维度,用 22 个变量进行因素分析。原始数据经过 KMO 及 Bartlett's 检验后发现,此处 KMO 值为 0.875,大于 0.8,根据 Kaiser 的观点,很适合做因素分析,Bartlett's 球形度检验值为 3234.525,自由度为 231,达 0.01 显著水平,表示非常适合进行因素分析。

本研究以主成分分析法进行因素萃取,并以 Varimax 法进行因素转轴,因素分析结果如表 4-16 所示。

由表 4-16 可知,因素一可解释 7 个变量,这些变量主要测量的是旅游发展的社区能力中的领导与沟通的方面,所以将因素一命名为地方沟通与领导;因素二解释了 4 个变量,这些变量主要测量的是天堂寨旅游发展的地方参与的内容,所以将因素二命名为地方参与;因素三解释了 4 个变量,这些变量主要是天堂寨社区发展旅游业后与各个层次部门和利益群体之间的联系,所以将因素三命名为地域联系;因素四解释了 3 个变量,主要反映了社区旅游发展获得的内外部支持,所以将因素四命名为区域支持;因素五解释了 2 个变量,反映了社区发展旅游业所需的知识与技能,因此将因素五命名为旅游知识技能;因素六解释了 2 个变量,主要反映了社区居民对当地旅游发展的批判性的思考与相应的省思,因此将因素六命名为旅游发展反思。

表 4-16 旅游发展的社区能力维度

变量	因素一 地方沟通与领导	因素二 地方参与	因素三 地域联系	因素四 区域支持	因素五 旅游知识技能	因素六 旅游发展反思	共同性
与村委会居民组经常沟通	0.636						0.537
提高村居民组办事效率	0.621						0.546
培养村旅游开发积极分子	0.611						0.592
与村民反复沟通	0.575						0.496
在村委会指导下带领大家开发旅游	0.563						0.580
采取有效的方法与村民沟通交流	0.560						0.566
寻找解决问题的根本措施	0.471						0.466
成为村旅游开发的牵头人		0.802					0.673
我愿意做村旅游开发责任人		0.726					0.598
建立以及参加村旅游开发委员会		0.599					0.464
克服困难参加村旅游开发项目		0.594					0.648
与镇上各个部门取得联系			0.842				0.757
与各级组织联合采取行动解决遇到的问题			0.666				0.570

续表

变量	因素一 地方沟通与领导	因素二 地方参与	因素三 地域联系	因素四 区域支持	因素五 旅游知识技能	因素六 旅游发展反思	共同性
共享旅游开发的信息			0.583				0.605
给村民提供学习技术知识的机会			0.446				0.498
获得外界支持				0.840			0.812
获得村内支持				0.771			0.716
获得旅游开发的技术				0.670			0.610
提供旅游开发信息					0.816		0.720
提供旅游开发的知识					0.775		0.722
在解决村旅游问题中让村民提意见						0.840	0.811
在旅游开发中让村民提意见						0.823	0.825
特征值	7.086	2.055	1.277	1.226	1.130	1.036	
解释变异量（%）	32.211	9.342	5.805	5.571	5.138	4.707	
累积解释变异量（%）	32.211	41.553	47.358	52.929	58.067	62.774	

从表 4-16 可知,本研究共萃取 6 个特征值大于 1 的因素,特征值分别为 7.086、2.055、1.277、1.226、1.130、1.036,分别解释变异量为 32.211%、9.342%、5.805%、5.571%、5.138%、4.707%,累积解释为变异量 62.774%。根据 Hair、Anderson、Tatham 及 Black 指出,由于因素分析的目的在于以少数几个因素解释原有变量的变异量,因此,在自然科学的研究中,决定保留的因素所能解释的变异量以能达到 95% 为宜,至于社会科学则以达到 60% 为宜,本研究因素分析解释总变异量共解释 62.774%,达到了保留因素所能解释变异量的要求。

4.2.3 天堂寨旅游发展的社区能力的地理分异

本部分以山地村落地理区位为自变量检验旅游发展的社区能力在不同山地村落存在的差异(见表 4-17)。单因素方差分析发现,旅游发展的社区能力中的地方沟通与领导、地方参与、区域联系、区域支持、旅游发展反思 5 个维度在不同的居住区位方面没有显著差异,只在旅游知识技能方面有显著差异,其中前畈村居民不如渔潭村、马石村、后畈村、黄河村居民认为旅游知识技能的重要,渔潭村不如杨山村居民认为旅游知识技能的重要,总之,居住越偏远的村落居民越认知到旅游知识技能的重要。由于旅游发展本身要求一定的知识技能门槛,距离偏远的山村居民在接受旅游知识信息方面要比距离景区或旅游公路较近的居民困难得多,所以在社区发展的能力建设,对居住偏远的山村居民加强知识技能的培训就越显重要。

表 4-17 旅游发展的社区能力地理分异

社区能力	QF 村 ($N=90$)	YT 村 ($N=47$)	YS 村 ($N=47$)	MS 村 ($N=48$)	HF 村 ($N=34$)	SH 村 ($N=33$)	SANH 村 ($N=37$)	HH 村 ($N=52$)	F 值及显著水平	多重比较检验
地方沟通与领导	-0.183	-0.022	-0.107	0.100	0.154	-0.145	0.253	0.153	1.316	
地方参与	-0.143	0.160	0.001	-0.072	0.017	0.158	0.357	-0.197	1.569	

续表

社区能力	QF村 (N=90)	YT村 (N=47)	YS村 (N=47)	MS村 (N=48)	HF村 (N=34)	SH村 (N=33)	SANH村 (N=37)	HH村 (N=52)	F值及显著水平	多重比较检验
区域联系	0.017	-0.049	0.103	-0.177	-0.134	0.050	0.106	0.064	0.490	
区域支持	-0.014	0.159	0.060	-0.053	0.033	0.023	-0.233	0.004	0.505	
旅游知识技能	-0.264	0.292	-0.149	0.210	0.197	-0.115	-0.104	0.153	2.468*	1<2;1<4;1<5;1<8;2<3
旅游发展反思	-0.132	-0.074	0.092	0.140	0.108	-0.094	0.078	0.017	0.579	

注：* $p<0.05$。

4.2.4 居民旅游发展认知对旅游发展的社区能力的影响

本部分利用典型相关分析研究社区旅游发展认知与旅游发展的社区能力的影响。由因素分析得出，社区旅游发展认知包括9个维度，旅游发展的社区能力包括6个维度（见图4-1），由表4-18可知，只有1个典型相关系数达到5%以上的显著水平。因第2~6个典型相关的特征值过小，低于0.1，因变量（旅游发展的社区能力）与自变量（社区感）在第2~6个典型相关系数的重叠系数低于5%，故不予考虑，所以本研究只考虑第一组典型相关关系。究竟典型负荷量要达到多大才能认为其具有显著解释能力，吴万益认为典型负荷量绝对值大于0.3，黄俊英认为典型负荷量绝对值大于0.3，吴明隆认为典型负荷量绝对值大于0.5，才能说明其具有显著解释能力，所以本研究取典型负荷量绝对值大于0.4视为对各自典型构面具有显著解释能力者。由表4-19可知，社区旅游发展认知中社区依附、区域积极影响典型负荷量绝对值大于0.4，旅游发展的社区能力中地域联系、地方参与典型负荷量大于0.4，故认为社区依附、区域积极影响对社区旅游发展认知，地域联系、地方参与对于旅游发展的社区能力具有显著解释能力,所以居民社区依附感越强、旅游区域积极影响越大,在社区旅游能力建设中地方参与能力就越强、地域联系就越紧密。

表4-18 典型方程显著性检验

典型相关	特征值	特征值所能解释变异(%)	典型相关系数	典型相关系数平方	Wilksλ值	F值
1	0.120	40.647	0.327	0.107	0.754	1.558**
2	0.092	31.325	0.291	0.084	0.844	1.254
3	0.052	17.607	0.222	0.049	0.922	0.852
4	0.020	6.823	0.140	0.020	0.970	0.497
5	0.009	2.959	0.093	0.009	0.990	0.310
6	0.002	0.639	0.043	0.002	0.998	0.138

注:**$p<0.01$。

表4-19 社区旅游发展认知与旅游发展的社区能力的典型相关模型汇总

X变量(社区旅游发展认知)	典型变量#	Y变量(旅游发展的社区能力)	典型变量#
	X_1		η_1
区域消极影响	0.103	地方沟通与领导	0.125
区域文化展演	-0.267	**地方参与**	-0.539
区域积极影响	-0.600	**地域联系**	-0.674
经济期望	-0.224	区域支持	-0.156
自然保护	0.305	知识技能	-0.366
地方议题	-0.155	发展反思	-0.230
社区依附	-0.708		
经济发展	-0.075		
区域文化开发	-0.025		
抽出变异量(%)	12.400		16.19
重叠指数(%)	13.268		17.323

续表

X 变量(社区旅游发展认知)	典型变量 #	Y 变量(旅游发展的社区能力)	典型变量 #
	X_1		η_1
ρ_2	0.107		
典型相关	0.327**		

注：# 第 2~6 组典型相关关系未达显著水平；**$p<0.01$；黑体字为典型负荷量之绝对值 70.4，表示变量对于各自之线性组合具有显著的解释能力。

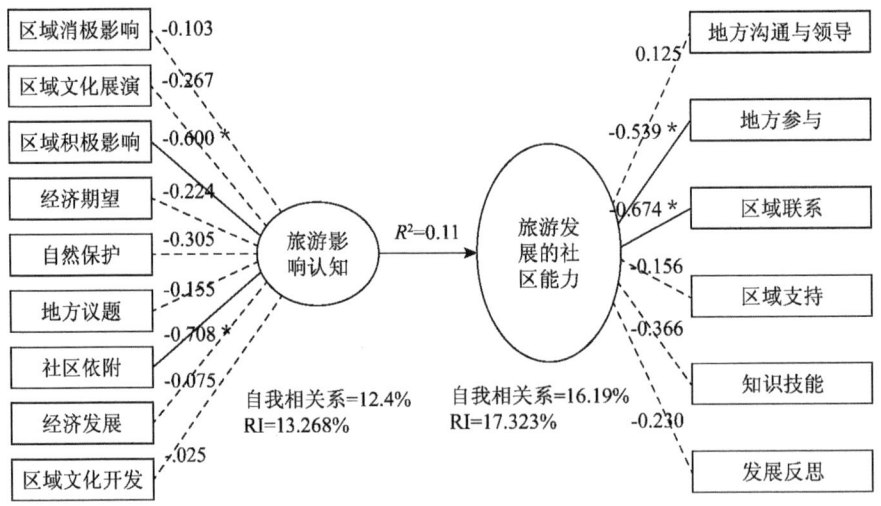

图 4-1　社区旅游发展认知与旅游发展的社区能力的典型相关模型

4.3　天堂寨旅游发展的社区能力障碍

4.3.1　天堂寨旅游发展的社区能力障碍的描述分析

表 4-20　旅游发展的社区能力障碍因素的描述分析（$N=271$）

旅游发展的社区能力障碍项目	居民回答率(%)			均值	标准差
	不符合●	中立	符合○		
不懂得用外语进行沟通	9.4	8.5	82.1	4.32	1.084

续表

旅游发展的社区能力障碍项目	居民回答率(%)			均值	标准差
	不符合●	中立	符合○		
资金难以到位	10.0	12.1	77.9	4.15	1.127
当地缺乏旅游开发的资金开发知识与技术	9.8	13.9	76.4	4.14	1.129
需要政府满足农村的需要	10.4	15.4	74.2	4.05	1.090
政府不批准我们村旅游开发项目	8.6	13.3	78.1	4.05	1.046
政府对我们发展旅游不信任	7.2	21.0	71.7	4.03	1.033
缺少旅游规划人才	12.9	10.6	76.4	4.02	1.152
我们村里人不能够参与旅游业	10.7	14.8	74.5	3.99	1.085
居民对旅游开发反映不积极	8.9	19.9	71.2	3.99	1.074
旅游开发是政府的责任	15.7	14.7	69.6	3.96	1.235
天堂寨旅游开发依赖外地资金和专业知识	13.0	19.0	68.0	3.87	1.157
村委会政策不稳定连续	13.2	19.4	67.4	3.82	1.134
居民对旅游开发认识水平不高	9.0	25.7	65.3	3.81	1.005
当地居民对领导不信任	12.2	23.8	64.0	3.79	1.178
社区缺乏相应的知识与缺少意识	15.2	19.6	65.1	3.79	1.127
没有接受旅游教育或没有旅游知识	18.3	15.1	66.5	3.78	1.248
村领导与旅游部门没有沟通	11.7	24.3	64.0	3.74	1.107
缺少与其他旅游企业的合作	16.6	19.5	63.9	3.73	1.238
政策出台比较晚	14.5	20.6	64.9	3.73	1.151
接触不到旅游信息	17.4	20.0	62.6	3.71	1.171
天堂寨广告宣传有限	17.8	23.1	59.1	3.68	1.237
旅游规划内容难以理解	18.1	22.2	59.7	3.66	1.160
农村社区开发没有明确的目标	19.8	18.9	61.3	3.64	1.240
政府没有对村民培训	22.7	15.8	61.6	3.63	1.337

续表

旅游发展的社区能力障碍项目	居民回答率(%)			均值	标准差
	不符合●	中立	符合○		
村民缺乏参与旅游开发的能力	18.6	22.3	59.1	3.63	1.222
我们村对旅游业不了解	13.4	29.7	56.9	3.62	1.098
村民不了解旅游规划	21.1	19.9	59.0	3.59	1.264
对旅游发展的结果不了解	20.4	21.7	57.9	3.59	1.225
当地居民对旅游缺少了解	18.1	26.9	55.0	3.58	1.140
农村没有旅游开发的人才	24.7	13.3	62.0	3.58	1.343
不了解旅游政策	22.4	21.7	56.0	3.57	1.173
不能管理旅游发展	21.7	20.1	58.1	3.55	1.271
农村没有旅游管理人才	24.9	15.8	59.4	3.55	1.370
对饭店知识不了解	20.0	24.9	55.1	3.54	1.227
农民不了解旅游开发政策	17.6	27.7	54.7	3.54	1.260
无法解决农村的问题	24.0	19.4	56.6	3.54	1.323
天堂寨旅游交通不便	23.6	22.5	53.9	3.53	1.334
领导没有激励大家参与旅游业	26.9	14.3	58.9	3.51	1.336
村委会不能决定旅游开发	27.2	15.1	57.7	3.50	1.320
当地人对旅游业不了解	21.5	25.8	52.7	3.48	1.198
当地重视政府开发轻视民间开发	24.9	24.9	50.2	3.43	1.299
镇政府没有认识到农村参与旅游开发的重要性	30.0	15.0	55.1	3.41	1.400
村民不能参与政策制定	30.6	19.1	50.2	3.39	1.345
政府机构办事没有效率	28.2	25.6	46.2	3.32	1.324
政治政策经常变化	28.3	25.7	46.0	3.28	1.284
不能利用资源抓住旅游发展机会	33.0	19.3	47.7	3.25	1.362

续表

旅游发展的社区能力障碍项目	居民回答率(%)			均值	标准差
	不符合●	中立	符合○		
农民参与旅游有时间限制	32.1	20.9	47.0	3.24	1.405
农村对于旅游政策没有发言权	38.4	19.3	42.3	3.06	1.407
当地政府没有组织居民参与过旅游决策	36.2	23.8	40.0	3.01	1.366
政府发展社区能力没有兴趣	42.2	21.5	36.3	2.92	1.378
政府排斥农村参与旅游开发	45.4	16.4	38.2	2.86	1.513
村委会与农民存在冲突	41.1	25.7	33.2	2.82	1.367
当地居民没有分享过旅游收益	44.8	18.6	36.6	2.81	1.435
村民对旅游开发不支持	54.6	18.7	26.7	2.55	1.382

注：●"不符合"包含：1＝非常不符合，2＝比较不符合；○"符合"包含：4＝比较符合，5＝非常符合。

表4-20中旅游发展的社区能力障碍的题目多为否定性的说法，在统计分析中已经经过了数据转换。从居民回答率分析，居民认为绝大部分社区旅游发展的障碍因素符合当地的情况（符合率在50%以上），主要表现在居民发展旅游业缺少相关的资金、知识与技术；政府、村委会与居民由于缺少畅通的沟通进而产生了一些误解与冲突；农村社区发展旅游业缺少专业人才；居民对社区旅游发展的态度是冷淡与不积极；居民参与社区旅游发展存在制度与体制障碍；天堂寨旅游宣传不足与交通不便捷等问题；当地居民由于对旅游业不了解因而无法预计旅游发展的后果；没有充实旅游业发展的社区力量。

对有些说法居民反映不一，既有认为符合当地情况的，又有表示不符合当地情况的。比如，"政府机构办事没有效率""政治政策经常变化""不能利用资源抓住旅游发展机会""农民参与旅游有时间限制""农村对于旅游政策没有发言权""当地政府没有组织居民参与过旅游决策"。之所以反映不一，是因为如果不直接与政府机构打交道，或者如果不直接参与旅游业是无法了解这些社区旅游发展的障碍因素的，所以只有少部分居民反映了这些问题。

有一些文献中出现的社区参与障碍在天堂寨表现不明显，比如，"政府发展社区能力没有兴趣""政府排斥农村参与旅游开发""村委会与农民存在冲突""当地居民没有分享过旅游收益""村民对旅游开发不支持",表明这些情况在天堂寨表现不明显。针对天堂寨社区旅游发展障碍的方面,居民反映突出的问题主要表现在社区旅游小企业申办的障碍、旅游征地导致的社区旅游参与的障碍、旅游发展空间不均衡导致的社区旅游参与障碍。

社区旅游小企业申办方面,政府通过提高经营许可证办证的难度限制社区旅游小企业的数量,降低旅游管理的难度,将社区旅游的发展重点放在吸引外地投资商方面(见居民旅游去权部分的详细分析),比如社区小企业主反映:

"在我们小的农家乐办证不好办,办营业执照还有工商税务证还有卫生许可证,关键不知道政府怎么想的,那么不好办,有时候给钱都办不到,你现在没有证的话做什么都不行""他也是办农家乐的,卫生许可证就办不到。办不到证经营就不合法,工商就要查你,公司来的都需要发票,哪怕吃得再好再便宜,但是你没有发票,人家就不再来"。

旅游征地导致的社区旅游参与的障碍,旅游业发展后居民旅游参与的积极性空前高涨,特别是位于旅游公路沿线的居民企业通过改造住房条件,发展农家乐直接参与旅游业,同时政府也通过征地改变土地的使用权获取土地,借助旅游发展提升地价,从中获利,与居民直接争利,直接的方式就是征地。正如居民与村领导反映:

"房子盖不起来,地皮比较贵,最少30万元。现在房子也不让拆了,他们(政府)规划的,本来是自己的房子不让在这里盖,把房子收回去,重新规划""搞征田,你(政府)把钱给人家,人家买粮食吃;老拖老拖,还没有兑现,2007年搞的,现在还荒着呢,不然可以种田的"。

居民对"当地居民没有分享过旅游收益"反映不一,在于有些居民确实分享了旅游收益,有些居民没有分得旅游收益,原因在于天堂寨旅游业发展的空间不均衡造成了旅游参与的障碍。比如居民反映:

"有利的是对街道上的靠近公路沿线的那一部分人有益,对其他的老百姓一点利益都没有,因为我们在后边的,涉及不到我们呢。我们交通又不方便,旅游者又进不了,他们吃住在路上呢,又不可能到农村去,搞旅游没有不利的,只能不给我们点利益"。

4.3.2 天堂寨旅游发展的社区能力建设的障碍因素分析

天堂寨居民旅游发展的社区能力障碍的量表收集了 458 位社区居民参与旅游业障碍的数据,去除缺失变量,投入因素分析的有效观测值为 300 位社区居民的数据;居民旅游发展的社区能力障碍的量表原始问卷共有 54 个原始变量,经信度检验删去 11 个变量,为简化变量同时了解旅游发展的社区能力障碍的维度,用 43 个变量进行因素分析。量表数据经过 KMO 及 Bartlett's 检验后发现,此处 KMO 值为 0.875,大于 0.8,根据 Kaiser 的观点,很适合做因素分析,Bartlett's 球形度检验值为 5055.084,自由度为 903,达 0.01 显著水平,表示非常适合进行因素分析。

本研究以主成分分析法进行因素萃取,并以 Varimax 法进行因素转轴,因素分析结果如表 4-21 所示。从表 4-21 可知,本研究共萃取 12 个特征值大于 1 的因素,累积解释为变异量 64.411%。根据 Hair、Anderson、Tatham 及 Black 指出,由于因素分析的目的在于以少数几个因素解释原有变量的变异量,因此,在自然科学的研究中,决定保留的因素所能解释的变异量以能达到 95% 为宜,至于社会科学则以达到 60% 为宜[233],本研究因素分析解释总变异量共解释 64.411%,达到了保留因素所能解释变异量的要求。根据每个因素所解释的变量的含义,因素 1~12 分别命名为领导障碍、增权障碍、信息障碍、人才障碍、知识障碍、参与障碍、资金障碍、认识障碍、开发障碍、地理可达性障碍、沟通障碍、利益相关者冲突障碍。

表 4-21 天堂寨旅游发展的社区能力障碍因素

发展障碍变量	社区旅游发展障碍因素 a												共同性
	1	2	3	4	5	6	7	8	9	10	11	12	
V1	0.751												0.690
V2	0.701												0.697
V3	0.670												0.657
V4	0.616												0.560
V5	0.478												0.589
V6	0.442												0.548

续表

发展障碍变量	社区旅游发展障碍因素 a												共同性
	1	2	3	4	5	6	7	8	9	10	11	12	
V7	0.430												0.601
V8		0.777											0.745
V9		0.757											0.609
V10		0.721											0.638
V11		0.638											0.665
V12		0.631											0.661
V13			0.778										0.718
V14			0.708										0.654
V15			0.550										0.662
V16			0.529										0.588
V17			0.459										0.577
V18				0.793									0.773
V19				0.766									0.705
V20				0.563									0.652
V21					0.759								0.663
V22					0.646								0.713
V23					0.632								0.604
V24					0.335								0.645
V25						0.670							0.670
V26						0.601							0.628
V27						0.496							0.680
V28						0.491							0.579
V29							0.714						0.669

续表

发展障碍变量	社区旅游发展障碍因素 a												共同性
	1	2	3	4	5	6	7	8	9	10	11	12	
V30							0.687						0.578
V31							0.540						0.563
V32							0.447						0.585
V33								0.783					0.679
V34								0.698					0.668
V35									0.673				0.681
V36									0.514				0.606
V37									0.408				0.497
V38										0.812			0.749
V39										0.738			0.649
V40											0.816		0.710
V41											0.562		0.583
V42												0.640	0.656
V43												0.430	0.653
特征值	10.083	3.691	2.333	1.816	1.610	1.448	1.205	1.175	1.125	1.099	1.063	1.049	
解释变异(%)	23.450	8.584	5.426	4.222	3.745	3.367	2.803	2.733	2.616	2.556	2.471	2.439	
累积解释变异量(%)	23.450	32.034	37.459	41.681	45.427	48.794	51.596	54.330	56.946	59.502	61.973	64.411	

注：1.领导障碍；2.增权障碍；3.信息障碍；4.人才障碍；5.知识障碍；6.参与障碍；7.资金障碍；8.认识障碍；9.开发障碍；10.地理可达性障碍；11.沟通障碍；12.利益相关者冲突障碍。

V1~V43 分别代表：政府发展社区能力没有兴趣、农村对于旅游政策没有发言权、村民不能参与政策制定、不能利用资源抓住旅游发展机会、政府机构办事没有效率、领导没有激励大家参与旅游业、农村社区开发没有明确的目标、当地居民对领导不信任、村民对旅游业不了解、村政策不稳定、政府对居民发展旅游不信任、村领导与旅游部门缺少沟通、村民不了解旅游规划、政府没有对村民培训、不了解旅游政策、接触不到旅游信息、社区缺乏相应的知识与发展意识、农村没有旅游开发的人才、农村没有旅游管理人才、缺少旅游规划人才、对饭店知识不了解、对旅游发展的结果不了解、不能管理旅游发展、农民不了解旅游开发政策、政策出台比较晚、政府排斥农村参与旅游开发、当地重视政府开发轻视民间开发、镇政府没有认识到农村参与旅游开发的重要性、资金难以到位、当地缺乏旅游开发的资金开发知识与技术、不懂得用外语进行沟通、天堂寨旅游开发依赖外地资金和专业知识、当地人对旅游业不了解、当地居民对旅游缺少了解、村民缺乏参与旅游开发的能力、没有接受旅游教育或没有旅游知识、农民参与旅游有时间限制、天堂寨广告宣传有限、天堂寨旅游交通不便、居民对旅游开发反映不积极、居民对旅游开发认识水平不高、村委会与农民存在冲突、政府不批准我们村旅游开发项目。

4.3.3 基于旅游发展社区能力障碍的社区居民分类

4.3.3.1 数据分析方法

本部分首先对居民社区旅游发展障碍量表进行主成分分析得出 12 个独立的主成分,然后以 12 个社区旅游发展因子为基准进行数据预检,去除 28 笔带有奇异值的数据,再去除因素分析后出现的 158 笔缺失值数据,最后以 272 笔数据进行聚类分析。首先以华德法为聚类方法进行层次聚类,观察聚类系数与聚类结果树状图后得出 4 类比较科学,再对数据进行非层次聚类(K-Means 快速聚类),进一步调整聚类结果。最后以聚类结果为自变量,聚类变量为因变量进行判别分析以验证聚类效度。

4.3.3.2 社区居民分类

本部分采用 K-Means 快速聚类法,聚类数根据层次聚类法聚类系数与树状图观察所得,聚类结果整理成表 4-22,可知根据居民社区旅游发展障碍的 12 个因素可以把社区居民划分为 4 个群体,第一个群体有 65 名居民,该群体在 12 个障碍因素得分均较低,说明该群体在 12 种障碍均不严重,所以该群体命名为发展无障碍群体;第二个群体有 96 名居民,该群体发展旅游业主要受领导、权力与认识的制约,所以该群体命名为发展权能约束群体;第三个群体有 26 名居民,该群体发展旅游业的障碍主要反映的是旅游发展实际运营中面临的障碍因素,所以该群体命名为实际运营约束群体;第四个群体有 85 名居民,该群体发展旅游业主要受信息、人才、知识方面的约束,所以该群体命名为知识信息约束群体。这 4 个群体在 12 个聚类变量中 10 个变量之间有显著差异,说明这些聚类变量能够把社区居民显著地区分为 4 类:发展无障碍居民、发展权能约束居民、实际运营约束居民、知识信息约束居民。

表 4-22　不同居民群体旅游发展的社区能力障碍的 One-Way ANOVA 差异分析

居民旅游发展障碍维度	总平均值 $n=272$	发展无障碍群体 ($N=65$)	发展权能约束群体 ($N=96$)	实际运营约束群体 ($N=26$)	知识信息约束群体 ($N=85$)	F 值 Sig
领导障碍	0.001	-0.234	0.255	0.002	-0.105	3.962***
增权障碍	0.066	-0.258	0.611	-0.585	-0.102	23.236***
信息障碍	-0.017	-0.651	-0.152	0.025	0.608	29.052***
人才障碍	0.044	0.588	-0.530	-1.062	0.616	68.709***
知识障碍	-0.007	-0.224	0.159	-0.852	0.230	11.977***
参与障碍	0.004	0.272	0.003	0.373	-0.313	6.847***
资金障碍	0.025	0.146	-0.379	0.877	0.129	15.356***
认识障碍	0.018	-0.113	0.364	-0.368	-0.155	7.206***
开发障碍	-0.045	-0.140	-0.037	0.070	-0.017	0.395
可达性障碍	0.043	-0.809	0.104	0.540	0.475	37.096***
沟通障碍	0.013	-0.068	0.084	0.313	-0.096	1.728
利益相关者冲突障碍	0.016	0.098	0.043	0.674	-0.278	8.691***

注1：*** $p<0.001$。

4.3.3.3 聚类效度检验

有学者建议把聚类分析的结果视为正确分类再执行判别分析,由正确判别率来验证聚类分析的效果[236]。本部分以 12 个社区旅游发展障碍因素为判别变量,以居民旅游发展障碍的 4 个群体为因变量,对聚类结果进行判别分析以验证聚类的效度。由表 4-23 可知产生了 3 个判别函数,其典型相关系数为 0.790、0.747 与 0.670,且 Wilks 的 Lambda 转换成卡方检验后都达到显著水平,所以本部分产生了 3 个显著的判别函数。

表 4-23　基于旅游发展的社区能力障碍居民群体分类判别分析的
特征值与 Wilks 的 Lambda 分析表

判别函数	特征值	解释变异数%	典型相关系数	检定的判别函数	Wilks 的 Lambda	卡方值 Sig.
1	1.660	44.4	0.790	1 & 3	0.092	628.579***
2	1.263	33.8	0.747	2 & 3	0.244	371.323***
3	0.813	21.8	0.670	3	0.551	156.527***

注：*** $p<0.000$。

由表 4-24 可知，12 个判别变量都进入判别模型中。由结构矩阵可知，第一个判别函数与领导障碍、人才障碍显著相关，所以可命名为"领导与人才障碍"；第二个判别函数与信息、参与、可达性与利益相关者冲突等障碍因素显著相关，所以可命名为"信息与可达性障碍"；第三个判别函数与资金、增权、知识、认知、沟通与开发等障碍因素显著相关，所以可命名为"经济与认知障碍"。

表 4-24　基于旅游发展的能力障碍居民群体分类的判别函数系数、结构矩阵汇总表

区别变数	未标准化区别函数系数			标准化区别函数系数			结构矩阵		
	函数 1	函数 2	函数 3	函数 1	函数 2	函数 3	函数 1	函数 2	函数 3
领导障碍	0.410	-0.032	-0.123	0.390	-0.031	-0.116	0.159*	-0.027	-0.045
授权障碍	0.699	-0.085	-0.604	0.585	-0.071	-0.505	0.296	-0.025	-0.374*
信息障碍	0.308	0.877	0.298	0.258	0.734	0.250	0.101	0.474*	0.172
人才障碍	-1.148	0.554	-0.427	-0.841	0.406	-0.312	-0.555*	0.373	-0.317
知识障碍	0.151	0.416	-0.566	0.136	0.374	-0.510	0.071	0.203	-0.301*
参与障碍	-0.193	-0.494	0.091	-0.174	-0.447	0.083	-0.041	-0.233*	0.079
资金障碍	-0.334	-0.025	0.625	-0.297	-0.022	0.556	-0.154	0.005	0.403*
认识障碍	0.379	-0.153	-0.338	0.355	-0.143	-0.317	0.152	-0.061	-0.214*
开发障碍	0.088	0.008	0.169	0.081	0.008	0.155	0.033	0.023	0.049*

续表

区别变量	未标准化区别函数系数			标准化区别函数系数			结构矩阵		
	函数1	函数2	函数3	函数1	函数2	函数3	函数1	函数2	函数3
可达性障碍	0.612	0.729	0.515	0.485	0.577	0.408	0.296	0.386*	0.317
沟通障碍	0.118	-0.118	0.082	0.107	-0.107	0.074	0.069	-0.065	0.087*
利益相关者冲突障碍	0.057	-0.419	0.391	0.049	-0.359	0.334	0.036	-0.220*	0.205
常数	-0.013	-0.019	0.028						

表4-25为判别分析结果分析表,在272个样本中只有11个被误判,其中3个发展无障碍群体居民1个被误判为发展权能约束群体居民,2个被误判为知识信息约束群体居民;1个发展权能约束群体居民被误判为知识信息约束群体居民;6个实际运营约束群体居民中2个被误判为发展无障碍群体居民,1个被误判为发展权能约束群体居民,3个被误判为知识信息约束群体居民;1个知识信息约束群体居民被误判为发展权能约束群体居民,可得总体正确判别率高达96.0%,所以以12个聚类变量进行划分的类别具有非常高的判别率,聚类效度比较理想。

表4-25 基于旅游发展的社区能力障碍居民群体分类判别结果分析

实际类组	居民群体	预测类组				合计
		发展无障碍群体	发展权能约束群体	实际运营约束群体	知识信息约束群体	
	发展无障碍群体	62(95.4%)	1(1.5%)	0(.0%)	2(3.1%)	65(100.0%)
	发展权能约束群体	0(.0%)	95(99.0%)	0(.0%)	1(1.0%)	96(100.0%)

续表

居民群体		预测类组				合计
		发展无障碍群体	发展权能约束群体	实际运营约束群体	知识信息约束群体	
实际类组	实际运营约束群体	2(7.7%)	1(3.8%)	20(76.9%)	3(11.5%)	26(100.0%)
	知识信息约束群体	0(.0%)	1(1.2%)	0(.0%)	84(98.8%)	85(100.0%)

注：正确区别率96.0% = (62+95+20+84) / 272。

4.3.4 居民旅游发展认知对旅游发展社区能力障碍的影响

本部分利用典型相关分析研究社区旅游发展认知对旅游发展社区能力障碍的影响。由因素分析得出，社区旅游发展认知包括9个维度，旅游发展的社区能力障碍包括12个维度（见图4-2），由表4-26可知，只有1个典型相关系数达到5%以上的显著水平，所以本研究只考虑第一组典型相关关系。究竟典型负荷量要达到多大才能认为其具有显著解释能力，吴万益认为典型负荷量绝对值大于0.3，黄俊英认为典型负荷量绝对值大于0.3[256]，吴明隆认为典型负荷量绝对值大于0.5[257]，才能说明其有显著解释能力，所以本研究取典型负荷量绝对值大于0.4视为对各自典型构面具有显著解释能力者。由表4-27和图4-2可知，社区旅游发展认知中区域消极影响、经济发展典型负荷量绝对值大于0.4，社区旅游发展障碍中参与障碍、沟通障碍典型负荷量大于0.4，所以居民认知到旅游发展带来的区域消极影响越多，认知到的所获经济发展越少，其认知到的参与社区旅游的障碍以及沟通的障碍就越明显。

表4-26 典型方程显著性检验

典型相关	特征值	特征值所能解释变异（%）	累积变异量（%）	典型相关系数	典型相关系数平方	Wilksλ 值	F 值	分子自由度	P 值
1	0.326 87	40.917 94	40.917 94	0.496 33	0.246 35	0.484 19	1.694 59	99.00	0.000**

注：$*p < 0.05$，$**p < 0.01$。

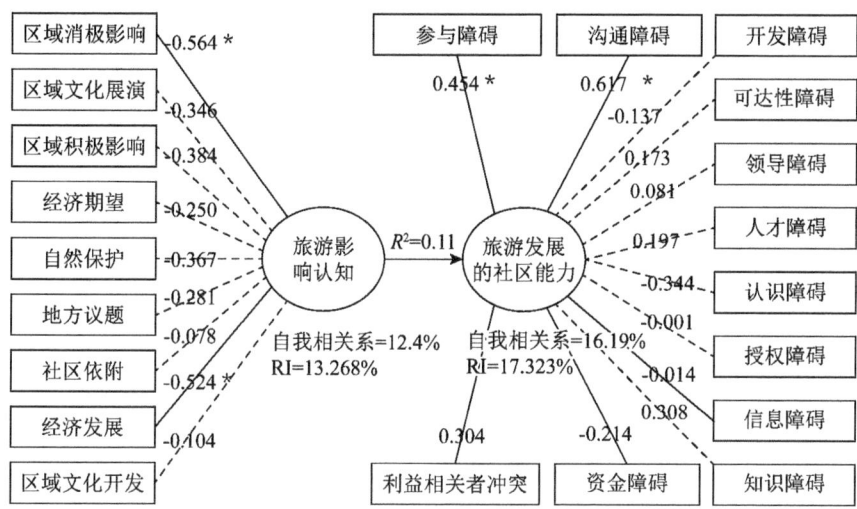

图 4-2 社区旅游发展认知与旅游发展的社区能力障碍的典型相关模型

表 4-27 社区旅游发展认知与旅游发展的社区能力障碍因素典型相关模型汇总

X 变量（社区感）	典型变量	Y 变量（旅游发展认知）	典型变量
	X_1		η_1
区域消极影响	0.564	**参与障碍**	0.454
区域文化展演	-0.346	**沟通障碍**	0.617
区域积极影响	-0.384	开发障碍	-0.137
经济期望	-0.250	可达性障碍	0.173
自然保护	-0.367	领导障碍	0.081
地方议题	-0.281	人才障碍	0.197
社区依附	-0.078	认识障碍	-0.344
经济发展	-0.524	授权障碍	-0.001
区域文化开发	-0.104	信息障碍	-0.014
		知识障碍	0.308
		资金障碍	-0.214

续表

X 变量(社区感)	典型变量	Y 变量(旅游发展认知)	典型变量
	X_1		η_1
		利益相关者冲突	0.304
抽出变异量(%)	12.813		2.187
重叠指数(%)	3.258		8.600
ρ_2	0.254		
典型相关	0.504**		

注：$*p<0.05$，$**p<0.01$；黑体字为典型负荷量之绝对值>0.4,表示变量对于各自之线性组合具有显著的解释能力。

4.3.5 社区旅游去权视角下的社区旅游能力建设的障碍机制

4.3.5.1 引言

自 Murphy1985 年在《旅游业：社区的方法》提出应该结合社区的价值观与愿景来规划与实施旅游业这个观点[11]以来，社区参与作为一种规划方法在各个国家尤其是发展中国家进行实践与应用，但是学术界也不断反思与质疑这种规划方法。社区旅游虽然与更广泛的社区发展和参与式的规划哲学同步，也鼓吹在地方层次上社区对开发过程的控制[258]，但是社区旅游的倡导者在3个方面偏离了社区发展的思潮[259]：第一，社区旅游缺少社区发展变革的目的，它是以确保能获利的旅游业长期发展而不是给当地居民增权的面目出现；第二，当地社区以同质性的社区出现，忽视了社区内部的权力斗争或冲突的价值观；第三，社区旅游忽视了外部利益相关者对当地社区控制旅游业的限制因素。基于社区旅游的这些省思，20世纪90年代中期广泛应用于社会工作的社区增权理论引入旅游研究中，目的是关注社区的权力关系以及弱势群体增权的诉求[20]。社区增权理论于近年先后引入我国社会工作与旅游研究领域，目前处于理论消化与概念辨析阶段[260~263]，基于上述文献,增权理论是由权力(power)、去权(disempowerment)、无权(powerlessness)、增权(empowerment, empowing)等一系列概念建构而成。由于质性研究主张文献部分功能在于引出研究议题而文献展开置于研究结果讨论部分以便进一步归纳总结研究方法促进理论提升，所以在此暂不对这些概念展开讨论，以免由于"限定研究议题"而影响"扎根于访谈资料浮现出研究议题"[234,236]。社区增权一经引入,其浓厚的人文关怀与鲜活的理论解释能力立即引起学者的极大关注,我国学者保继刚、孙九霞、左冰、郭为、黄娅、朱孔芳等进行了初步的探索研究[20,166,167,264~267],提出社区增权的种种建议。现在大部分社区都是多元化的、分层的,并且是权力关系的场所[29],在这些具有复杂利益主体的社区中究竟哪些主体已经增权,哪些主体无权或去权,在案例研究中不可笼统讨论,所以本研究把研究对象聚焦于天堂寨景区周边农村社区居民,同时社区增权也有一个预设,正因为社区某些利益主体无权或去权才需要增权,如果不了解社区居民的去权或去权的种类以及原因,那么社区增权又从何谈起呢?所以研究社区居民的无权或去权行为似乎应该是研究的逻辑起点,社区居民在哪些方面是无权或去权的以及有哪些因素导致了其去权或无权,这种去权或无权对居民生计造成了哪些影响等问题目前尚无实证性的案例研究,所以本部分研究问题:一是基于案例研究实证分析现实社区情景中居民无权与去权的表现形式与种类、深层社会原因及其对居民的生计生活的影响;二是基于社区居民当事人的角度提出内源性的社区增权的建议,而不是外部注入式的开出社区增权的"药方"。

4.3.5.2 研究方法

本研究数据来源是博士论文的部分质性数据,先采取结构式访谈法采集数据,采取便利抽样共获得179笔结构性访谈数据;其次,根据有关社区利益主体与结构性访谈对典型样本后进行深度访谈,共获取43笔深度访谈数据(见表4-28)。根据研究目的与研究主题,访谈围绕两方面的问题展开:

(1)天堂寨发展旅游业对您本人与您的家庭来说有哪些好处(积极效应)、有哪些坏处(消极效应)?

(2)请您谈谈您准备如何参与到天堂寨旅游业中来(参与方式)?有哪些困难(参与障碍)?

征得受访人同意进行录音,随后誊录成电子文档,转化成RTF格式导入质性分析软件MAXQDA,利用该质性资料分析软件进行开放性编码、主轴编码以及选择性编码协助解释与分析访谈资料。数据分析点面结合,既利用大量的结构性访谈数据归纳总结社区居民去权与无权的表现形式、种类与社会原因,又利用典型个案的深度访谈资料挖掘居民去权与无权的形成机制。调查资料严格保密,行文中隐去回答者姓名以问卷号加上性别称呼作为标签,符合伦理行为规范。

表 4-28 访谈数据来源与样本分布

结构性访谈数据	QF村	YT村	YS村	SH村	SANH村	MS村	HF村	HH村	合计
样本分布	50	35	20	11	12	16	12	23	179
深度访谈数据	村书记或村长	社区旅游企业家	镇及景区管委领导	县领导	星级饭店	普通居民	村种植养殖大户	农村合作社	合计
样本分布	8	10(餐馆老板2人;土特产3人;旅游商店2人;农家乐3人)	4(主管副镇长;管委副主任;旅游科长;发展公司办公室主任)	2(主管副县长;旅游副局长)	3(四星饭店副总1人;三星饭店2人)	8	6(种植大户3户;养殖大户3户)	2(茭白农业合作社;中草药农业合作社)	43

4.3.5.3 天堂寨居民旅游去权实证分析

由表4-29可知,天堂寨居民旅游去权主要表现在生活与生产空间去权、自然资源控制与使用去权、区域经济发展去权与政治去权,相应地也在这5个方面居民产生了旅游发展的无权状态。

表 4-29 居民旅游去权编码大纲

居民旅游去权	SANH村	HH村	MS村	HF村	SH村	YS村	YT村	QF村
空间去权		√	√	√		√	√	√
资源去权		√	√				√	√
经济去权			√					
政治去权			√					
旅游去权	√	√	√	√	√	√	√	√
社区增权建议				√	√	√		

（1）生活与生产空间去权

生活与生产空间去权是指由于旅游发展，政府机构把原属于居民的生产生活空间的使用权或经营权重新收回，划归政府所有，以实现空间的增值。表现形式主要有两种：一种是征地；一种是旅游发展空间的选择性使用。征地方面，比如居民反映，"老百姓有钱，不让你在这里盖，本来是自己的房子，不让在这里盖，把房子收回去，重新规划；本来是农村，现在收回去，遇到难缠的给你一间两间"。这部分生活与生产空间去权现象主要发生在至天堂寨景区的旅游公路沿线的渔潭村、前畈村包括几个自然村，原因主要是：

①天堂寨镇为了加快产业结构调整，鼓励通过招商引资的方式发展旅游服务业，发展非公有制经济，为了给引进的企业经营场所，镇政府通过置换土地的方式增加了城镇用地数量，2008年《天堂寨镇政府工作报告》文件中明确提出："发展集镇带动战略，加快前畈集镇建设。抓住天堂寨风景区旅游升温和经营权转让，宾馆等旅游服务设施建设逐步下移的历史性机遇，依托旅游经济发展采取更加灵活积极务实的政策措施鼓励和引导非公有制经济的发展。采取降低费用，减免税费，土地置换，提供无偿服务等优惠政策。2007年新增集镇建设50户200余人"。

②招商引资的需要。招商引资是县政府考核镇政府干部的重要指标，并且招商引资实行一把手负责制，镇政府领导都有明确的招商引资任务，为给外来投资企业创造经营空间，也大力实施了征地与土地置换工作，"天堂寨镇2007年招商引资续建百花宾馆二期工程、白马寺新建、大别山度假村、天马商贸街二期工程、天华旅游休闲中心5个项目，"投入近150万元，实施了9处60余亩的土地复垦置换工作，使项目有'地'可安"（2007天堂寨镇项目建设汇报稿）。

③镇街道土地增值给镇政府征地带来了巨大的动力，正如2009年《天堂寨镇简介》所说："4年前，离景区6公里处的天堂寨镇，只有两家宾馆，设施落后，没有档次，且仅能接待80余人，4年后的今天，天堂寨镇宾馆密集，准二星级宾馆以上的达15家之多，接待容量已达3000人。而且还有大量投资商向娱乐、食宿、商业等行业倾注资金""2006年，街道一间门面房的地价已飙升至20万元每间"，由此可见，天堂寨旅游业的快速发展造成沿旅游公路沿线的土地增值，土地置换给政府带来丰厚的资金回报。

我们通过一个村领导的深度访谈再现居民旅游去权的过程，其实施途径是镇政府通过农村的党员给居民做工作同时防止居民上访行为：

"我是党员啊，带头做工作，我签字是我的想法啊；以前有10好多户不签字，我讲有发展有盼头，我们对他们做工作，他们都知道；搞征田镇政府开了几个会，动员我们啊，我们做社员的工作啊；我也有田，被征调的1亩7分，给14 000(元)一亩，一亩给你一间房子，差3分，2亩给两间房子，补得也很贵；社员讲1亩地给2间房子，乡政府花销很大的，修路做广场啊，有费用啊。不好的地方……发展我们蛮喜欢的，你(乡政府)钱给人家(农民)，人家买粮食吃；老拖老拖，还没有兑现，群众要出去告，为我们摁住，社员讲的不假，他(乡政府)不给钱，老是不给，有的一分钱都没拿到，社员咬住劲不让政府搞；他(乡政府)讲的是在征的地上盖房子再分给我房子，2007年搞的，现在还荒着呢，不然可以种田的……乡政府讲信用给老百姓，你(乡政府)钱给我我去买粮食，他(乡政府)老拖着就是不给……我们现在讲，搞开发我也想盖房子，游人来了搞土特产搞土菜给游人吃吃，关键是乡政府没有分给我房子，以前我想在镇上盖，但是没有分给我，我在家里盖的楼；大困难小困难就是经济都转不过来哦，缺乏资金，把钱给我们，我们搞旅游；没有田没有地，钱还不给；三分的钱还没有交嘛，你(乡政府)钱还没有给我……"

依据此深度访谈稿，我们构建出旅游地政府征地的过程模型(见图4-3)，这个模型利益相关者有外部投资商、政府、农村党员、普通居民，四方博弈过程如下：外部投资商是土地的潜在使用者即购买方，其通过政府实现购买土地过程，而镇政府利用我国的制度特权(我国土地属于国家所有，那么究竟哪一个层次代表国家行使土地的处置权规定则很模糊，这就给各级政府操控土地提供了很大的空间，同时也给上一级政府重新调配土地提供了更大的操作空间)与行政权力进行征地，在现在和谐社会的大背景下政府实现征地既要实现目的又不能出现社会不稳定因素，其方法是通过行政权力要求基层村组织党员做普通居民工作，看重的是党员双重身份(既是政府管辖的公职人员又是社区居民，因为我国基层村级组织实行直选，村领导如果选下来就回到普通居民行列)，易于做工作又能起到防范居民过激行为，完成征地过程，而基层村领导党员似乎也希望在居民与政府难以胜算的博弈中尽可能从政府那里获取某些"承诺"，尽可能地减少自身风险；政府从居民那里征地过程中实现了土地增值但也面临风险，因为如果不能招到大量的外部投资商，没有足够的土地需求，土地增值过程则不能实现，尽管征地本身也创造了"需求"，因为土地投资建房后希望进一步改善居住条件的失地农民又成为潜在居住需求方。政府为了减少其风险，采用的策略是"他不给钱,老是不给;有的一分钱都没有"和"他讲的是在征的地上盖房子再分给我房子",这种双保险策略,把政府风险减到最低,若政府成功把土地与外部投资商成功交易后,房地产市场看好,随后再补偿居民也给政府提供了很大的操作空间,反之则是本案例中提到的结果,"2007年搞的,现在还荒着地呢,不然可以种田的……"村领导居民与普通居民本身都面临去权的结果,村领导"双重身份"在前期代替政府与居民做工作,带头签字,"我是党员啊,我签字是我的想法啊,我们对他们做工作,他们都知道"。村民则是三重输家,既没有获得土地补偿,又没有获得房子,还荒芜了土地。

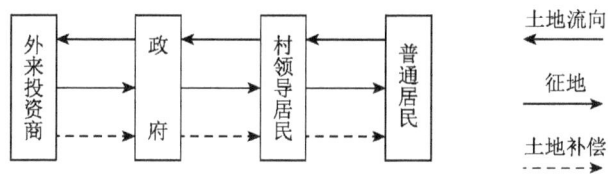

图4-3 旅游地政府征地过程模型

第二种生活与生产空间去权的形式是旅游发展空间的选择性使用,换句话说旅游发展使某些空间实现了增权,但又使某些生活与生产空间去权。比如居民反映:

"他光发展这一个地方,周边的不发展,只有他周边的有收益,其他地方怎么收益呢""对我们家下边没有什么好处,对上边基本有好处,他们做饭馆的,开宾馆的经济就不一样了嘛""天堂寨他就是影响的只是局部,局部问题,对我们下面距离远的还是影响的比较少;主要是街道南河哪一块,再一个什么问题呢,我们希望天堂寨都能带动全镇的经济,不能只考虑那一块,也考虑下边的整体影响"。

总之,旅游发展使旅游公路沿线以天堂寨镇街道、南河村、渔潭村街道实现了增权,其他空间则是去权,原因如下:

①与天堂寨镇的旅游空间结构有关。进入天堂寨景区只有一条主要干道,所以位于公路沿线的、靠近主干道的几个村落与旅游者必经之地主要停留餐饮空间的镇政府街道实现了空间增权,大获收益,而其他几个村由于远离旅游公路则无法参与旅游业。其实正如后文分析,因为都划归到天堂寨自然保护区里面这些不能参与旅游的社区在资源方面也是去权的,由于严格的资源保护政策,使得这些居民非但不能参与旅游,而且"陪绑性"不能使用这些山地林业资源。

②与旅游发展阶段和旅游发展模式有关。一是天堂寨镇旅游业处于起步阶段,本身对社区经济拉动不强;二是单一景点的简单观光游览的发展模式使旅游者逗留时间短,人均花费小,同时又不能向腹地延伸游览,造成旅游业没有与社区经济形成完善的产业链条,旅游业不能发挥拉动地方经济的功能,反而因为大量从外边运进副食品造成了旅游收益的漏损。

(2) 资源去权

资源去权指由于整个天堂寨镇社区划归到天堂寨国家自然保护区内,对山地林业资源特别是旅游公路沿线的山地林业资源进行了严格的保护,严禁居民使用,对于那些不能参与旅游业的社区居民等于被剥夺了依托山地林业资源发展社区经济的权利。根据深度访谈资料,我们发现资源去权的方式有二:

一是通过对第一制度的差别化操作对居民进行去权。所谓第一制度是名义上的制度,是公开的文本,比如《土地法》《国家自然保护区管理条例》等各种文件和明文规定。这种名义上的制度带有极强的意识形态色彩,它赋予了权力机关天然的不容置疑的合法性。比如《中华人民共和国自然保护区条例》某些条例所陈述:

第四条:国家采取有利于发展自然保护区的经济、技术政策和措施,将自然保护区的发展规划纳入国民经济和社会发展计划;第五条:建设和管理自然保护区,应当妥善处理与当地经济建设和居民生产、生活的关系。第二十五条:在自然保护区内的单位、居民和经批准进入自然保护区的人员,必须遵守自然保护区的各项管理制度,接受自然保护区管理机构的管理。第二十六条:禁止在自然保护区内进行砍伐、放牧、狩猎、捕捞、采药、开垦、烧荒、开矿、采石、挖沙等活动;但是,法律、行政法规另有规定的除外。第二十三条:管理自然保护区所需经费,由自然保护区所在地的县级以上地方人民政府安排。国家对国家级自然保护区的管理,给予适当的资金补助。第二十七条:自然保护区核心区内原有居民确有必要迁出的,由自然保护区所在地的地方人民政府予以妥善安置。

所谓第二制度是实践中运作的制度,它是地方权力机关在实际运作第一制度中形成的具体操作方式,比如《天堂寨国家自然保护区居民补偿实施办法》,天堂寨自然保护区补偿居民,国家规定每亩山林补偿3.5元,实际上只发了2.5元,就剥夺了居民的山林资源的使用权。比如居民反映,"你光管制起来,不给人砍,光有看管权,靠那个政府补贴一亩三块五毛钱,根本不管用,也只给了两块五,政府拿走一块钱,你就根本不能在林地里采木头;不采伐老百姓受不了益处"。

第一制度文本中还涉及"建设和管理自然保护区,应当妥善处理与当地经济建设和居民生产、生活的关系"(第五条规定),但在第二制度实施过程中实际上已经完全剥夺了居民的社区经济发展权,"规划到旅游区了,沙石采取就不合理,不像往常自由了,批准你才可以,不批准你肯定就不可以……你自己生活这个地方,你肯定自己保护自己的土地吧",由此可见,地方政府通过对第一制度文本的差别化实施与选择性使用,最终造成居民丧失了对社区资源的控制权与使用权。

第二种方式是通过社区经济发展方式对居民进行去权,自然保护区开辟后基本上主要以发展旅游业为主,但是能够参与旅游业的群体主要是外地投资者和本地位于旅游公路沿线或靠近景区并且有一定经济实力的居民,大部分居民是难以参与到旅游中来的,这种政府主导的社区经济发展方式以及配套的社区政策造成了居民经济发展的去权。比如居民反映:

"山上什么东西都不能搞了,都给看住了,反正光搞旅游一门,老百姓搞那个根本不着,其他的在山上什么,对老百姓没有什么好处啊;都不着了,河里也不能搞,河里以往搞个鱼搞个什么东西啊,现在也不能搞啊,像我们全靠打工,维持生活,山里什么都不能动,除了搞旅游有什么出路呢,维持生活呗""下面(政府)叫老百姓搞农家乐,搞不起来,交通不便,他们一个团来了之后农村接待不起来,他只能住宾馆饭店接待,搞个农家乐老百姓怎么联系客源,我们尝试过了,我们小组搞起来两家农家乐,搞起来他没有人来。旅游者不知道,你也联系不上,即使你搞了你也联系不上客源,缺乏联系中介"。

由这段访谈资料可以发现,在发展旅游之前社区基于社区资源形成了自己的经济发展方式。这种社区经济发展方式尽管可能并不持续,却使得社区居民都能基于这种经济发展方式公平的获利。社区发展旅游之后由于天堂寨社会经济地理条件以及居民知识技能的限制造成旅游参与方面产生了社区参与差异,似乎不仅维护了社区原有的不平等,还产生了新的社区不平等。正如学术文献所言:"大部分山村或村里的小组好像因竞争关系紧张,人们发现很难为社区利益而共同工作,个人和家庭似乎总是优先考虑。当地精英赚取大部分收入的现象总是存在,最富有的和最具有技术的人们比其他人更能从旅游业中牟利,因此强化了现有的等级[30]。

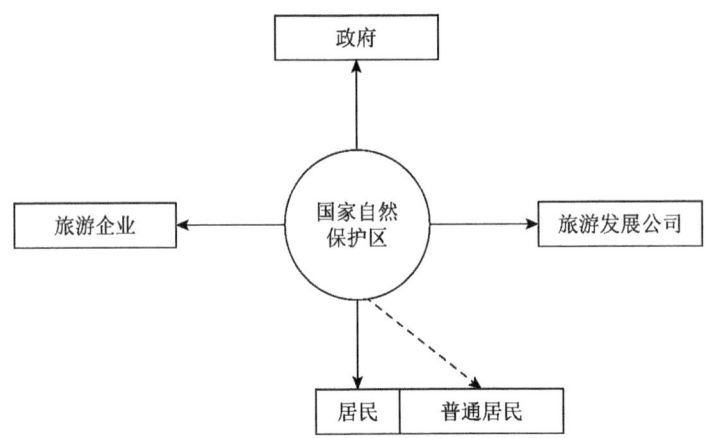

图 4-4 国家自然保护区的社区增权与去权

一般来说,在某些时候或某些场合,国家的政策会对一些人产生更为有利的结果,而同时对另外一些人产生更为不利的结果。要分析制度供给型消费者增权,就不能不考虑制度给谁或哪些人增权[479]。由图4-4可知,国家级自然保护区通过扩增管理权、增加地方税收、增加招商引资的机会给政府进行了增权;通过直接把经营权转让给安徽旅游发展公司给以旅游发展公司为代表的外部投资商进行了增权;通过提供旅游吸引物、吸引大量客源给外来投资的旅游企业进行了增权;通过参与旅游经营、旅游就业以及销售地方农产品给部分居民进行了增权;但是这种政策给大部分社区居民实际上是去权的,因为划归到自然保护区后原本属于自己经营的山林资源直接收回,尽管提出了旅游发展的社区经济模式,但是这种单一的社区经济发展模式实际上对大部分社区居民来说由于不能参与到旅游业中来是去权的,比如居民所说:"从后畈年纪比较大的,他不能跑到前畈来,有什么利益的,这是很现实的问题,他光发展这一个地方,周边的不发展,只有他周边的收益,其他地方怎么收益呢"。王宁认为,评价一个制度是否合理,必须看它是否对绝大多数人具有消费者增权的效果,这种增权应该是人民大众的增权,而不是少数群体的增权,更不是以牺牲人民大众的消费者权利而达到少数既得利益群体的增权[263]。

(3) 区域经济发展去权

区域经济发展去权指由于资源保护政策与旅游发展模式的欠缺造成当地居民既不能依托现有的山林资源发展资源依托型经济又不能参与到旅游业中

而失去了社区经济发展权。经济去权主要表现为社区旅游受益的不均衡而产生的贫富差距,比如居民反映:

"农村生活有一部分在旅游方面能也能搞到实惠,旅游业毕竟是带来一小部分人的利益,大片的还是不行的,它只能带来一小部分,旅游业主要是以饭店宾馆效益比较好,但是不可能都开饭店宾馆,需要很大投入,但是农民毕竟没有太多金钱不可能开太多饭店宾馆啊""坏的影响不是没有,就是发展的不太均衡,有的人利用旅游业得到局部的发展,收入不太均衡,只是少数人得到好处"。

由于天堂寨处于旅游发展初期,天堂寨景区开发经营权在2004年4月整体租借给安徽旅游集团发展,即外部投资商主导当地旅游经济发展,大部分旅游企业是外来投资者经营,当地居民只有在旅游公路沿线并且有一定经济实力的才能参与到旅游业中来。天堂寨目前这种单一的观光游览模式,旅游没有向社区腹地发展,造成旅游者逗留时间短,重游率低,旅游消费低,尚未与地方经济建立完善的产业联系,所以旅游收入漏损较高。当地政府在制度文本层面高调提出发展农家乐、乡村旅游,但是为什么在实践中却是发展的外资引入型的单一观光游呢?本文通过一个概念模型(见图4-5)解释了这种现象,图中线条粗细代表实质性的支持强度,虚线表明与社区没有建立起联系或者支持度低。天堂寨旅游企业类型主要有两种(见表4-30):一是以星级宾馆为代表的外地投资的企业(外部投资商)、二是当地居民经营的旅游小企业。外部投资商资金来自于社区外部,投资规模大,企业数量少,比较容易管理,同时外部投资商一般都具有一定的政治背景,具有一定的政治资本,比如旅游发展公司其母公司是原来是××财政厅下属企业,后来组建为××旅游集团,是××大型国有企业,正式在省市级政府指导下才得以获得天堂寨40年的经营开发权,政府部门与这些外部投资商除了管理关系外更多的是合作关系,所以进入门槛低,但是外部投资商与社区经济联系小;社区小企业一般主要是当地居民投资,投资少、规模小、数量多,管理难度大,进入门槛高,但是这些企业与社区经济联系紧密根植于社区。由图4-5可知,政府部门对外部投资商支持度高,对本地企业支持度低,同时对目的地社区尽管存在意识形态道义上的支持,但是关联度很小。之所以存在这种差异,与地方政府的利益诉求与官员的评价机制有密切的关系,政府官员逐渐由强调政治挂帅转变为关注地方经济的发展,成为一个由独立利益诉求的掌握社区关键资源的利益主体[259],尤其在改革开放以后国家财政包干政策的实施,地方政府官员社会经济发展的职能得到政策的强化与确认,从文献中可以发现地方政府在地方经济发展中有独立的利益诉求,一是政治利益即政绩;二是经济利益,地方税收。就目前地方政府评价干部的核心指标是招商引资的数额,每一个干部都有明确的招商引资任务。引入以星级宾馆为代表的外部投资商,一般投资额比较大,上交税收多,既有利于官员顺利完成招商引资的任务,做出政绩,也能增加地方税收。还有一个因素就是外来资本能够增加政府官员本身的政治资本,因为驻地大企业老板有不少都是市县人大代表甚至省人大代表,地方官员的政治评价不是由社区评价而是主要由上一级政府进行考核,所以地方官员出于政治利益考虑从自身利益最大化的角度是维护外部投资商利益的,也就是外部投资商与地方权力的结合;而社区小企业投资少、数量多、管理难度大,尽管与社区经济联系大,但是也不是政府官员的利益"兴奋点",所以其宣传声势高而实际支持度低也就不言而喻了。这种对社区小企业的排斥是一种制度性排斥,即通过政策设计,比如设置最小投资额、设计申办经营执照复杂步骤与环节提高社区小企业的申办的难度,从而达到限制社区小企业进入的目的。在农家乐业主深度访谈中,最典型的就是卫生许可证、经营许可证申请的复杂手续与多重环节,人为地造成了社区小企业难以获得合法身份,进而造成社区小企业在市场竞争中处于极其不利的状态。访谈中业主提到由于没有营业执照,所以就不能开出正规发票,所以尽管其服务态度好,价格便宜,但是许多高消费的"公务客人"也就不再光临消费,这也是一个经济去权的表现。

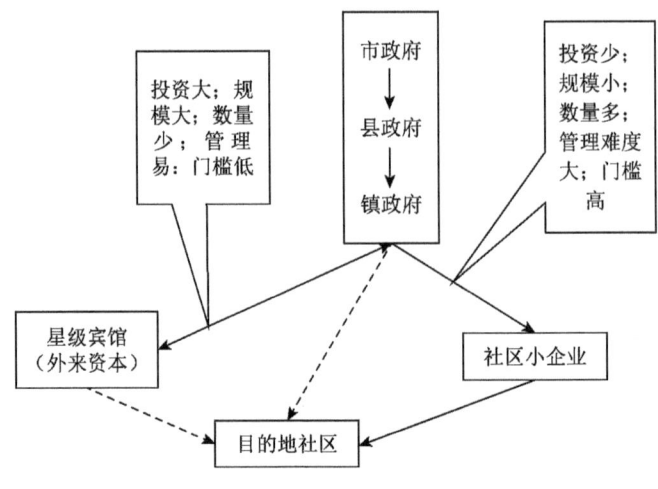

图 4-5　居民经济去权的解释模型

表4-30　外资旅游企业与社区中小企业性质比较

企业类型	资本来源	数量	规模	管理难度	资金	门槛	利润流向	所代表资本性质	政府管理	与社区经济联系水平
星级宾馆	外来资金	少	大	小	多	低	社区外部	经济资本、政治资本	管理合作	联系小
社区小企业	社区资金	多	小	大	少	高	社区内部	社区资本	管理	联系大

（4）政治去权

政治去权指政府机构通过一定的制度性限制规定增加了居民难以参与旅游业的成本与难度，使之无法参与到旅游业中来。政治去权主要通过3种方式实现：

一是设置或提高旅游参与的政策门槛与进入成本。地方政府与外部投资商利用法律法规与政策上的规定的先后顺序和时间程序，设置烦琐的行业进入程序，增加了居民投入成本。比如居民反映：

"困难肯定有的了，农村旅游建设要通过各种手续批下来，中央省里地方政策又都不一样，你想搞的什么东西要报批，反复报批，一道手续一道手续报批，到时候什么都黄了""我想干的事情干不了，还要经过考试，有进入门槛，还要关系""在我们小的农家乐办证不好办，办营业执照，还有工商税务证，还有卫生许可证，关键政府他怎么不知道为什么不好办，有时候给钱都办不到，你现在有钱给钱都不好办，没有证做什么都不行"。

二是上级政策的选择性执行与利用，地方政府在执行上级政府政策的时候利用居民对国家政策不了解造成的信息不对称的弱点，选择性地甚至篡改国家政策规定，使得居民难以获得国家足额的补偿与政策优惠。比如居民反映：

"上面政策是好的，上面拨款，党的政策是好了，下面整个都变了，到乡里乡里砍，到村里村里砍，对群众一点办法没有，给群众带来很大不利，对旅游行业开发这是很好的项目，但是到下面整个都变了，有苦不能说，有理不能讲，山高皇帝远嘛，没办法""政府补贴一亩三块五毛钱，也一直只给了两块五，政府拿走一块钱，你就根本不能采伐木头，不采伐老百姓受不了益处"。

三是人际关系与政治贪腐对居民权利的排斥。一些政府官员和社区精英通过人脉资源人际关系获取旅游参与的专断权。比如"党员呢就是只解决子女问题,子女问题很好解决""山上也不能搞,沙子都不能拉,有关系可以拉,都是偷着拉""上级指示下来生活上村里面都不公布给我们,我们都不知道;发展旅游我们什么都不知道,腐败情况严重"。郑光怀(2005)发现伤残农民工的维权道路上存在着一个与赋权完全相反的剥权的过程,剥权主要表现为资本和地方权力体系在制度运作实践中形成的体制性的社会排斥、增加维权难度、对制度的选择性解释与使用、减少社会支持的几种制度性安排造成了农民的社会去权[268],也说明了地方政府与资本对农民工的去权机制,周林刚揭示了强势资本通过制造"法律陷阱"、消除维权凭证、恶意取用程序、增大维权成本等方式对伤残农民工进行去权、使其陷入无权境地[269]。

4.3.5.4 天堂寨居民旅游无权案例分析

无权是指人们缺乏能力或资源,亦指人们会通过内化过程形成一种无权感。正是由于存在着这种无权感,使得人们指责和贬低自己,进而陷入无权的恶性循环,无权是某些社会群体经过长期的去权过程而导致的一种状态,是被剥夺后的结果[250]。本部分企图通过两个典型个案分析居民旅游无权的结构性因素、旅游无权感表现以及形成机制。

(1) 叶先生案例

这是一个典型个案,代表无法参与的旅游的社区居民,其具体情况如下:

叶先生,42岁,文盲,有两个女孩,本村务农兼打零工。(天堂寨发展旅游业给您带来哪些好处?)我叫叶××,这个对于我们说不上来。(停留一会)我们说不好咳,经济上我们反正没有什么人脉,没有什么资产,经济就不活泛。好处就是交通方便一点,小孩子吃了中午饭可以直接搭车到学校。没有见过旅游者,没有与旅游者接触,没有搞旅游。我们在家干点农活来,种种庄稼,种种稻子,没有啥子搞,我们山场面积少,没有几棵树,资源不够。原来是自留山一人1亩2,集体那个山,20多亩,31亩山场。没架子(东西)啊,房子大里面没有东西啊,里面资源不丰富,资源很少啊,在没有从集体分到个人的时候,集体给砍狠了,不能再砍了,砍狠了也不行啊,我家没有资源,没有资源又不能搞人家的。(你没有搞天麻吗?)搞天麻需要树啊,做天麻给育肥,加温,就出来了,方便一点,稍微地,物价又高,我们又没有出产,人家靠近天堂寨他们可以做生意,我们本身都是农村的,离得远,十多公里啊,将近有15公里,我们离得远,我们又不识字,有没什么可卖。我们一年到头就是种种点稻子,自家吃。走不掉,俺家5个人,全靠俺一个人,俺媳妇是聋子,俺老娘身体不好,高血压,两个女孩,一个在家里,一个在学校,老娘又有高血压,每天得做得好好的,递给她吃,没有办法,走不掉啊,一年到头走不掉,很辛苦没有办法。(天堂寨发展旅游业给您带来哪些坏处?)反正当地政策都是好的,不好的影响反正目前没有,修路占我们田,该占的占了,没占的暂时没搞,占过我们的,占8~9分田。(有补偿吗?)那以往没有补偿,哪有补偿,没有什么的。(声音小)(天堂寨发展旅游业有哪些困难?)我们不想,我们搞不好,也不往那头想,我们搞不好,你有那个本事你往那头想,你没有那个本事你也搞不好,是不是啊。困难嘛就是家里贫寒,我生在农村一个人,家里5个人,家里贫寒,全靠我双手,我还有点小病,有点头晕,我妻子还有小病,我在家卖点小工,几十块钱一天,我回家要养四五个人,出去打工走不掉,出去工钱就大一点,早上出来,中午在人家吃一顿,晚上回来,走远了走不掉,我老婆要是好一点,她也可以料理料理家里,她也全靠人家指导,她喉咙里面长了两个头子,喉咙里面长两个,一边一个,不做发炎就憋死掉,去年到前畈医院,不管你做不做要交钱,做的时候不敢做,家里条件很困,就在门口做点,搞点建筑,走远了走不掉,我可以能够照料家里事情,要是走出去工钱能够大,我老婆也不行,是个聋子,前年做手术,家里条件困难。俺老头当兵,51岁就死了,我们几个小的没念书,那个时候学费1块五,交不起学费,他死了我们要吃啊,队里拿工分,人家干5天我们干一天,我们还有几个人要吃饭,人家干5天我们干一天,走不开。困难这种东西很难讲啊,讲不上来,打工走不掉,种稻子不划算,做生意要本钱,不会做可能要赔钱,来来往往的,人又多,经过你买这个钱卖这个价什么东西涨一点,赚钱多难啊,又多赚钱难。

①旅游无权的结构性因素。基于深度访谈资料分析,影响旅游无权有以下几个结构性因素:

(A)社会经济因素,主要指受教育程度低与经济收入低下。受教育程度低指没有上过学,不识字。经济收入低指主要依靠传统农业获取收入,所以收入水平低,家庭所占有的山林资源数量少,由于家庭子女年幼无法外出打工,只能靠在本地打零工为生。

(B)资源占有因素,指所分配到的山林资源贫瘠,造成难以发展当地经济收入较高的天麻等高收入农作物。根据访谈资料可以发现,叶先生在资源从集体分配到个人中没有分配到优质的山林资源,之所以没有分配到优质山林资源与其社区支持网络缺乏有很大的关系。父亲早亡幼儿寡母在山区以宗亲为主导的传统社区资源分配中直接决定了其难以得到优质的山林资源,而资源占有的数量与品质直接影响他在资源分配到个人后不能从事当地主要的赚钱产业种天麻,只能种种水稻,打零工,这种资源的贫乏又影响了他的社会经济条件,而经济条件直接影响到他的旅游参与能力。调研期间,我们发现在比较偏远的山村里面不乏装饰一新的小洋楼,访谈中得到答案,能够盖得起小洋楼主要是在本地或到湖北承包山林种天麻发大财的,这一点支持了我们的推论。

(C)社会支持网络缺乏与社区排斥因素。扎根于这些深度访谈资料,我们发现叶先生父亲早亡、幼儿寡母长大、媳妇聋子又有病、两个女孩、老母卧病在床、经济困难无法医病,这些因素一方面使叶先生社会支持网络薄弱,同时由于无父、老母、病妻、两个女孩没有男孩使之在传统山地农村社区遭受社会排斥,其社会排斥一个方面由于其不佳的家庭条件,另一个方面是没有男孩也会遭受农村社区的排斥,这种社会支持网络缺乏与社会排斥既通过影响其社会经济条件、资源占有、谋生方式间接造成其旅游无权,又直接影响其旅游无权。

(D)居住区位与空间移动移动能力。比如居住区位方面,距离景区遥远使之难以直接参与旅游业,同时当地居民认知到的旅游参与方式就是到景区买卖农产品,而叶先生既没有种天麻,又没有什么出产,所以不能卖东西,不能参与旅游业。空间移动能力可以表示为其改变不利居住区位的能力,由访谈资料发现,叶先生多次反复提到"走不开"这三个字,老母有病走不开、妻子耳聋有病不能自理走不开、子女幼小走不开、个人有病又不识字走不开,现有谋生策略走不开,即社会支持网络、教育水平、居住区位、谋生策略限制了其空间移动能力,进一步使之处于旅游无权状态。

②旅游无权与无权感。无权往往导致弱势群体沦为"烙印群体(stigmatized groups)",使他们认为自己缺乏足够的力量和权力去改变他们自己的生活。这种自我贬低经常内化并整合进个人自我发展的过程之中,形成一种无权感[260]。无权表现为外显的和想象的、习得性无助、异化、失去对自己生活的控制感。基于访谈资料,叶先生外显的旅游无权,比如"没有见过旅游者,没有与旅游者接触,没有搞旅游""我们离得远,我们又不识字,有没什么可卖,我们一年到头就

是种种点稻子,自家吃,走不掉";想象的无权,比如,"困难这种东西很难讲啊,讲不上来,打工走不掉,种稻子不划算,做生意要本钱,不会做可能要赔钱,来来往往的,人又多,经过你买这个钱卖这个价什么东西涨一点,赚钱多难啊,又多难赚钱"。叶先生多次反复提及"反正""走不开"两个词语,比如:

"我们说不好唉,经济上我们反正没有什么人脉,没有什么资产""反正当地政策都是好的,不好的影响反正目前没有,修路占我们田,该占的占了,没占的暂时没搞,占过我们的,占8~9分田,那以往没有补偿,哪有补偿,没有什么的。(声音小)""没有办法,走不掉啊,一年到头走不掉,很辛苦没有办法"。

由这些深度访谈资料,受访者接受访谈反复使用自我否定性语句,非常明显表现出习得性无助、社会疏离感以及失去对生活的控制感。无权理论把这类弱势群体称为"烙印群体",认为自己缺乏足够的能力改变自己的生活,这种自我贬低内化为无权感,比如"我们不想,我们搞不好,也不往那头想,我们搞不好,你有那个本事你往那头想,你没有那个本事你也搞不好,是不是啊",表现出对生活缺乏控制与无助。

③叶先生旅游无权的形成机制。基于整个深度访谈资料与前述分析,建构叶先生旅游无权的形成机制如下(见图4-6):居民原有的家庭条件(包括父母子女的情况)会影响居民在山地社区中资源占有的数量与品质、社会支持网络和教育水平;此三者联合居住区位共同决定了居民的经济条件、谋生策略与空间移动能力,这三个因素相互影响相互制约又共同决定了居民旅游无权的状态。

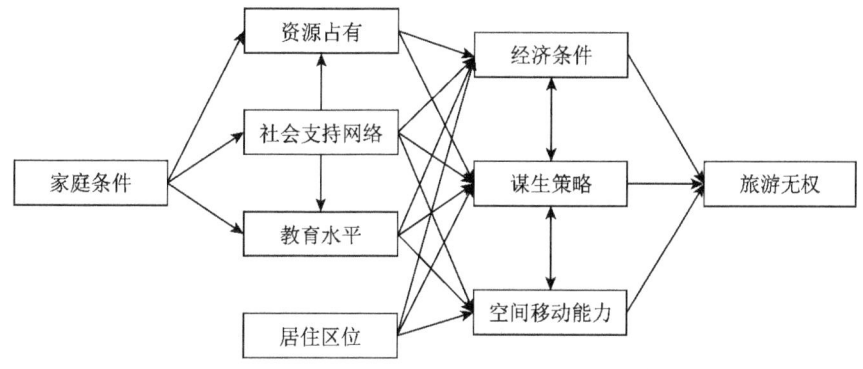

图4-6 叶先生旅游无权的形成机制

(2) 吴女士案例

吴女士的情况如下：

吴女士,女,47岁,文盲,有一女孩,谋生方式为外出打工。

(天堂寨发展旅游业给您带来哪些好处?)旅游好处多得很,做房子都可以讲,搞开发区,旅游做房子,对我们发展还比较好,政府给钱盖房子,还有种天麻还比较好,这个也能赚钱;我们靠打工混钱,我们在外面打工,小孩子给人看着;政策好,自己想么事有么事;也是讲政策好;头脑好,也能混到钱;我也就是摊一个小女孩,我今年40多岁,就看一个小女孩;目前是什么都不行啊,我没的什么文化。

(天堂寨发展旅游业给您带来哪些坏处?)好处多,坏处比较一般;比如讲我们自己没得用,混不上钱也就是讲坏处;最不好的坏处就是我们的修路,占田占地那都没得什么关系,占田地对你有好处,修路啊,路通了,现在人家不让我们通,路到不了家里去,5~6家人家就通了,路通人家不让我们过,也是自家操(差),你的地不让占,我修好了也不让你占,现在政策好,像我们这些没用的人都可以混到钱,我们的修路,路通不了。(天堂寨发展旅游业有哪些困难?)养鸡养羊这些东西都有的,但是不敢搞,技术方面,做生意都想做就是做不到,反正不敢去搞,风险大,想养鸡,风险大,一下子搞不好就塌下去啦,不敢大规模养殖,想盖房子搞投资不敢搞,规划没搞好,我们住在山头,路通不了,我们不认字,路通不了,想盖房子路不通。

①旅游无权的结构性因素。由上述案例可以发现,旅游无权的几个结构性因素:

(A)社区排斥因素,在传统农村社区,重男轻女传统思想盛行,没有男孩要遭受社区邻居的欺凌,由于农村已经实行计划生育,只能允许生一个孩子,五年后允许生第二个孩子,吴女士自己年龄已经大了,再生可能性较小,也就"摊"一个小女孩,表明案主无助感,在社区遭受欺凌。"路通了,现在人家不让我们通,路到不了家里去,5~6家人家就通了,路不通人家不让我们过,也是自家操(没能耐)"。案主间接提到社区修路占用他们的田地,这已经是一种去权,但是占用田地别人修路后能够通到家里,而案主田地被占用别人却不允许他们修路占地,自己失去了土地却不能改善交通条件。

(B)居住区位(交通不便)因素,吴女士说,"我们住在龙岩那边,大山头,距离景点很远,我们都是出去打工的",案例中多次反复提及"修路""路不通",这说明山区交通条件的限制造成居民的空间隔离感,造成居民无法参与旅游业,本案主与前面叶先生有一个优势就是空间移动能力较强,"我们靠打工混钱,我们在外面打工,小孩子给人看着"。

(C)个人因素,案主年龄大、没有文化,不认字,只有一个女孩,既直接内化为自我贬抑感,又造成其在社区中遭受排斥与直接的去权,旅游处于无权状态。

(D)承受风险能力因素,比如吴女士反映,"养鸡养羊这些东西都有的,但是不敢搞,风险大,一下子搞不好就塌下去啦",自身的教育水平低,直接限制了她不能掌握养殖技术,想通过参与在街道盖房子投资,由于街道住房规划处于不确定状态,所以风险大,不敢做,这种因素造成其风险承受能力弱,"一下子搞不好就塌下去啦"。

②旅游无权与无权感。有的学者认为无权就是能力的丧失,有的学者认为无权就是资源的缺失[261],海尔雅玛和瑟汀戈克认为,倘若没有充分的个人资源,一个人就不可以对环境施加影响。Serrano.G arcía指出,经济和社会上的弱势者缺乏资源,因而他们缺乏权力[251]。吴女士外显性性的无权表现为尽管投资住房、种天麻等是比较好的谋生策略,但是由于没有资源(物质性的山林资源以及社会性的人脉资源),使之她们只能选择外出打工,资源缺失造成其无权。能力的丧失,表现为年龄大,生育能力的丧失,没有文化造成的掌握养殖技术的能力丧失以及承担风险能力的丧失,共同造成了其无权状态,"我也就是摊一个小女孩,我今年40多岁,就看一个小女孩,目前是什么都不行啊,我没的什么文化""养鸡养羊这些东西都有的,但是不敢搞,技术方面,风险大,想养鸡,风险大,一下子搞不好就塌下去啦"。

帕森斯、约根森和赫纳德兹指出,当个人对侵害他们的社会系统感到无权时,他们会把这种感觉内化并逐渐把自己看作无助的。赵维生认为无权力感会导致弱势群体产生结构性的依赖,典型特征有三方面,社会疏离(social isolation)、销声匿迹(voiceless and invisible)、习得性无助(leaned helplessness)。克尔佛也认为无权感和自责感(self-blame)、自卑感、远离社会重要资源、丧失政治权力、经济脆弱、在社会政治行动中无助感等联系在一起[9]。吴女士的无权感,表现为自责感与自卑感,"比如讲我们自己没得用,混不上钱也就是讲坏处""现在人家不让我们通……也是自家操(没能耐)……像我们这些没用的人都可以混到钱……"可见吴女士已经把这种无权内化为无助,失去了对社区资源的控制与使用,进而造成远离了重要社会资源,尽管种植天麻和投资住房等旅游参与方式能够赚钱,却由于没有资源而让别人照看着孩子外出打工混钱。

③吴女士旅游无权的形成机制。基于整个深度访谈资料与前述分析,建构旅游无权的形成机制如下(见图4-7):吴女士个人因素(没有文化、没有男孩、年龄大)与居住区位(居住大山头,不通道路)造成其遭受资源(缺乏山林资源不能种植天麻、占田地修路后不允许不能通到自己家)排斥与经济排斥(不能从事天麻种植与盖房子进而不能从事农家乐),还直接造成其风险承受能力弱(没有文化与没有技术,经济实力弱);资源排斥与经济排斥会相互影响进一步削弱其风险承受能力,最后个人因素、居住区位与本身的风险承受能力共同造成其处于旅游无权状态。

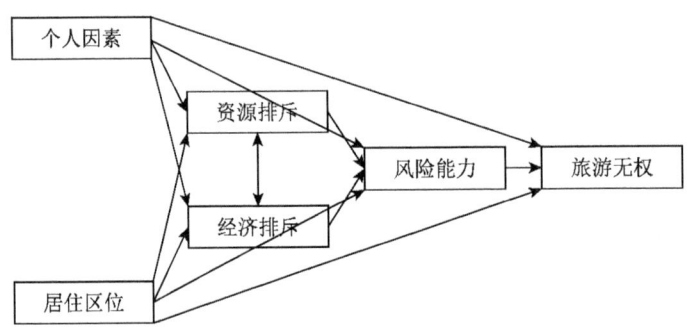

图4-7 吴女士旅游无权的形成机制

(3)案例比较:居民旅游无权的形成机制共同点

基于上述两个案例我们可以发现山地农村社区居民去权的形成机制,有4个重要因素可能会直接影响居民的旅游无权状态:居民个人因素(年龄、教育水平等)、家庭因素(家庭成员身体、年龄、职业与教育水平因素)、居住区位、社会经济条件(资源占有情况、家庭收入、谋生方式)。这4个因素本身会相互影响,也可能会共同影响居民的资源与经济排斥,弱化其风险承受能力,个人因素与家庭因素以及居住区位可能会共同影响居民的社会经济条件,这些因素会造成居民具有差别化的社会支持网络、谋生策略、空间移动能力与风险承受能力,这些因素又会进一步造成居民旅游无权的状态。

4.3.5.5 面向社区旅游去权与无权的社区增权建议

基于前述居民旅游去权与无权的实证分析,提出融入当地社区脉络的基于居民视角的社区增权建议。

(1)建议完善旅游地社区征地程序,在征地过程中引入非政府组织或各个媒体作为第三方参与,制定征地补偿的公证机制,以及征地补偿的时间表。做好失地居民的旅游从业培训,引导失地居民围绕旅游产业链参与目前比较薄弱的农产品向旅游纪念品转化的设计与开发、基于本地民俗文化的旅游演艺与娱乐业、农产品的精致化深加工等方向发展。

(2)转变单一的外来投资的旅游发展模式,引导本地旅游经营成功企业家或包山种植天麻富裕起来的社区企业家投资条件较好的鲍家窝景区开发,引导旅游流的均衡化发展与分布。扭转旅游发展模式,由单纯观光向山地度假发展,特别是扶植发展社区旅游中小企业,简化审批程序,着重加强旅游宣传、市场开发、旅行社一站式推广等多个环节的培训与配套服务。

(3)转变地方政府官员单一的招商引资为主导的政绩评价机制,尝试引入社区居民、非政府组织与公共媒体的评价机制。

(4)严格政策的执行与监管,充分考虑市场价值的基础上,由居民现金补偿转向资源入股的参与机制,以及居民对山林资源的有偿使用与补偿机制。

(5)围绕本地山林资源发展周期短、投入少、见效快、技术含量低的社区经济发展项目,在项目信息、种植管理、市场销售、产品深加工、与旅游产业链关联以及资金回收各个环节加强卓有实效的培训,培养基于本地资源的旅游产业链。

(6)针对广大普通居民应强化信息增权与教育增权,加强监督社区经济信息的发布监管机制,确保各种信息不走样、不走量地达到居民家庭,引入非政府组织与高校大学生暑期实践,加强普法教育与社区能力建设,培育社区小额贷款,鼓励发展基于本地资源的社区中小企业。

4.4 居民旅游就业的偏好

4.4.1 居民旅游就业偏好的描述分析

由表 4-1 可知,天堂寨居民旅游就业偏好在 10% 以上选择担任景区护林保管员、开商店、开餐馆;5% 以上的居民选择的就业偏好职业为当导游、开发新景点、开旅馆、开土特产店、当清洁卫生工人;5%以下的居民选择的就业偏好职业为当保安、开蔬菜粮油店、开早餐店、当厨师、出租店铺、开歌厅,值得注意的是天堂寨目前休闲娱乐设施缺乏,但是或许由于居民的受教育水平所限,居民选择投入旅游娱乐设施的非常少。我们发现居民的这种就业偏好选择是与每个行业的经济回报有很大的关联,回报越大的职业越能够吸引居民参与。这种就业偏好选择模式还与居民从业经历经验有很大的关系,选择较多的多是居民亲眼目睹的接触较多的职业,这种他人的从业启发带头作用较明显。

在后续的分析中考虑到分析数据的需要我们对居民旅游业参与偏好进行了重新分类,根据是否直接服务于旅游者(或者是否直接与旅游者的需要进行关联),我们把社区旅游业参与偏好划分为2类,一类代表直接参与旅游业务,主要或直接面向旅游者提供服务的或者旅游者直接需求衍生出来的就业岗位,包括开商店、开餐馆、当导游、开旅馆、开土特产店、当厨师、开发新景点、开歌厅,所占比例为61.2%;另一类代表间接参与旅游业务,尽管旅游者间接需要,但是主要面向当地居民与旅游企业的就业职位,比如蔬菜粮油店,尽管旅游者也餐饮中也需要这些蔬菜粮油,但是这些原材料必须经过饭店或餐馆企业的加工转化后再提供给旅游者,也有一种情况就是尽管旅游者也需要或者偶尔使用他们的服务,但这些服务主要面向当地居民的,比如早餐店,这些间接旅游业务包括做景区保管员、当清洁卫生工人、当保安、开蔬菜粮油店、参与不可行、开早餐店、出租店铺,所占比例为38.8%,在间接旅游业务中还有少数当地居民坦言由于各种原因他们无法参与到旅游业中来,这部分人数非常少(17人),为了分析的需要我们把他们归类到间接参与旅游业中来,因为有些居民也交代,在蔬菜瓜果食品成熟同时又是旅游旺季的时候他们也把自己吃不完的农产品送到镇上的旅游饭店中卖掉或在旅游沿线直接卖给旅游者。

4.4.2 旅游就业偏好的最优尺度分析

4.4.2.1 分类主成分模型

更广义地说,分类主成分分析是计算非数值尺度之间的相关性,并使用标准主成分或因子分析方法分析这些相关性的一种替代方法。该方法使用主成分提取方式以尽量少的主成分解释尽量多的原始信息[244]。由表4-31可知,在二维空间中第一个、第二个维度的信度值分别为0.730、0.445;2个维度多分类变量的特征值分别为 0.943、1.073；二分类第变量的特征值分别为 1.907、0.582，模型整体上第一个维度与第二个维度的特征值分别为 2.850、1.655，都大于 1，符合主成分因子分析的抽取因素的要求。第一个维度能够解释多分类变量（文化程度、旅游就业偏好、现在工作、年龄、居住村）的 47.152% 的变异，能够解释二分类变量（工作性质、性别、居住状态、是否村委）27.242% 的变异，由于既有多分类变量又有二分类变量，所以第一个维度解释所有变量变量的变异不是简单的加总，总体上能够解释所有变量的 31.667% 变异；同样第二个维度能够解释多分类变量（文化程度、旅游就业偏好、现在工作、年龄、居住村）的 53.649% 的变异，能够解释二分类变量（工作性质、性别、居住状态、是否村委）8.309% 的变异，总体上第二个维度能够解释所有变量 18.384% 的变异。由于模型中既有二分类变量又有多分类变量，不同类型的变量所解释的变异有所不同，不能简单的加总，总体上整个模型 2 个维度能够解释所有变量 38.851% 的变异。

表 4-31 分类主成分模型汇总

维数	Cronbach´s Alpha	解释				总计(特征值)	方差的 %
		多定类变量		非多定类变量			
		总计	方差的 %	总计	方差的 %		
1	0.730	0.943	47.152	1.907	27.242	2.850	31.667
2	0.445	1.073	53.649	0.582	8.309	1.655	18.384
总计	0.803	1.008	50.401	2.489	35.551	3.497	38.851

4.4.2.2 旅游就业偏好的分类主成分分析

分类变量的主成分分析尝试在尽可能多地考虑到变化的同时减少变量集的维数。负荷值分配给每个变量的每个类别，以使这些值对于主成分解是最优的。分析中的对象根据量化的数据得到成分得分。分类主成分分析的解使对象得分与指定成分的数量（维数）的每个量化变量的相关性最大化。由于居住村变量、新就业偏好、现在工作为多分类变量，所以没有呈现出其荷载值。成分得分图揭示了各个分类变量在各个维度上的区分度，区分度在 0~1 之间，值越大表明区分度越高。由表 4-32 可知，在第一个维度上文化程度、工作性质、旅游就业偏好区分度较高；在第二个维度上年龄、居住状态与性别区分度较高。

这一点在后面的分类变量联合图中也能清楚地体现。

表 4-32 二维分类主成分负荷

	维数	
	1	2
居住村		
是否是村委会成员	-0.040	-0.209
文化程度	0.730	-0.329
工作性质	0.813	0.419
新就业偏好		
现在工作		
新年龄	-0.668	0.332
居住状态	0.111	0.320
性别	0.007	0.187

4.4.2.3 旅游就业偏好与相关变量的多重对应分析

图 4-8 为天堂寨居民旅游就业偏好的多重对应分析图,该图把多个分类变量以可视化的方式展示在二维空间内,从中可以发现这些分类变量之间的关系。根据张文彤的研究建议(2002),对于该图的解释要遵循两个原则:

(1) 落在由原点(0,0)出发接近相同方位及图形相同区域的同一变量的不同类别具有类似的性质。

(2) 落在原点出发接近相同方位及图形相同区域的不同变量的类别间存在联系。

依据这两个原则,本部分尝试分析不同分量之间与社区居民旅游就业偏好之间的对应关系。

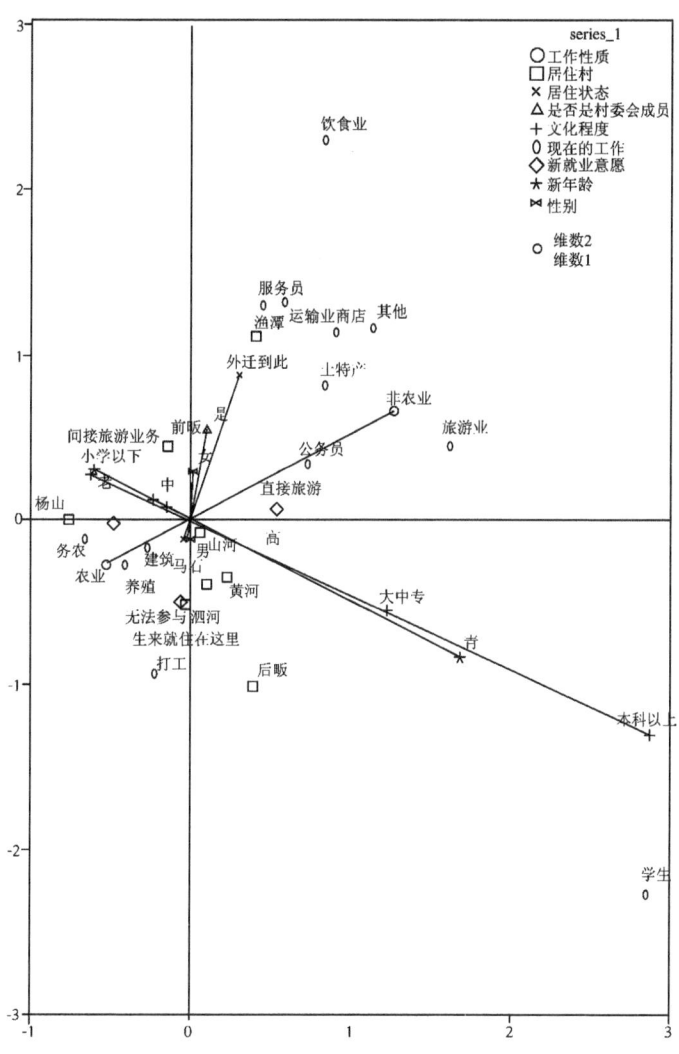

图 4-8 天堂寨居民旅游就业偏好多重对应分析

图 4-8 大致分为 3 个变量组,第一直接从事旅游业务变量组,该组以第一象限为主,该变量组说明愿意从事直接旅游就业的居民,他们从事的现在工作一般是与旅游相关工作、工作性质以非农业为主、性别以女性居民较多、外迁来的居民较多,村委居民也较倾向于参与直接旅游业务,居住村以距离天堂寨景区较近的或分布在旅游公路沿线的渔潭村、前畈村为主。第二个变量组以第

二、三象限为主,该变量组说明从事间接旅游业务的居民,从事的现在工作一般与旅游业相关度较低,工作性质以第一(务农、养殖)、二产业(建筑)为主,性别上以男性较多,多是普通居民,居住村以距离景区或沿线公路稍远的杨山村、山河村为主。第三个变量组以第三、四象限各自的45°中线以下,该变量组是几个距离景区较远的农村(后畈村、泗河村、黄河村、马石村)聚集在一起旅游就业偏好"无法参与"类别、现在工作"外出打工"类别的周围,该群体主要是生来就居住在本地的原住民为主,他们的谋生方式以外出打工为主,由于距离景区较远,无论在交通条件、信息接收都使得他们难以参与到旅游业务中来。支持性的质性访谈资料,比如"我也一般的都是在外面打工,在天堂寨里头搞钱也很困难,都是在外面搞钱,搞钱很困难,旅游开发只能带动一小部分人,一大部分人在外面打工,旅游业不是根本的产业,比较有钱的能够开饭店开旅馆,比较偏远的还是靠打工,解决主干道两边一小部分人,不能带动所有人受益,偏远的还是靠打工"。

4.4.2.4 相关影响因素对旅游就业偏好的分类变量回归模型

(1) 模型整体效果检验

由表4-33可知以旅游就业偏好为因变量,居住村、性别、年龄、文化程度、居住状态、是否村委、现在工作、工作性质为自变量构建分类变量回归分析模型,该模型 F 值为5.119,达到0.01显著水平,整个模型具有统计学意义;这些自变量能够解释居民旅游就业偏好的20.3%的变异,但是我们计算中比直接投入一般线性回归解释比例大幅度提高(原有一次性投入变量解释总变异的10.7%),说明采用最优尺度分类变量回归模型效果较好,也说明尚有更为重要的变量没有投入模型中,这是本研究的一个限制,也是进一步研究的方向。

表4-33 旅游就业偏好回归模型的整体检验结果

Model	R	R^2	调整后R^2	F值	Sig.	DW值
强迫进入法(a)	0.503	0.253	0.203	5.119*	0.000	1.613

注1:* $p<0.01$。

注2:就业偏好 = 常数,居住村、性别、年龄、文化程度、居住状态、是否村委、现在工作、工作性质。

(2) 自变量显著性检验与模型多重共线性诊断

由表4-34可知,自变量居住村、文化程度、现在工作F值分别为23.444、8.451、6.786,均达到0.01显著水平,说明在8个自变量中只有居住村、文化程度、现在工作对居民旅游就业偏好有显著影响。与一般线性模型不同的是,分类变量回归模型诊断采用(转化后)容差与重要性指数检验自变量效果与整体模型的多重共线性问题。

表 4-34　旅游就业偏好回归系数与多重共线性分析

自变数		回归系数		F 值	Sig.值	容忍度	VIF
		标准化	标准化的 Bootstrap（1000）估计				
强迫进入	居住村	0.235	0.048	23.444**	0.000	0.629	1.590
	性别	0.057	0.049	1.354	0.245	0.122	8.170
	年龄	-0.140	0.106	1.758	0.186	0.332	3.012
	文化程度	0.182	0.063	8.451**	0.000		
	居住状态	0.045	0.034	1.715	0.191		
	是否村委	0.060	0.042	2.099	0.148	0.194	5.157
	现在工作	0.243	0.093	6.786**	0.000		
	工作性质	0.001	0.115	0.000	0.996		

注:** $p<0.01$。

零阶相关系数表示已转换预测变量和已转换响应之间的相关性。就此数据而言,包装设计的相关系数最大。但是,如果可以解释任一预测变量或响应中的一些变异,则可以得到更好的表示形式来指出预测变量效果的好坏。模型中的其他变量可能会在预测响应期间影响给定预测变量的性能。偏相关系数会从预测变量和响应中去除其他预测变量的线性影响。此度量相当于按其他预测变量对某一预测变量进行回归的残差与按其他预测变量对响应进行回归的残差之间的相关性。偏相关系数的平方表示根据去除其他变量影响后剩余的响应的残差方差所解释的方差比例。作为一种从响应和预测变量去除变量影响的替代方法,可以只从预测变量去除影响。部分相关系数表示按其他预测变量对某一变量进行回归的响应和残差之间的相关性。将此值平方会得到根据总响应方差解释的方差比例。

除了回归系数和相关系数之外,还可以使用 Pratt 的相对重要性度量帮助解释预测变量对回归的贡献[231]。较高的个体重要性(相对于其他重要性)表明预测变量对回归十分重要。由表4-35可知,该模型中现在工作、居住村、文化程度对居民旅游就业偏好非常重要,支持了模型回归系数显著性检验的结果。此外,某一变量的重要性较低但其系数大小与重要预测变量的系数大小类似,表明存在抑制变量。由表4-35可知,重要性较低的几个变量(工作性质、居住状态、是否村委、性别)的标准化回归系数也低于0.1,说明不存在抑制变量。

如果预测变量之间的相关系数较大,将会大大降低回归模型的稳定性。相关预测变量会导致参数估计值不稳定。容差反映了自变量与其他自变量的线性相关度。此度量是变量的方差中不能归因于方程中的其他自变量的比例。如果去除某个预测变量后,其他预测变量可以解释该预测变量的大部分方差,则表明模型中不需要该预测变量。容差值接近于1,表明不能通过其他预测变量很好地预测某一变量。相反,容差很低的变量对模型贡献的信息很少,可能导致计算问题。从表4-35可知转换后容差系数都较大,接近于1,预测变量之间不存在多重共线性。此外,Pratt的重要性度量的负值较大则表明存在多重共线性,由表4-35可知该模型自变量重要性全为正值,这也说明该模型不存在多重共线性。

表4-35 分类回归模型诊断

	相关性			重要性	容差	
	零阶	偏	部分		转换后	转换前
居住村	0.234	0.259	0.232	0.217	0.977	0.907
性别	0.079	0.063	0.055	0.018	0.918	0.852
年龄	-0.310	-0.136	-0.119	0.172	0.714	0.685
文化程度	0.325	0.170	0.149	0.234	0.667	0.631
居住状态	0.005	0.051	0.044	0.001	0.974	0.970
是否村委	0.057	0.069	0.060	0.014	0.970	0.960
现在工作	0.357	0.234	0.208	0.344	0.732	0.360
工作性质	0.247	0.001	0.001	0.001	0.706	0.406

4.4.2.5 结论与讨论

(1)天堂寨农村社区居民旅游就业偏好呈现出直接旅游就业、间接旅游就业、无法参与就业3个层次,相应的居民群体也划分为3类居民群体,直接旅游就业群体、间接旅游就业群体与无法就业群体,同时根据不同的社会经济指标也刻画出每个居民就业偏好群体的社会经济特征;同时识别出影响居民旅游就业偏好的关键影响因素有居住村、现在工作、文化程度。

(2)尽管本研究采用研究方法相对优于采用卡方检验分别单独社会经济因素与居民旅游就业偏好的方法,但是这种数据分析方法有一个限制因素,就是不能进行变量间关系显著性检验,除了本文采用的分类变量回归分析模型外,未来的研究方向是设计检验最优尺度分析的模型显著性检验方法;另一个研究限制是本文的分类变量回归解释居民旅游就业偏好的总变异还不够高,尚有更为重要的变量需要投入模型检验中,所以未来需要进一步研究与识别其他可能对居民旅游就业偏好有重要影响的因素。

(3)依据我们的研究发现提出政策建议如下:

①社区支持政策制定要考虑居民居住的地点,不同居住地点在制定社区支持政策方面应有所不同,比如距离较近的村以支持直接就业为主,距离稍远村则重点强调间接就业,而对距离偏远的农村社区则通过大量改善交通条件,或新农村建设中对居住偏僻的农村居民采取下迁到旅游公路沿线在那里组团建设新农村为发展方向,另外针对现实情况也要对偏远的山村进行方向性引导,鼓励发展不同的农村旅游相关的产业业态。

②文化程度方面除了提高农村居民总体的文化水平以外,针对现实情况在社区就业支持政策制定中要针对不同文化水平的农村居民支持其参与到旅游产业链的不同环节(比如特色农产品生产、旅游纪念品售卖、旅游接待、旅游管理)中,社区旅游就业支持政策中要针对不同文化水平的居民制定出方向性旅游就业参考方向,培养理性有序的社区旅游就业习惯,还要针对不同文化程度的居民采取不同的培训课程计划。

③针对现在工作因素,主要是社区旅游就业政策的制定要引导居民结合其自身已有的职业优势参与旅游就业,参与旅游产业链的不同领域,同时旅游培训计划要细分到不同的旅游业态,结合居民的已有工作情况有针对性地设计社区旅游就业培训内容与课程计划,效果可能要优于现在不分良莠、不分业态的总括性的社区就业培训。

4.4.3 基于对应分析的旅游就业偏好的地理分异

4.4.3.1 对应分析的原理

对应分析的目标之一是描述低维空间中对应表中的两个名义变量之间的关系,同时描述每个变量类别之间的关系。对于每个变量,类别点在图中的距离反映了相似的类别绘制为相互靠近的类别间的关系。从原点到另一个变量类别点矢量上的一个变量投影点描述了变量之间的关系。对应分析是一种用"降维"的方法,以最少的信息损失,揭示变量不同类别之间的联系,并将分析结果以图形方式展示的多元统计方法。对应分析由法国 Benzecri 于 1970 年提出,并得到快速发展,其克服了因子分析中 R 型、Q 型的对立,综合了两者的分析优点。

对应分析是多维图示分析技术的一种与因子分析有关(分类资料的因子分析),用于展示两个/多个分类变量各类间的关系,研究较多分类变量间关系时较佳,各个变量的类别较多时较佳,结果直观、简单。

4.4.3.2 居住村与旅游就业偏好的对应分析

(1) 列联表分析

由表 4-36 可知,不同居住村旅游就业偏好参与较多的行业主要是景区护林保管员、开餐馆、开商店、开旅馆、开发景点。从有效边际总计分析发现,天堂寨不同居住村的居民旅游就业偏好 40 频次以上的依次为景区护林保管员、开商店、开餐馆、当导游、开发景点;30 次以上的依次为开旅馆、土特产店。景区护林保管员在天堂寨以资源为依托的山地农村社区在一定程度上具有现实的资源支配权,对高中以下的 3 个年龄群体都具有至高的吸引力,因为这 3 个群体工作仍旧是资源依赖型,很多当地的工作依赖于获取当地资源的使用权,谁获得保管使用权,在缺乏约束的情况下也就具有一定的现实意义上的资源使用权。除此以外的其他旅游工作都是目前天堂寨旅游沿线占主导的旅游业态,居民的耳闻目染以及亲眼所见发现这些业态具有相当高的经济回报,所以都比较倾向于选择这些的旅游业态。我们发现各个居住村选择比较少的几个行业有早餐店、当保安、其他行业(开歌厅、出租店铺),反映当地居住参与旅游就业的兴趣点主要面向旅游者,相对获利较大,而对主要服务当地居民或获利较少或资本门槛较高的行业选择比较少,这是当地居民依据自己的认知与现有经济条件的现实选择。

表 4-36 居住村与旅游就业偏好关联分析

居住村	景区护林保管员	当导游	当厨师	开餐馆	开旅馆	开商店	早餐	当保安	蔬菜粮油	开发景点	土特产	清洁卫生	其他	参与不可行	有效边际
前畈村	17	17	3	10	12	15	3	1	1	6	6	14	2	2	109
渔潭村	9	7	2	7	3	3	1	2	1	7	9	0	1	1	53
杨山村	12	2	2	6	0	8	4	4	2	2	4	5	3	2	56
马石村	5	2	1	9	5	8	1	3	2	6	2	4	0	10	58
后畈村	8	4	0	2	5	4	1	3	7	2	0	0	1	0	37
泗河村	8	2	0	4	2	12	0	3	2	3	1	1	0	0	38
山河村	13	5	1	5	0	8	0	4	0	5	0	2	1	0	44
黄河村	3	5	2	4	8	11	3	1	4	11	8	1	0	2	63
有效边际	75	44	11	47	35	69	13	21	19	42	30	27	8	17	458

(2) 模型总体分析

由表4-37可知,前3个维度累积解释总惯量的68.6%,解释整个模型的将近70%的变异,达到了因子抽取的要求。根据王保进的研究建议,在自然科学的研究中,决定保留的因素所能解释的变异量以能达到95%为宜,至于社会科学则以达到60%为宜,本研究模型前3个维度能够解释总变异量共解释达68.6%,达到了保留维度所能解释变异量的要求。本研究取前3个维度基本上已经能代表整个数据的变异,所以本研究选择前3个维度进行对应分析。整体模型卡方值为123.553,在0.001水平上具有显著差异,说明行列变量之间相关度非常高,说明此次对应分析结果具有较高的相关度,计算结果有效[234]。

表4-37 对应分析模型汇总

维数	奇异值	惯量	卡方	Sig.	惯量比例	
					解释	累积
1	0.329	0.108			0.264	0.264
2	0.298	0.089			0.217	0.482
3	0.290	0.084			0.205	0.686
4	0.237	0.056			0.137	0.824
5	0.204	0.041			0.101	0.925
6	0.159	0.025			0.062	0.986
7	0.075	0.006			0.014	1.000
总计		0.410	187.782	0.000a	1.000	1.000

注:a指显著性水平在0.001呈现显著差异。

(3) 行列贡献率分析

维度得分为样本点在对应分析图中的坐标。维度对行点惯量的贡献说明各个维度的结果能够解释列联表中两个变量的关联程度。由表4-38可知,从维对点惯量的贡献率分析,第一个维度解释了MS村、SH村、SANH村3个村;第二个维度解释了YS村、HF村、HH村3个村;第三个维度解释了QF村、YT村。

表 4-38　Q-型因子载荷

居住村	维中的得分			惯量	维对点惯量贡献			
	1	2	3		1	2	3	总计
QF	0.038	−0.399	0.482	0.052	0.002	0.219	0.310	0.530
YT	−0.170	0.245	0.694	0.042	0.026	0.049	0.385	0.460
YS	0.325	−0.492	−0.158	0.042	0.102	0.211	0.021	0.334
MS	−1.066	−0.323	−0.884	0.081	0.583	0.049	0.353	0.984
HF	0.740	1.152	−0.643	0.069	0.210	0.462	0.140	0.812
SH	0.564	0.147	−0.515	0.033	0.263	0.016	0.192	0.472
SANH	0.772	−0.455	−0.195	0.040	0.468	0.147	0.026	0.641
HH	−0.544	0.771	0.359	0.050	0.266	0.484	0.102	0.852

表 4-39　R-型因子载荷

旅游就业偏好	维中的得分			惯量	维对点惯量贡献			
	1	2	3		1	2	3	总计
景区护林保管员	0.669	−0.237	−0.118	0.031	0.788	0.089	0.022	0.899
当导游	0.221	−0.016	0.643	0.023	0.069	0.000	0.511	0.579
当厨师	−0.265	−0.282	0.677	0.006	0.089	0.091	0.511	0.691
开餐馆	−0.196	−0.316	−0.154	0.009	0.149	0.351	0.081	0.581
开旅馆	−0.426	0.628	0.205	0.030	0.153	0.301	0.031	0.486
开商店	0.178	−0.027	−0.268	0.024	0.065	0.001	0.129	0.195
早餐	−0.167	0.058	0.282	0.016	0.017	0.002	0.041	0.060
当保安	0.616	0.001	−0.871	0.020	0.285	0.000	0.502	0.786
蔬菜粮油	0.402	1.704	−0.907	0.056	0.039	0.642	0.177	0.858
开发景点	−0.409	0.427	0.188	0.022	0.229	0.226	0.042	0.497

续表

旅游就业偏好	维中的得分			惯量	维对点惯量贡献			总计
	1	2	3		1	2	3	
土特产	-0.599	0.392	1.047	0.043	0.180	0.070	0.484	0.734
清洁卫生	-0.061	-1.158	0.241	0.039	0.002	0.600	0.025	0.627
其他	0.909	-0.558	0.150	0.016	0.301	0.103	0.007	0.411
参与不可行	-2.000	-0.636	-1.376	0.076	0.648	0.059	0.270	0.977

由表4-39可知,从维对点惯量的贡献率分析,第一个维度主要解释了景区护林保管员、开发景点、其他(出租天堂寨店铺、开歌厅)、参与不可行4个变量;第二个维度主要解释了开餐馆、开旅馆、蔬菜粮油、清洁卫生4个变量;第三个维度主要解释当导游、当厨师、当保安、土特产、开商店5个变量。

(4)居住村(区位)与旅游就业偏好的对应分析

由图4-9(a)可知维度1和维度2解释了总变异的48.2%,发现不同的居住村居民在旅游就业偏好方面存在显著差异,马石村居民倾向于选择无法参与;杨山村居民倾向于选择清洁卫生;后畈村居民倾向于选蔬菜粮油店;黄河村居民倾向于选择开旅馆、经营土特产、开发景点;泗河村与山河村居民倾向于选择当保安、景区护林员和其他业务;前畈村与渔潭村居民倾向于选择当厨师、开餐馆、当导游、开商店、经营早餐店。可以发现杨山村、后畈村、马石村、泗河村、山河村基本上以间接旅游就业甚至无法就业为主,原因在于这些村庄既距离景区遥远又不在公路沿线,居民直接参与旅游就业难度大。黄河村位于湖北省进入天堂寨景区的西大门,处于旅游公路沿线,湖北省客源途经此地有逗留,但是其距离天堂寨景区也非常遥远,同时这个村又是天堂寨种植天麻与中药材的主要的农村,所以当地居民亲眼目睹大量客源既选择开旅馆又依赖本村资源优势经营土特产,同时面临客源机遇但苦于偏离景区没有自己的景点,所以本村居民倾向于选择开发景点。在我们旅游赴本村调查时其村书记同样表达了在黄河村开发景点的想法与建议,准备开发处于本村的山头高峰白马寨,以及周边农村居民经常赶庙会的寺庙。前畈村与渔潭村都处于旅游公路沿线,距离景区又便捷,有大量接触客源的机会,所以当地居民多选择与旅游需要直接相关的旅游业务,比如当导游、开餐馆、当厨师、开商店、经营早餐店等。

由图4-9(b)可知维度1与维度3解释总变异的46.9%。同样发现马石村选择无法参与;杨山村、泗河村、后畈村选择景区护林员、开商店、蔬菜粮油店、当保安以及其他旅游业务;前畈村、渔潭村、黄河村主要选择当导游、当厨师、经营土特产、开早餐店、开旅馆、开餐馆、开发景点、清洁卫生等,其实在3个村具有内在同一性的同时又略有差异,比如前畈村选择当导游的较多,渔潭村选择当厨师、经营土特产的较多,黄河村选择开餐馆、早餐、旅馆、开发景点、清洁卫生的较多。综合分析发现马石村仍然多选择无法参与旅游业务,杨山村、泗河村、后畈村的旅游就业偏好以间接旅游业务为主,前畈村、渔潭村、黄河村旅游就业偏好以直接旅游就业为主。综合比较两幅图发现有非常大的相似性,天堂寨农村社区大致分为三类:前畈村、渔潭村、黄河村,居民旅游就业偏好以直接旅游就业为主;后畈村、泗河村、山河村、杨山村居民旅游就业偏好以间接旅游就业为主;马石村居民旅游就业偏好以无法参与旅游就业为主。

2009年天堂寨镇对行政村进行合并,渔潭村与西元村合并为渔潭村,杨山村与龙岩村合并为杨山村,泗河村与明畈村合并为泗河村,前畈村与古楼村、王墩村、南河村合并为前畈村,同时为镇政府所在地,马石村与叶畈村合并为马石村,山河村与老店村合并为山河村,黄河村与纸河村合并为黄河村,后畈村仍保持为后畈村。由图3-1可知,渔潭村为天堂寨镇东大门并处于旅游公路沿线,黄河村为天堂寨镇西大门也处于旅游公路沿线,前畈村既处于旅游公路沿线又距离景区比较近,可以直达天堂寨核心景区,同时前畈村又是天堂寨镇政府所在地,兼具公路沿线、距离景区近和行政中心3种优势。为便于呈现天堂寨镇各行政村的空间结构,我们特意沿天堂寨镇主要旅游公路加上着重线进行明确。

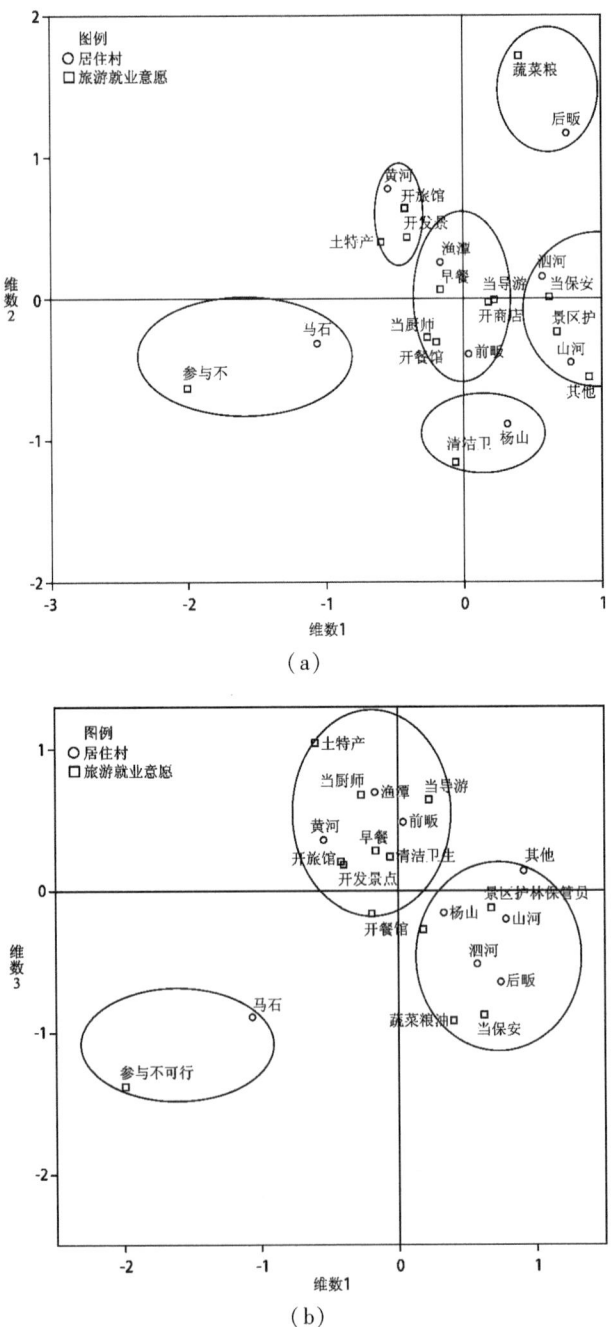

图 4-9 居住村与旅游就业偏好对应分析

（5）形成机制分析

天堂寨居民旅游就业偏好在一个镇的范围内之所以产生空间分异,基于我们质性深度访谈,揭示出有4个原因：

①交通条件因素。渔潭村位于进入天堂寨景区的东入口,同时有位于旅游公路的沿线,所以当地居住倾向于参与直接旅游业务；黄河村处于天堂寨镇西大门,是湖北进入天堂寨镇的必经之路,该村位于旅游公路沿线,有游客在此逗留,但是距离天堂寨景区遥远,并且该村目前没有旅游景点；前畈村既是处于旅游公路的沿线,同时又是镇政府的所在地,所以不仅前畈村街道及公路沿线能够参与直接旅游业务,就是距离公路少远的几个自然村由于这种地理优势也能间接参与旅游业务,所以前畈村既有地理优势又有行政中心的优势使居民既愿意参与直接旅游业务,又愿意参与间接旅游业务。与此相反,马石村、山河村、杨山村、泗河村、后畈村距离旅游景区与沿线公路较远,那些当地的生来就住在这里的原住民则反映出无法参与旅游业务。通过这些质性数据可以进一步解释之所以这两类居住村在旅游就业偏好方面呈现出显著差异,一个反复被提及的原因就是天堂寨距离景区较远或者不在旅游公路沿线的农村社区交通条件不方便限制了直接参与旅游业务。总之,凡是距离景区较近,同时在旅游公路沿线的农村参与旅游业务的机会就比较大,倾向于参与旅游业务；反之,那些偏离景区与旅游公路的居民村居民则表达出旅游参与困难大甚至难以参与。

②经济条件因素。居民不同的经济收入条件,比如其原有的工作条件影响居民参与旅游就业的范围与可能性。有些居民以前一直从事商业服务业,在街道上做生意直接参与旅游就业的可能性就比较大；但是那些偏离景区经济条件不好或者主要依靠务农与外出打工为主的居民直接参与旅游就业就非常困难,因为旅游业既具有一定的知识技能门槛又具有一定的资金门槛,如果这些条件缺乏直接参与旅游就业的困难就大得多。比如距离景区偏远的后畈村居民反映：

"我也一般的都是在外面打工,在天堂寨里头搞钱也很困难,都是在外面搞钱,搞钱很困难,旅游开发只能带动一小部分人,一大部分人在外面打工,旅游业不是根本的产业,比较有钱的能够开饭店开旅馆,比较偏远的还是靠打工,解决主干道两边一小部分人,不能带动所有人受益,偏远的还是靠打工"。

③不同农村资源占有差异。山地农村社区不同家庭住户山场资源占有的不平衡直接关系到其家庭收入的多少进而决定了其在社区中的经济条件。我

们在天堂寨镇街道土特产经销商 L 先生深度访谈,L 先生提到:

"我们这里天麻是大别山的支柱产业,给千家万户带来了很大的收入,基本上都种的,但是街道上的,旁边封山育林,没有树木就不能够种,黄河、山河山场比较多,树木多就能种……这个赚钱,像我们这边盖楼房的,盖小洋楼的,除了出去打工的,就是在家里种天麻的,不种天麻不出去打工就盖不起来楼房"。

由图 4-9 发现黄河村居民旅游就业偏好为开旅馆、餐馆、开发景点、经营土特产、早餐店等,既反映出居民对原有职业的依赖,又反映出居民雄厚的经济条件使之愿意参与到资金门槛比较高的旅游工作(旅馆、餐馆、开发景点)中来。但是,我们在黄河村也深度访谈到一个极端样本(根本无法参与旅游)叶先生,"我们山场面积少,资源不够,里面资源不丰富,资源很少,所以我们又没有出产"。由此可以发现天堂寨山区经济仍旧是以资源依赖型的山区经济,农户占有资源的不均衡决定了其经济财力的多少,进而决定了农户参与旅游就业的工作选择。

④信息可获得性。与天堂寨山区交通条件不便捷密切相关的一个后果就是山区农村社区信息交流不畅通也影响农村旅游就业参与的效果。在我们的结构访谈中居民多次提及信息不通畅的问题,比如"下面(镇政府)叫老百姓搞农家乐,搞不起来,交通不便,他们一个团队来了之后农村接待不起来,他只能住宾馆饭店接待,搞个农家乐,老百姓怎么联系客源,我们尝试过了,我们小组搞起来两家农家乐,搞起来他没有人来。游客不知道,你也联系不上,即使你搞了你也联系不上客源,缺乏联系中介""我是山区,不开放,住在老山头上,信息不通,经济不发达"。由此可以发现交通不便导致了信息不畅通,决定社区旅游小企业经营的成败,影响旅游市场招徕与宣传,同时信息不对称也会滋生腐败现象,这些因素交织在一起制约了居民旅游参与的偏好与效果。

4.4.4 现在工作与旅游就业偏好对应分析

4.4.4.1 模型汇总

由表 4-40 可知,前 3 个维度累积解释总惯量的 65.2%,达到了因子抽取的要求。根据王保进的研究建议,在自然科学的研究中,决定保留的因素所能解释的变异量以能达到 95% 为宜,至于社会科学则以达到 60% 为宜,本研究模型前 3 个维度分别解释总惯量的比例为 37.5%、15%、12.8%,累积能够解释总变异量达 65.2%,达到了保留维度所能解释变异量的要求。所以本研究选择前 3 个维度进行对应分析。整体模型卡方值为 228.436,在 0.001 水平上具有显著差异,说明行列变量之间相关度非常高,说明此次对应分析结果具有较高的相关度,计算结果有效[234]。

表 4-40　对应分析模型汇总

维数	奇异值	惯量	卡方	Sig.	惯量比例	
					解释	累积
1	0.432	0.187			0.375	0.375
2	0.273	0.075			0.150	0.524
3	0.253	0.064			0.128	0.652
4	0.234	0.055			0.110	0.762
5	0.209	0.044			0.088	0.850
6	0.176	0.031			0.062	0.912
7	0.141	0.020			0.040	0.952
8	0.118	0.014			0.028	0.980
9	0.088	0.008			0.015	0.995
10	0.043	0.002			0.004	0.999
11	0.024	0.001			0.001	1.000
12	0.006	0.000			0.000	1.000
总计		0.499	228.436	0.000a	1.000	1.000

注:a 指 156 自由度。

4.4.4.2 行列贡献率分析

维度得分为样本点在对应分析图中的坐标。维度对行点惯量的贡献说明各个维度的结果能够解释列联表中两个变量的关联程度。由表 4-41 可知,从维度对点惯量的贡献率分析,第一个维度解释了务农、公务员、学生、旅游业等变量;第二个维度主要解释了服务员、养殖、饮食业等变量;第三个维度主要解释了运输业等变量。惯量主要解释各个行变量与列变量关系的强度,由表 4-41 可知学生、务农、运输业与列变量关联程度较强。

维度得分为样本点在对应分析图中的坐标。维度对列点惯量的贡献。由表 4-42 可知,从维度对点惯量的贡献率分析第一个维度解释了当导游、开发景点、早餐、清洁卫生、当保安、开旅馆等变量;第二个维度主要解释了经营土特产、开餐馆、参与不可行等变量;第三个维度主要解释了其他变量。惯量主要解释各个列变量与行变量关系的强度,由表4-42可知当导游、其他与行变量关联程度较强。

4.4.4.3 研究结果

由图4-10(a)可知维度1和维度2解释了总变异的52.4%,现在工作为务农、打工的居民旅游就业偏好倾向于选择经营蔬菜粮油店、景区护林员、开商店、当厨师、当保安等工作;现在工作为土特产、运输业、饮食业、养殖业与开商店的居民旅游就业偏好倾向于选择开餐馆、经营土特产店、其他(出租店铺、开歌厅)等工作;现在工作为公务员、旅游业、学生、建筑业以及其他工作的居民旅游就业偏好倾向于选择导游、开旅馆、开发景点等工作;而现在工作为服务员的居民旅游就业偏好要么选择开早餐店、清洁卫生工作甚至选择参与不可行。

表 4-41 Q-型因子载荷 a

现在的工作		维中的得分				贡献			
						维对点惯量			
	质量	1	2	3	惯量	1	2	3	总计
务农	0.480	-0.481	0.092	-0.072	0.056	0.861	0.020	0.011	0.893
打工	0.133	-0.124	0.062	0.155	0.012	0.074	0.012	0.067	0.153
土特产	0.050	0.180	-0.551	0.769	0.032	0.022	0.131	0.236	0.390
养殖	0.033	-0.159	-1.000	-0.155	0.021	0.017	0.420	0.009	0.447
建筑	0.039	0.748	0.194	0.603	0.028	0.334	0.014	0.127	0.476
饮食业	0.035	0.492	-1.175	0.313	0.043	0.086	0.310	0.020	0.416
服务员	0.015	-1.018	2.142	-0.055	0.037	0.183	0.512	0.000	0.695
运输业	0.022	0.511	-0.924	-2.717	0.054	0.046	0.095	0.756	0.897
旅游业	0.031	1.411	0.417	0.504	0.038	0.688	0.038	0.051	0.778
其他	0.050	0.840	0.585	-0.194	0.046	0.334	0.102	0.010	0.447
商店	0.031	0.026	-1.155	0.772	0.043	0.000	0.259	0.107	0.366
公务员	0.039	1.204	-0.135	-0.489	0.030	0.822	0.007	0.079	0.908
学生	0.041	1.640	0.659	-0.097	0.059	0.821	0.084	0.002	0.907
有效总计	1.000				0.499				

注:a 指 0 标准化。

表 4-42　R-型因子载荷 a

旅游就业偏好		维中的得分			惯量	贡献			
						维对点惯量			
	质量	1	2	3		1	2	3	总计
景区护林保管员	0.164	−0.459	−0.102	−0.397	0.039	0.382	0.012	0.168	0.562
当导游	0.096	1.109	0.423	−0.364	0.067	0.765	0.070	0.048	0.883
当厨师	0.024	−0.393	−0.486	0.563	0.014	0.114	0.110	0.137	0.361
开餐馆	0.103	0.133	−0.701	0.157	0.039	0.020	0.356	0.016	0.393
开旅馆	0.076	0.748	0.342	0.335	0.035	0.535	0.071	0.063	0.668
开商店	0.151	−0.397	−0.367	0.197	0.046	0.223	0.120	0.032	0.375
早餐	0.028	−1.081	0.898	−0.143	0.023	0.634	0.276	0.006	0.916
当保安	0.046	−0.794	0.253	0.233	0.023	0.541	0.035	0.027	0.603
蔬菜粮油	0.041	−0.398	−0.003	0.287	0.018	0.155	0.000	0.047	0.202
开发景点	0.092	0.864	0.233	0.427	0.043	0.692	0.032	0.099	0.822
土特产	0.066	0.240	−0.828	0.120	0.031	0.053	0.400	0.008	0.461
清洁卫生	0.059	−0.999	0.948	−0.199	0.044	0.585	0.332	0.014	0.930
其他	0.017	0.665	−0.451	−3.007	0.053	0.063	0.018	0.750	0.831
参与不可行	0.037	0.081	0.992	0.378	0.025	0.004	0.394	0.053	0.452
有效总计	1.000				0.499				

注：a 指 0 标准化。

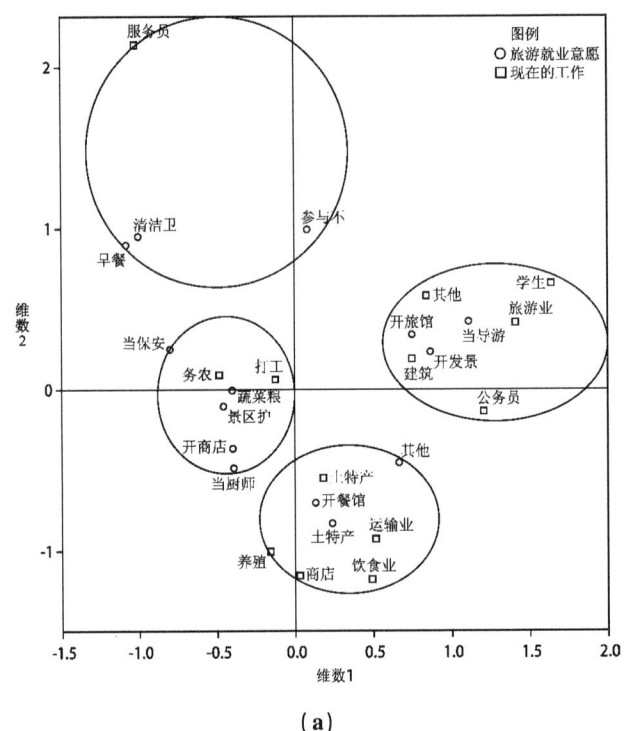

图 4-10 现在工作与旅游就业偏好对应分析

由图 4-10(b)可知,维度 1 和 3 能够解释总模型变异的 50.3%,发现现在工作为运输业的居民旅游就业偏好倾向于选择其他工作(出租天堂寨店铺、开歌厅)工作;现在工作为公务员、学生和其他工作的居民旅游就业偏好倾向于选择当导游;当导游本身在天堂寨获利比较大,并且是"现金收入"收入比较可观,又因为当导游本身需要一定的专门知识与沟通交往的技能,具有一定的专业技术知识的门槛,所以对文化程度较高的公务员、学生、其他工作(比如乡村教师)有一定的适合性与吸引力。比如据当地居民反映,天堂寨暖流中学就有不少老师尤其是语文、英语老师兼职做导游,并且收入不菲。现在工作为饮食业、旅游业、建筑业的居民旅游就业倾向于选择开旅馆和开发景点(这两项工作经济获利比较大,同时对于经济资金和专门知识有相当的进入门槛,所以只有那些具有旅游经营经历、经济条件非常雄厚的居民才可以倾向于进入这两项工作)。现在工作为开商店和经营土特产的居民旅游就业偏好倾向于选择开餐馆、经营土特产店甚至有的选择参与旅游业不可行(原因一是存在职业路径依赖,原先

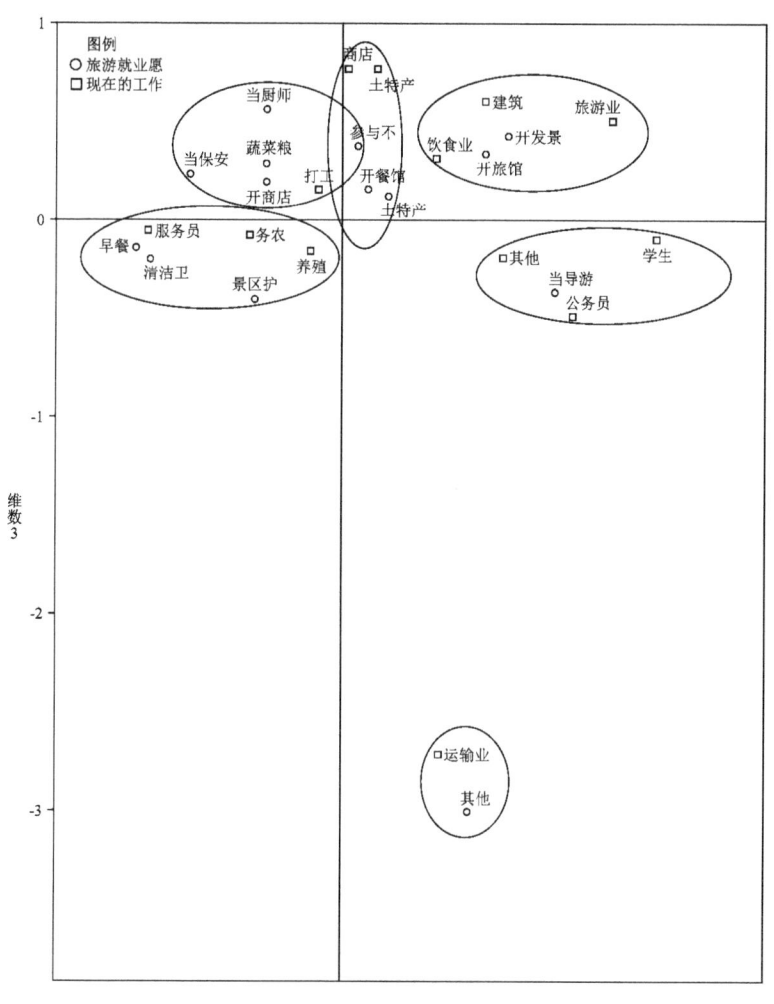

(b)

图 4-10 现在工作与旅游就业偏好对应分析

做土特产的居民又选择经营土特产店；原因二一定的从业实践会促进居民更加追求获利更高的行业，比如有过开商店的经历居民会把开商店的所得进一步投入旅游业追寻获利更高的餐馆业，但是也有部分职业反馈的作用存在退出旅游业的想法，比如有过参与旅游业的经历但是经营业绩不佳的居民可能会选择参与不可行退出旅游业的现象。比如我们在天堂寨街道对天堂寨一家土特产店老板深度访谈，此人原来为燕子河中学教师，因为计划生育超生被学校辞退，被迫在天堂寨街道经营一家土特产店,但是由于其不善经营,收入较少维持经营,访谈中他表露出他不善于土特产生意,厌烦经营土特产店的意思,告诉笔者最近他正准备重新应聘该地一所民办重点中学重新当高中老师,这就是一个比较好的注脚,就是现实中旅游业参与的居民也有退出旅游参与的现象。现在工作为打工的居民旅游就业偏好倾向于选择商店、蔬菜粮油店、当厨师、保安甚至有的打工居民认为参与旅游业不可行。这就说明即使同一个打工居民群体也不是同质的群体,内部存在差异,比如教育程度、打工经历等会对其旅游就业偏好产生影响,比如有的打工居民在外地开阔了眼界,获得了收入就比较倾向于积极地参与当地的旅游就业,选择在家经营商店、蔬菜粮油店,比如在外地做餐饮服务的打工居民可能选择在家乡做厨师,当然也有些居民外面不佳的打工经历会促使他认为选择在当地旅游就业不可行。现在工作为务农、养殖、服务员的居民旅游就业偏好选择做景区护林员、开早餐店和做清洁卫生工人,内部也存在差异,比如当地务农和从事养殖业的居民会选择做景区护林员,做服务员的居民比较倾向于选择开早餐店和清洁卫生工作,其中原因有现在工作的职业路径依赖产生的旅游就业偏好的因素,也有不断提高获取经济收入的逐利行为存在。

4.4.4.4 现在工作对旅游就业偏好的影响机制

综上所述,现在工作对居民旅游就业偏好产生影响是通过不同的路径产生影响的。

(1)现在工作经历的职业路径依赖。现在工作会使得居民在相同、相近相关行业进行选择,比如现在经营土特产的居民会继续选择经营土特产店,做服务员的居民选择经营自己的早餐店等。

(2)现在工作使得居民具有经济条件的差异,促进其选择与其经济收入相匹配的旅游就业。比如现在工作是运输业的居民,其从业经历增加了其资本积累,大为开阔其眼界,经济收入积累到一定程度会选择在天堂寨街道开歌厅与出租店铺这种投资大、获利大的旅游行业。

(3)现在工作知识技能培养促使居民积极主动选择旅游就业。某些旅游工作比如做导游,需要专门的知识技能,要求居民具有一定的语言沟通交流能力,具有一定的进入门槛但是收入又比较优厚,吸引了部门公务员、中学教师、在校学生直接参与导游工作,在当地专职导游稀缺的情况下为这些当地居民进入旅游业提供了很大的选择空间。

(4)职业反馈的积极与消极作用。居民现在的工作业绩较好会促进居民在逐利动机下进一步积极主动大胆的参与旅游业,比如开商店成功居民可能会进一步选择获利更大的餐馆、旅馆经营;但是现在从业消极的经历也会阻止居民参与旅游业甚至选择退出旅游业。

第五章
旅游者与旅游发展的社区能力研究

旅游者在目的地的食品消费占旅游者整体花费的1/3,这些需求的很大部分是通过进口外来食品而得以满足,旅游目的地依赖外来食品在一定程度上不仅使得当地农业失去了发展的市场机会,而且造成旅游目的地外汇的漏损[7,8]。尽管在很多地区旅游业与农业的联系不紧密,但是地方政府有很大潜力提高当地某些农产品对旅游业的供应进而减少旅游业对外来食品的需要,所以有必要在旅游业与农业之间建立一种共生互惠的联系,促进研究各种方法直接提高这两个部门的联系,进而通过旅游开发刺激当地农业的发展。鉴于旅游者餐饮消费是旅游消费中与地方农业经济联系最为紧密也是与社区居民直接关联的部分,所以本部分以旅游餐饮消费为例、从旅游者消费偏好角度研究旅游发展的社区能力问题。

5.1 旅游者人口统计学特征描述分析

根据调研数据制作人口统计学数据(见表5-1)。从客源地分析,天堂寨旅游市场结构以安徽本省及江苏、上海、湖北、河南周边省份为主,基本呈现出地域市场的结构。年龄结构上以25~44岁的中青年市场为主,占到整个客源人数的约3/4。性别结构基本上男女持平,男性稍多。收入结构上1000~2000元、2001~3000元两个收入阶段占到总人数的2/3;3001元以上旅游者人数占到1/4以上,所以天堂寨旅游者人数以中高层收入的人群为主,这是由于距离主要大中城市遥远,达到旅游景区交通上就占有相当大的成本,要求具有一定经济收入能力的人群才能到达。教育水平方面,大中专人群占到旅游者总数的将近 1/2,本科及以上旅游者人数超过 1/4 将近 1/3,全国高中人群占到旅游者总数的超过 1/5,所以天堂寨旅游者教育水平结构以大中专以上人群占到大多数,小学及以下人群旅游者人数为 0,这或许与低教育水平的旅游者可能夸大自己的教育水平为初中有关。旅游方式以团队为主,散客人数也占有相当比例,这或许与新近开发的自然型旅游景区还会吸引相当比例的爱好探险的多中心型和近多中心型的旅游者有关。

表 5-1 天堂寨旅游者人口统计学特征

自变量	性别		旅游方式		教育水平				
类别	男	女	团队	散客	小学及以下	初中	高中	大中专	本科及以上
样本数	170	138	194	153	0	21	75	163	99
百分比	55.2%	44.8%	55.9%	44.1%	0%	5.9%	20.9%	45.5%	27.7%

自变量	年龄				收入水平			
类别	18~24 岁	25~34 岁	35~44 岁	45 岁以上	1000 元以下	1001~2000 元	2001~3000 元	3001 元以上
样本数	42	136	143	49	31	141	99	93
百分比	11.4%	36.8%	38.6%	13.2%	8.5%	38.7%	27.2%	25.5%

自变量	客源市场								
类别	安徽	江苏	上海	湖北	河南	福建	北京	广东	浙江	湖南
样本数	174	126	20	12	5	5	3	5	2	1
百分比	48.4%	36.6%	5.4%	3.8%	1.3%	1.3%	0.8%	1.3%	0.5%	0.3%

5.2 旅游者餐饮偏好分析

5.2.1 描述分析

由表 5-2 可以发现,旅游者对天堂寨餐饮食品偏好的顺序依次为当地土鸡、天堂寨吊锅、山野菜、天堂贡鱼、水果、烟熏腊肉、杂粮面食、烟熏红豆腐、天堂寨小吊酒。一般而言,李克特量表 1~5 等级评分平均值在 1~2.4 表示反对,2.41~3.49 表示中立,3.5~5 表示赞同[85]。可以发现旅游者对当地土鸡、天堂寨吊锅、山野菜、天堂贡鱼、水果偏好度较高,对烟熏腊肉、杂粮面食、烟熏红豆腐、天堂寨小吊酒也表示中立态度。与笔者对天堂寨旅游者食品偏好的结构式访谈数据进行对比,将能更好地解释天堂寨旅游者对地方特色土菜与绿色食品的偏好程度。笔者对天堂寨 74 名旅游者结构性访谈反映出来的天堂寨餐饮方面的问题主要有 3 个:一是卫生条件有待提高;二是缺少地方特色;三是表达出来的对天堂寨具有地方特色绿色食品的强烈需求与偏好,建议推出不同季节的时令蔬菜、开发真正的当地土鸡土猪肉、加大野菜的开发等。正因为旅游者对天堂寨地方特色菜肴、真正农家蔬菜的需要,才对当地土鸡、天堂寨吊锅、山野菜、天堂贡鱼、水果等有高需求。之所以对后面几项持中立意见,主要原因一个是制作方式不太健康,比如各种烟熏食品,另一个是杂粮面食其他地方也有,另外,天堂寨小吊酒虽然很有地方特色,但是还是相对局限于男性旅游者,并且与现在禁酒限酒的发展趋势也不是特别相符。

表 5-2 旅游者对天堂寨餐饮的描述分析

天堂寨特色餐饮食品	偏好均值	标准差	项目排名
当地土鸡	3.86	0.963	1
天堂寨吊锅	3.84	0.848	2
山野菜	3.73	0.933	3
天堂寨贡鱼	3.72	0.825	4
水果	3.52	1.085	5
烟熏腊肉	3.44	0.955	6
杂粮面食	3.34	1.054	7
烟熏红豆腐	3.29	1.019	8
天堂寨小吊酒	3.24	1.233	9

5.2.2 地方食品与旅游者餐饮满意度的相关分析

由表 5-3 可知,天堂寨旅游者餐饮满意度与天堂寨小吊酒、天堂寨吊锅、当地土鸡、烟熏腊肉、水果、杂粮面食、烟熏红豆腐7种显著相关,与山野菜和天堂寨贡鱼相关不显著。其原因一是山野菜是一种遍在性食品,加之现在山野菜大规模种植比较多;二是天堂寨餐馆考虑到利润推出的多是当地土鸡、天堂寨吊锅、烟熏腊肉等肉食品,对山野菜推出相对较少;天堂寨贡鱼则是推出非常少,一般团队客是绝对吃不到的,所以旅游者体验很少,对之印象不深。但是,有非法餐馆以次充好利用从外面买来的饲养鱼,推出了所谓的"天堂寨贡鱼",会严重影响旅游者对天堂寨地方特色食品原真性的认知,危及整个天堂寨食品的原真性与地方特色价值,在旅游者结构性访谈中已经提出对天堂寨地方特色食品原真性的怀疑与失望,比如"当地菜太少或基本吃不到,部分餐饮以假乱真,我们想品尝真正的当地土鸡土猪肉"。所以,现在迫切需要规范天堂寨地方特色食品的用材、原料与烹饪加工艺术,注册天堂寨地方品牌特色食品,从食材源头到烹饪、加工、宣传各个方面加强规范管理。

表5-3 天堂寨食品与旅游者餐饮满意度的相关分析

	餐饮对旅游体验重要性	天堂寨小吊酒	天堂寨吊锅	当地土鸡	烟熏腊肉	水果	山野菜	天堂寨贡鱼	杂粮面食	烟熏红豆腐
餐饮对旅游体验重要性	1	0.267**	0.168**	0.126*	0.134*	0.137*	0.044	0.079	0.164**	0.164**
天堂寨小吊酒		1.000	0.539**	0.485**	0.399**	0.423**	0.353**	0.272**	0.353**	0.344**
天堂寨吊锅			1.000	0.616**	0.449**	0.495**	0.419**	0.317**	0.281**	0.240**
当地土鸡				1.000	0.438**	0.555**	0.472**	0.429**	0.431**	0.314**
烟熏腊肉					1.000	0.444**	0.467**	0.417**	0.384**	0.491**

续表

餐饮对旅游体验重要性	天堂寨小吊酒	天堂寨吊锅	当地土鸡	烟熏腊肉	水果	山野菜	天堂寨贡鱼	杂粮面食	烟熏红豆腐
水果					1.000	0.496**	0.463**	0.504**	0.365**
山野菜						1.000	0.421**	0.372**	0.365**
天堂寨贡鱼							1.000	0.427**	0.434**
杂粮面食								1.000	0.474**
烟熏红豆腐									1.000

注：* $p<0.05$，** $p<0.01$。

5.2.3 地方食品对旅游者餐饮满意度的影响

由于天堂寨旅游者餐饮满意度为5点里克特量表，在多边分析中大多作为准间距变量看待，天堂寨地方餐饮食品偏好量表也是5点里克特量表，在多边分析中也可以作为准等距变量看待，因变量为一个多分类因变量，自变量为多个多分类等距自变量，根据王保进(2007)多变量使用方法适合用多分类名义变量回归分析[247]，研究结果如表5-4至表5-6所示。由表5-4可以发现在多变量名义回归分析中没有与确定系数 R^2 对应的指标来解释自变量对因变量解释的比例。但是人们希望了解模型的解释能力，所以设计了很多近似的统计量，如表5-4中的Cox和Snell R^2、Nagelkerke R^2、McFadden R^2 这3个替代性指标来解释自变量对因变量变异的解释量，尽管这些统计指标都不能进行统计检验，只是一种近似的量度。从表5-4可以发现3个统计指标有两个超过55%，接近60%，所以模型拟合度较佳。由表5-4最终模型的-2倍对数似然值为478.295，似然比检验卡方值为221.855，已达显著水平，表明整个模型的拟合度高，说明自变量中至少有一个对因变量有显著影响，模型具有统计学意义。由表5-5可知，地方饮食3与地方饮食8即当地土鸡与杂粮面食对旅游者餐饮满意度有显著影响。由表5-6可以发现构建的模型各个自变量能够正确解释预测因变量即天堂寨旅游者餐饮满意度分类情况的60.4%，说明模型具有较高的预测力。

表5-4 旅游者餐饮满意度回归模型的整体检验结果

Model	Cox 和 Snell R^2	Nagelkerke R^2	McFadden R^2	-2倍对数似然值	卡方值	Sig.
强迫进入法(a)	0.550	0.593	0.306	478.295**	221.855	0.000

注：**$p<0.01$。

注a：旅游者餐饮满意度 = 常数，地方食品1、地方食品2、地方食品3、地方食品4、地方食品5、地方食品6、地方食品7、地方食品8、地方食品9。

表5-5 旅游者餐饮满意度回归系数与多重共线性分析

	投入变量	似然比检验	
		卡方值	显著水平
强迫进入	截距	0.000	0.077
	地方饮食1	24.587	0.132
	地方饮食2	17.496	0.695
	地方饮食3	12.693**	0.000
	地方饮食4	41.641	0.448
	地方饮食5	16.077	0.212
	地方饮食6	20.194	0.642
	地方饮食7	13.422	0.086
	地方饮食8	24.157*	0.026
	地方饮食9	28.724	0.077

注：*$p<0.1$，**$p<0.01$。

表5-6 不同天堂寨地方餐饮食品对旅游者餐饮满意度预测结果分析

观察值	预测值					
	非常不重要	不太重要	重要	相当重要	非常重要	百分比校正
非常不重要	1	0	0	0	0	100.0%

续表

观察值	预测值					
	非常不重要	不太重要	重要	相当重要	非常重要	百分比校正
不太重要	0	12	7	7	2	42.9%
重要	0	6	43	24	6	54.4%
相当重要	0	4	26	69	12	62.2%
非常重要	0	0	4	12	43	72.9%
总百分比	0.4%	7.9%	28.8%	40.3%	22.7%	60.4%

我们在做问卷调研的同时对74名天堂寨旅游者采用便利抽样的方式进行了结构式访谈,访谈问题是:"请您谈一下您对天堂寨地方特色产品的印象,以及为了进一步提升天堂寨餐饮业的品质请您提出您的宝贵建议"。访谈结束后我们对这些质性资料利用MAXQDA质性资料分析软件进行了语义编码,通过对天堂寨地方特色餐饮的质性访谈可以较好地解释当地土鸡与杂粮面食对旅游者餐饮满意度重要的原因。针对当地土鸡方面,旅游者表现出比较强烈的餐饮需求偏好,比如下列语句段较能说明问题:"希望能吃到真正的土鸡、土猪肉""当地多种些绿色蔬菜,养殖土鸡,旅游者过来旅游时也可带一点回家"。通过这些访谈的语句段我们能够发现天堂寨旅游者对于当地农家喂养的土鸡、土猪肉,以及农家自己种植加工的地方特色食品表现出非常强烈的需求与偏好,但是也指出部分商贩利用旅游者的这种偏好以假乱真、以次充好误导欺骗旅游者的问题,一旦旅游者对天堂寨当地特色餐饮食品的原真性产生怀疑,将会产生非常严重的后期消极影响,就是旅游者不再相信也不再消费天堂寨地方特色餐饮食品,对于广大饭店经营业者和企图通过售卖天堂寨地方特色农产品参与旅游业的广大天堂寨当地农村社区居民都是非常大的伤害。希望当地旅游与商业主管部门尽快加紧研制天堂寨特色食品制作工艺的品牌化建设,加快申报天堂寨地方农产品原产地的品牌申报工作,以及天堂寨典范农产品种植养殖大户的优选培育与示范工作,通过这些措施积极引导当地富有地方特色的农产品加入当地特色餐饮业与旅游纪念品销售名单中来,通过旅游者驱动的农村社区旅游参与模式更广泛地带动农村社区经济的持续健康发展,使得旅游业带动地方

经济发展的初衷名至实归。

5.2.4 人口统计学特征对旅游者餐饮满意度的影响

本部分试图检验人口统计学变量(性别、年龄、教育水平、收入水平)及社会经济因素(客源市场、旅游方式)对天堂寨旅游者餐饮满意度的影响,由于此处因变量餐饮满意度为等距多分类变量,自变量性别、年龄、教育水平、收入水平、客源市场、旅游方式均为顺序变量和分类变量,适合采用多分类逻辑斯谛回归分析,研究发现由表5-7和表5-8,整体模型检验效果显著具有统计学意义(其中表5-8为模型拟合度检验,这两种检验值卡方值越小,越不显著,说明模型的拟合度越佳[236]。表5-9是对每个自变量的作用进行的似然比检验,在拟合的方程中有6个参数,发现收入水平、教育水平、旅游方式对模型的作用具有显著统计学意义。这就说明人口统计学变量中的收入水平、教育水平和社会经济因素中的旅游方式对旅游者的餐饮满意度有显著影响,这些变量对模型预测值分类正确率达到47.5%(见表5-10),预测正确将近一半,说明人口统计学变量与社会经济因素对旅游者餐饮满意度具有较好的解释能力。

表5-7　旅游者餐饮满意度回归模型的整体检验结果

Model	Cox 和 Snell R^2	Nagelkerke R^2	McFadden R^2	-2倍对数似然值	卡方值	Sig.
强迫进入法(a)	0.329	0.354	0.149	504.951**	110.295	0.000

注:** $p<0.01$。

注a:旅游者餐饮满意度 =常数,性别、年龄、教育水平、收入水平、客源市场、旅游方式。

表5-8　拟合优度

	卡方	df	显著水平
Pearson	504.490	520	0.679
偏差	426.171	520	0.999

表5-9　人口统计学特征对餐饮满意度影响分析

		似然比检验	
		卡方值	显著水平
强迫进入	截距	0.000	0.0

续表

		似然比检验	
		卡方值	显著水平
强迫进入	省份1	6.071	0.639
	年龄	16.345	0.176
	收入水平	24.898*	0.015
	教育水平	26.439**	0.009
	性别	7.352	0.118
	旅游方式	21.136**	0.000

注：* $p<0.1$，** $p<0.01$。

表5-10　不同旅游者人口统计学变量与社会经济因素对旅游者餐饮满意度预测结果分析

观察值	预测值					
	非常不重要	不太重要	重要	相当重要	非常重要	百分比校正
非常不重要	1	0	0	1	0	50.0%
不太重要	0	7	10	9	3	24.1%
重要	0	3	44	33	7	50.6%
相当重要	0	2	26	49	18	51.6%
非常重要	0	2	8	23	30	47.6%
总百分比	0.4%	5.1%	31.9%	41.7%	21.0%	47.5%

5.3　旅游者对天堂寨地方菜系与其他菜系偏好的比较分析

表5-11所示为天堂寨旅游者对于天堂寨土菜与周边菜系比较后进行排序，研究发现旅游者对于排在第一位的皆选天堂寨土菜，其次选择淮扬菜，再次选择徽菜；对于排序第二位首选徽菜，其次选择天堂寨土菜，再次是淮扬菜；对于排序第三位首选淮扬菜，其次是徽菜，再次是鄂菜；对于排序第四位才开始首

选鄂菜,其次是淮扬菜,再次是并列选择徽菜与上海菜;对于排序第五位首选上海本帮菜,其次是鄂菜,再次是徽菜。从整体排序来看,旅游者对于这些菜系的排序是天堂寨土菜、徽菜、淮扬菜、鄂菜、上海本帮菜。可见不管是哪个地方的旅游者,到一个地方旅游首先会选择品尝旅游地的特色菜,以及所在省的当地特色菜,其次才会考虑旅游地周边的菜系。整体上这种排序与天堂寨旅游者客源市场结构是完全吻合的,天堂寨一级市场是以合肥、六安、皖北为代表的安徽省内市场;二级市场是以南京与上海为代表的长三角市场;三级市场是正在发展中的以武汉为代表的湖北、河南等华中客源市场(天堂寨2007年旅游市场营销方案,天堂寨旅游发展公司,2007)。

表5-11 旅游者对天堂寨土菜与周边菜系的偏好比较

比较菜系	第一位	第二位	第三位	第四位	第五位
鄂菜	5(16;4.5%)	5(17;5.7%)	3(49;19.6%)	1(99;43.0%)	2(53;22.7%)
淮扬菜	2(59;16.7%)	3(35;11.7%)	1(105;42.0%)	2(57;24.8%)	4(10;4.3%)
天堂寨土菜	1(198;56.1%)	2(91;30.3%)	5(18;7.2%)	4(10;4.3%)	4(10;4.3%)
徽菜	3(58;16.4%)	1(131;43.7%)	2(55;22.0%)	3(32;13.9%)	3(14;6.0%)
上海本帮菜	4(22;6.2%)	4(26;8.7%)	4(23;9.2%)	3(32;13.9%)	1(146;62.7%)

天堂寨旅游者的这种餐饮偏好结构的政策启示:

(1)大力发展天堂寨土菜为当地特色餐饮菜肴,以徽菜为基质,在全面研究徽菜精华的基础上,充分利用当地的农产品,振兴天堂寨当地农家的家禽养殖业,以及大别山野生动物的野化与家养驯化工作;充分利用大别山天堂寨国家森林公园植被丰富的生物优势,全力开发与培养天堂寨系列山野菜、天堂寨系列菌药产品、天堂寨山珍野味的家养驯化工作,以点带面同时开发徽菜结合大别山的地方特色化发展的战略。在我们对天堂寨旅游者的结构化访谈中,旅游者也强力建议天堂寨以当地农产品、大别山山珍野味为基础大力发展天堂寨特色菜肴,比如"在不同的季节推出不同的时令蔬菜""主打品牌应加强当地野菜的种植,发扬地方特色""当地多种些绿色蔬菜,养殖土鸡,旅游者过来旅游时也可带一点回家"。

(2)通过外出学习,从外面引进的多种方式有选择地引进与发展原汁原味的淮扬菜精品特色菜肴,满足长三角市场对客源地当地菜肴的餐饮需求。比如我们在对安兴山庄行政总厨、六安市白天鹅宾馆总经理结构性访谈中,这些专家级的经营管理人员多次提及天堂寨菜没有品牌效应,能引进知名餐饮业入驻与本地土特色结合为最佳,在保持本地特有饮食文化的同时也能不断推陈出新,外地知名餐饮集团与当地特色餐饮文化的联盟产业化发展等真知灼见,对于天堂寨餐饮业的振兴确实富有启发,见解很新颖。

(3)随着客源市场的进一步发展,要合理引进富有湖北地方菜系鄂菜特色的精品菜系进驻天堂寨,在全面繁荣天堂寨地方特色菜系的基础上促进天堂寨餐饮市场的多元化发展,百花齐放,满足多元客源市场的旅游者多样化的餐饮偏好。

5.4　旅游者就餐考虑因素分析

5.4.1　就餐考虑因素描述分析

我们收集了334名天堂寨旅游者对天堂寨食品的评价数据(见表5-12),发现天堂寨旅游者在选择就餐地点时最先考虑的是卫生状况、其次是食品口味,随后依次为交通方便到达、食品价格、品尝旅游地食品、文化氛围,最不重要的是就餐地点。旅游者外出旅游,一个非常担心的问题就是害怕旅游中得病尤其是食物中毒,加之餐饮食品是进入口腹之物,所以对于食品口味也特别在意;旅游者还是重视旅游活动这种体验本身,餐饮更多的是一种附加性的辅助消费,所以为了便于游览,在选择就餐地点时比较强调方便到达;至于食品价格位列第四,是由于旅游活动发生后,餐饮消费是刚性消费,必不可少,不可减免,再加上中华民族"民以食为天""穷家富路"的旅行习惯,尽管在家勤俭持家,外出往往携带足够的金钱,所以旅游活动发生后对于餐饮价格就不是特别在意;品尝旅游地食品与餐饮文化氛围位列更靠后,以及旅游地就餐地点的考虑因素位于最后,似乎与天堂寨目前仍是以团队客为主的市场结构有很大关系,很多旅游者外出旅游对于餐饮正如导游一再宣传的是追求吃饱吃好的原则,天堂寨专业性的追求美食旅游体验的专门市场还远远没有出现,所以对于文化氛围不是特别在意。

表 5-12 天堂寨旅游者就餐考虑因素描述分析

就餐考虑因素	均值	标准偏差	项目排名	N
交通方便到达	3.67	1.103	3	334
品尝旅游地食品	3.56	1.002	5	334
旅游地餐饮食品口味	3.75	1.099	2	334
旅游地就餐地点	3.17	0.956	7	334
就餐文化氛围	3.33	1.010	6	334
旅游地餐饮食品价格	3.64	1.100	4	334
餐饮卫生状况	4.49	0.862	1	334

5.4.2 就餐考虑因素与就餐满意度的相关分析

由表 5-13 可知,品尝旅游地食品、旅游地餐饮食品口味、旅游地就餐地点、就餐文化氛围、旅游地餐饮食品价格、餐饮卫生状况与旅游地旅游者就餐满意度显著正相关,就是说旅游者越能品尝到旅游地的地方特色食品,就餐满意度就越高;旅游地餐饮食品口味越好,就餐满意度就越高;旅游地就餐地点越便捷或者服务质量越好,就餐满意度就越高;就餐餐馆就餐文化氛围越好,就餐满意度就越高;旅游地餐饮价格越高,获得的就餐满意度可能就越高;餐饮卫生状况越好,旅游地就餐满意度就越高。通过质性分析我们发现,旅游者就餐比较关注的焦点主要集中在希望品尝天堂寨原汁原味的当地特色食品、天堂寨菜肴口味目前偏咸偏辣口味单一缺乏创新、就餐时候的环境氛围不够好、当地食品价格太高了,以及天堂寨餐饮卫生状况目前不是太好有待提高。旅游者非常关心这些因素,也说明这些因素对于天堂寨旅游者就餐满意度的关联非常强烈。

表 5-13　天堂寨食品与旅游者餐饮满意度的相关分析

	餐饮对旅游体验重要性	交通方便到达	品尝旅游地食品	旅游地餐饮食品口味	旅游地就餐地点	就餐文化氛围	旅游地餐饮食品价格	餐饮卫生状况
餐饮对旅游体验重要性	1.000	0.076	0.349**	0.342**	0.218**	0.164**	0.198**	0.108*
交通方便到达		1.000	0.309**	0.387**	0.209**	0.316**	0.081	0.138**
品尝旅游地食品			1.000	0.637**	0.385**	0.281**	0.192**	0.284**
旅游地餐饮食品口味				1.000	0.303**	0.353**	0.229**	0.266**
旅游地就餐地点					1.000	0.526**	0.292**	0.004
就餐文化氛围						1.000	0.312**	0.076
旅游地餐饮食品价格							1.000	0.217**
餐饮卫生状况								1.000

注：$* p < 0.05$，$** p < 0.01$。

5.5　旅游就餐满意度的因素分析

本研究收集 379 名天堂寨旅游者在天堂寨就餐考虑因素的数据，经过信度检验，去除不良题目"交通方便到达"后，量表信度值为 0.714，量表具有较高的信度。去除缺失变量，投入因素分析的有效观测值为 335 名旅游者的调查数据。原始数据经过 KMO 及 Bartlett's 检验后发现,此处 KMO 值为 0.688,根据 Kaiser 的观点,适于做因素分析,Bartlett's 球形度检验值为 480.033,自由度为 15,达 0.01 显著水平,表示非常适合进行因素分析。

本研究以主成分分析法进行因素萃取,并以 Varimax 法进行因素转轴,因素分析结果如表 5-14 所示。从表 5-14 可知本研究共萃取两个特征值大于 1 的因素,特征值分别为 2.623、1.105,分别解释变异量为 43.715%、16.914%,累积解释为变异量 60.629%。因素分析的目的在于以少数几个因素最大程度上解释原有变量的变异量。自然科学的研究中,决定保留的因素所能解释的变异量以能达到 95% 为宜,至于社会科学则以达到 60% 为宜[233],本研究因素分析解释总变异量共解释 60.629%,达到了保留因素所能解释变异量的要求。

由表 5-14 可知,因素一可解释 2 个变量,这些变量主要测量的是旅游者对天堂寨餐饮环境的评价,所以可将因素一命名为餐饮环境;因素二解释了 4 个变量,这些变量主要测量的是旅游者对天堂寨餐饮质量的评价,所以因素二命名为餐饮质量。

表 5-14 旅游者对天堂寨就餐因素分析结果

就餐考虑因素	因素一 餐饮环境	因素二 餐饮质量	共同性
旅游地就餐地点	0.848		0.731
就餐文化氛围	0.804		0.666
餐饮卫生状况		0.844	0.726
旅游地餐饮食品口味		0.613	0.610
品尝旅游地食品		0.581	0.567
旅游地餐饮食品价格		0.536	0.338
特征值	2.623	1.105	
解释变异量	43.715%	16.914%	
累积解释变异量	43.715%	60.629%	

5.6 就餐考虑因素对餐饮满意度的影响

本来可以旅游者就餐考虑的 7 个因素为自变量,以天堂寨旅游者餐饮满意度为因变量,研究旅游者就餐考虑因素对旅游者餐饮满意度的影响,但是相关分析发现这些自变量存在高度自相关,直接回归存在严重的多重共享性问题,改进办法是先对这些高度自相关的变量做主成分因素分析,提取出几个主成分后再进行多元回归分析,所以本研究以旅游者餐饮环境、餐饮质量两个主成分为自变量,研究旅游者就餐地点考虑因子对旅游者餐饮满意度的影响。由表 5-15 可知,多元回归模型成立,具有统计学意义,两个主成分能够解释旅游者满意度 14%的变异,这说明还有重要的变量影响天堂寨旅游者的满意度,可能还有旅游者对天堂寨地方特色餐饮的偏好也会影响旅游者餐饮满意度,有待整合进来统一研究。

表 5-15 旅游餐饮满意度回归模型的整体检验结果

Model	R	R^2	调整后 R^2	F 值	Sig.	DW 值
强迫进入法(a)	0.387	0.150	0.144	27.763**	0.000	1.965
强迫进入法(b)	0.487	0.237	0.228	26.633	0.000	2.005

注:** $p<0.01$。注 a:旅游餐饮满意度 = 常量数餐饮质量、餐饮环境。注 b:旅游餐饮满意度 = 常量,地方特色小吃、餐饮质量、餐饮环境。

实际上我们对天堂寨 9 种地方特色小吃做主成分因子分析,原始数据经过 KMO 及 Bartlett's 检验后发现,此处 KMO 值为 0.880,根据 Kaiser 的观点,非常适于做因素分析,Bartlett's 球形度检验值为 983.930,自由度为 36,达 0.01 显著水平,表示非常适合进行因素分析。以 Varimax 法进行因素转轴,因素分析结果萃取 1 个特征值大于 1 的因素,能够解释 9 种天堂寨地方特色食品解释变异量为 48.934%。把获得的主成分因素加入餐饮满意度的回归分析中,如表 5-16 下半部分所示,整个模型具有显著的统计学意义,模型解释旅游者满意度变异的比例提高到 22.8%,印证了我们的推论。这就说明天堂寨地方特色小吃、天堂寨餐饮环境、天堂寨餐饮品质都显著影响旅游者的餐饮满意度。综合上述研究,我们认为对天堂寨旅游者餐饮满意度的影响因素有旅游者人口统计学变量和社会经济因素、天堂寨地方特色小吃、天堂寨餐饮环境与天堂寨餐饮品质 4

种因素。

表 5-16 天堂寨旅游者餐饮满意度回归系数与多元线性回归分析

	自变数	回归系数		t 值	Sig.值	容忍度	VIF
		未标准化	标准化				
强迫进入	常数	3.688		74.963	0.000		
	餐饮环境	0.231	0.240	4.618	0.000	1.000	1.000
	餐饮质量	0.288	0.305	5.866	0.000	1.000	1.000
强迫进入	（常量）	3.692		72.465	0.000	0.997	1.003
	餐饮环境	0.217	0.220	4.037	0.000	0.997	1.003
	餐饮质量	0.347	0.362	6.631	0.000	0.995	1.005
	地方特色小吃	0.247	0.268	4.898	0.000	0.997	1.003

注：$* p < 0.1, ** p < 0.01$。

5.7 基于就餐考虑因素的旅游者聚类分析

以天堂寨就餐考虑因素主成分因素分析得到的餐饮环境、餐饮质量为聚类变量对天堂寨旅游市场进行聚类分析（见表 5-17），借以了解基于餐饮考虑因素的旅游者群体类型，进而在后面的分析中辨别这些不同的旅游者群体基于天堂寨餐饮因素对社区参与天堂寨餐饮业的方式、建议与措施，提高分析的针对性。

表 5-17 天堂寨旅游者聚类结果与分群变量之 F 检验

集群标号 样本数 集群命名	集群一 n＝117 餐饮环境优先者	集群二 n＝70 二者无法满足者	集群三 n＝148 餐饮质量优先者	F 值 Sig.	多重比较 检验
餐饮环境	1.004 599 0	−0.206 934 4	−0.696 301 9	226.752**	1-2,2-3,1-3
餐饮质量	0.252 314 5	−1.495 044 2	0.507 650 7	254.191***	1-2,2-3,1-3

注：$*** p < 0.001, * p < 0.01$

表 5-18　不同餐饮群体的社会统计学特征

旅游者群体	性别	年龄	收入水平	教育水平	旅游方式	省份	餐饮对旅游体验重要性
餐饮环境优先者	男(59%)	25~34岁(29.3%) 35~44岁(44%)	2000~3000元(27.4%) 3001元以上(44.2%)	大中专(44.6%) 本科及以上(37.5%)	团队(51.4%)	安徽(45.2%) 江苏(40.9%)	重要(42.5%) 相当重要(31.0%)
二者都不关注者	男(64.6%)	25~34岁(40.6%) 35~44岁(27.5%)	1000~2000元(41.8%) 3000元以上(26.9%)	大中专(44.1%) 高中(27.9%)	团队(54.4%)	安徽(50.0%) 江苏(41.4%)	重要(43.1%) 相当重要(30.8%)
餐饮质量优先者	男(50.0%)	25~34岁(40.8%) 35~44岁(38.7%)	1000~2000元(43.8%) 2001~3000元(32.2%)	大中专(48.6%) 本科及以上(23.9%)	团队(58.4%)	安徽(55.5%) 江苏(26.0%)	相当重要(37.1%) 重要(28.6%)

方法是首先进行阶层聚类,得到天堂寨旅游者群体划分2~3类比较合适,参考这两类的判别分析结果及不同旅游者聚类的描述分析,选择3类可以更为真实地反映天堂寨旅游者市场的形态;然后以3类为基准进行非阶层聚类分析,调整阶层聚类的结果,得出更为科学的旅游者聚类结果;最后对这聚类进行描述分析,识别他们的社会统计学特征,为旅游市场营销与社区参与旅游政策制定提供依据。

由表5-18可知,第一个旅游市场群体是餐饮环境优先者群体,性别上以男性较多,年龄上以年龄较大的中年群体为主,兼有少量青年群体;学历以大中专为主,同时本科及以上较高学历的旅游者也较多,将近四成,可以说这部分群体教育水平较高偏上;旅游方式以团队偏多,也有大比例的将近一半(48.6%)的散客;安徽省内市场45.2%,不到一半,也有四成多的江苏市场;他们认为餐饮对于旅游体验重要为主,也有三成多认为相当重要。第二个旅游市场群体是餐饮环境与质量都不关注者,这部分群体以男性为主,似乎单身男性较多;年龄上以 25~34 岁的较为年轻的人为主,兼有近三成的中年群体;学历上以大中专较高学历为主,也有将近三成的高中水平的较低学历;这个群体呈现出一半以上的团队客,但是也有将近一半(45.6%)的散客;市场结构上安徽省内占一半,江苏省外市场超过四成;对于餐饮满意度对旅游体验的重要性,有 43.1%认为重要,也有三成以上认为相当重要,我们发现这部分群体呈现出明显的二分化特征,一种是收入水平在 1000~2000 元的群体,餐饮环境与质量二者都不关注,还有就是 3000 元以上的群体也是餐饮环境与质量二者都不关注。似乎这部分群体由两部分市场组成,第一种是因为经济条件不好确实无法顾及餐饮环境与质量者的经济档低端市场;第二种是追求完美的自然环境品质的旅游体验,具有较高教育水平、收入较高、更为年轻的新型旅游者,为了旅游体验,能够忍受或者忽略旅游地不够好的餐饮环境与餐饮质量,这部分市场有相当多的探险旅游者、步行旅游者、漫游者等,在巴特勒旅游地生命周期探查阶段出现的先锋旅游市场[271]。第三个旅游市场群体是餐饮质量优先者,性别上这个群体男女各半,似乎以夫妇共同出游的家庭游为主;这个群体从年龄上主要以 25~34 岁(40.8%)和 35~44 岁(38.7%)两个人数比例相当的群体为主,年龄结构上为中等人偏大;收入水平以月收入 1000~2000 元的家庭为主(43.8%),也有三成以上的月收入 2001~3000 元的较高收入的家庭;学历上以大中专群体为主,占到将近一半(48.6%),本科及以上较高学历的群体占到二成以上(23.9%),所以这个群体教育水平上中等稍上;旅游方式以团队为主;旅旅游者源地安徽省内市场占到一半以上,以安徽省内市场为主,但是也有 1/4 以上的江苏客源;该群体相当重视餐饮质量,37.1%认为餐饮对旅游体验的重要性相当重要,有将近 30%的人认为餐饮对于旅游体验是重要的。

综上所述,性别上以餐饮环境与餐饮质量都不关注者男性比重较大,其次是餐饮环境优先者群体男性比例也较高,而餐饮品质优先者男女持平,似乎该群体以家庭出游为主;年龄结构上餐饮环境优先者,中青年群体为主,二者都不关注者以青年群体为主加上少量的中年群体,餐饮质量优先者以青年群体与中年群体数量相当;收入水平上餐饮环境优先者以 3000 元以上的较高收入者为主,兼有少量的 2001~3000 元的较高收入者,二者都不兼顾者以较低收入群体为主;餐饮质量优先者尽管以低收入群体为主,但是也有一定比例的稍高收入群体;教育水平上餐饮环境优先者,中等学历为主但是又有相当比例的高学历群体,二者都不兼顾者中等学历为主,但是又有相当比例的低学历群体,餐饮品质优先者以中高等学历为主,高学历占有相当比例;旅游方式尽管团队都占一半以上,但是以餐饮质量优先者为最高,似乎以经济档的团队客为主;餐饮环境优先者为最低,这部分群体似乎是高品质的以小规模精品团为主;省份上,餐饮环境优先者群体安徽省外旅游者占有较高比例,餐饮品质优先者以安徽省内占到绝对比例;二者都不兼顾者似乎以安徽与以江苏为代表的周边市场为主;餐饮对旅游体验重要性分析以餐饮品质优先者"相当重要"比重占最高,其次是餐饮环境优先者,最低的是二者都不兼顾者。所以以旅游者就餐考虑因素为依据划分的旅游者群体在各个变量上具有较高的区别度。

由表5-19至表5-21可知,经过旅游者分类数与相关人口统计学变量的卡方检验,收入水平、教育水平、旅游者源地与餐饮考虑因素旅游者市场聚类数具有显著关联,发现餐饮环境优先者主要是在收入3001元以上、大中专以上教育水平、安徽省及江苏为代表的周边市场的旅游者群体;餐饮环境与质量均不关注者主要是月收入在1001~2000元、高中至大中专学历、安徽本省的旅游者群体;餐饮质量优先者主要是月收入在1001~2000元、大中专学历至本科及以上、安徽省内市场的旅游者群体。

表5-19 餐饮偏好聚类结果与性别及居住地的卡方检验

分类	性别			省份			
	女性	男性	合计	安徽	江苏	其他	合计
餐饮环境优先者	52	36	88	52	47	16	115
Row %	59.1%	40.9%	100.0%	45.2%	40.9%	13.9%	100.0%
环境质量不关注者	42	23	65	35	29	6	70
Row %	64.6%	35.4%	100.0%	50.0%	41.4%	8.6%	100.0%
餐饮质量优先者	60	60	120	81	38	27	146
Row %	50.0%	50.0%	100.0%	55.5%	26.0%	18.5%	100.0%
样本数	154	119	273	168	114	49	331
	56.4%	43.6%	100.0%	50.8%	34.4%	14.8%	100.0%
卡方值	$x^2 = 4.042$			$x^2 = 9.959*$			

注:* $p < 0.05$。

表5-20 餐饮偏好聚类结果与收入水平、教育水平的卡方检验

分类	收入水平					教育水平				
	1000元以下	1001~2000元	2001~3000元	3001元以上	合计	初中	高中	大中专	本科及以上	合计
餐饮环境优先者	2	30	31	50	113	4	16	50	42	112
Row %	1.8%	26.5%	27.4%	44.2%	100.0%	3.6%	14.3%	44.6%	37.5%	100.0%
环境质量不关注者	8	28	13	18	67	7	19	30	12	68
Row %	11.9%	41.8%	19.4%	26.9%	100.0%	10.3%	27.9%	44.1%	17.6%	100.0%
餐饮质量优先者	20	64	47	15	146	9	29	67	33	138
Row %	13.7%	43.8%	32.2%	10.3%	100.0%	6.5%	21.0%	48.6%	23.9%	100.0%
样本数	30	122	91	83	326	20	64	147	87	318
	9.2%	37.4%	27.9%	25.5%	100.0%	6.3%	20.1%	46.2%	27.4%	100.0%
卡方值	$x^2 = 47.701**$					$x^2 = 14.518*$				

注：$*p<0.05$，$**p<0.01$。

表5-21 餐饮偏好聚类结果与旅游方式及年龄的卡方检验

分类	旅游方式			年龄				
	团队	散客	合计	18~24岁	25~34岁	35~44岁	45岁以上	合计
餐饮环境优先者	54	51	105	9	34	51	22	116
Row %	51.4%	48.6%	100.0%	7.8%	29.3%	44.0%	19.0%	100.0%
环境质量不关注者	37	31	68	10	28	19	12	69
Row %	54.4%	45.6%	100.0%	14.5%	40.6%	27.5%	17.4%	100.0%

续表

分类	旅游方式			年龄				
	团队	散客	合计	18~24岁	25~34岁	35~44岁	45岁以上	合计
餐饮质量优先者	80	57	137	19	58	55	10	142
Row %	58.4%	41.6%	100.0%	13.4%	40.8%	38.7%	7.0%	100.0%
样本数	171	139	310	38	120	125	44	327
	55.2%	44.8%	100.0%	11.6%	36.7%	38.2%	13.5%	100.0%
卡方值	$x^2 = 1.186$			$x^2 = 15.855$				

注：* $p < 0.05$。

5.8 基于旅游需求驱动的旅游发展的社区能力建设

5.8.1 数据来源

2008年5月23日至6月4日在六安天堂寨景区进行旅游者调查，由于去年四川汶川地震的原因，各个行政机关禁止外出旅游，所以天堂寨景区出现了"旺季不旺"的现象，旅游者量较少，不能大规模地接触样本。我们对74名旅游者进行了结构性访谈，有3名旅游者对天堂寨餐饮业拒绝发表意见，我们用录音笔记录了71名旅游者的语言信息。访谈具体时间为每天晚上（6点至8点）旅游者就餐时间，访谈地点为天堂寨镇各家宾馆和餐馆进行现场访谈，访谈主题主要有3个：

(1) 您认为天堂寨餐饮业的哪些方面对您的旅游体验很重要？

(2) 您如何评价天堂寨的餐饮业？

(3) 您认为如何使天堂寨餐饮业持续发展？访谈回来后首先登录旅游者的语言信息，还原为Word文档，作为本文分析的数据来源。

5.8.2 数据分析原理

研究数据处理的过程按照Dey提出的质性数据分析的三阶段进行，即包括数据描述、数据分类及观察概念之间的相互关联，其过程是反复的而不仅是线性的[226]。

5.8.2.1 数据描述

数据描述的工作包括登录数据和数据编码。登录数据的同时记下研究者的观点和备忘录。研究者的观点是在阅读数据过程中对数据的理解与解释。备忘录是对数据的整理与有效地提取的数据信息。本次研究在数据编码前最大可能地维持了旅游者评价信息的完整，编码时最大限度地提取旅游者评价信息，确保旅游者的餐饮满意度评价体系立足于原始信息。

5.8.2.2 数据分类

数据描述的同时，明确和解析定型数据的典型方法是将数据"分解"成构成要素，然后将它们分派到各自的类别中，在此过程中我们开始判别何种因素是重要的或者突出的（即发现多频次的数据段），抽取出其共同要素和分歧要素，通过数据分类我们能够更有效地对个案之间进行比较。我们的分类完全基于现有数据信息，在分类过程中某些重要的维度逐渐突显出来。旅游者首先关注的是产品的特色、价格、餐饮产品的具体要求，其次关注的是加强与强调当地农产品、餐饮食品的原真性、餐饮食品发展的具体建议。

数据分类后有一个检查过程，即增删数据段，删除了某些过度解释的数据段，增加了一些随着数据段精简而突显出来的评价维度，例如随着分析的进行，我们发现餐饮产品原真性、产品卫生条件作为一个独立的维度突显出来。充分地阅读与理解语言信息，充分地利用语言信息，动态编码与动态理论建构同步进行。

每个评价维度的提炼是完全基于回答者各个层次语言信息的直接提取，第一个层次下各个维度聚类的数据段直接成为第二个层次评价维度提取的信息来源和基础，依此类推，我们主要分成两个层次。

5.8.2.3 数据连接

分类法与数据内在类别的识别有关，辨别不同类别之间的关系则是连接的最初含义，这种关系不仅包含识别不同类型之间的相似性或差别性，实际上连接更有助于建立类别（概念）之间的相互关联，为第四部分构建研究餐饮业与农业联系的研究构架图奠定基础。连接不是一个简单的过程，一个普遍的方法是寻找数据内的多发类型，要从不同个案数据中寻找证据来说明原因，从数据内寻找线索，说明事物之间存在相互关系的原因。为了解释某些联系，还必须从数据外抽取一些证据，比如通过文献中某些结论来解释或佐证在数据中的发现和判断。

5.8.3 数据分析方法

在分析访谈文字资料之前，先将访谈内容整理成文字稿，逐字稿件建立原则是原样记录受访者所有话语，包括回答者语气词、地方方言，在不影响读者理解时均以回答者语言为准，必要时注释。本研究使用 MAXQDA 软件进行资料分析，利用该质性资料分析软件进行开放性编码、主轴编码及选择性编码等技术协助解释与分析访谈资料。在 MAXQDA 软件的 Code System 窗门中的编码结构，如图 5-1 所示。

Code System	Bytes	Creation d..	Document group	Document name	Number of coded segments...
基于旅游者需求的社区能力建设					
旅游者的社区旅游发展能力建议		18	18		18
餐饮存在的问题					
餐饮管理		6	6		6
原真性问题		2	2		2
餐饮质量		2	2		2
餐饮环境		1	1		1
卫生条件		5	5		5
服务素质		3	3		3
无特色		12	12		12
接待设施		3	3		3
价格高		14	14		14
餐饮发展的建议					
卫生整洁		1	1		1
餐饮布局		1	1		1
品牌化发展		3	3		3
消费市场与偏好		4	4		4
具体餐饮要求		8	8		8
联盟发展		3	3		3
立足地方原材料		13	13		13
餐饮推陈出新		4	4		4
推出季节性时令蔬菜		1	1		1
特色餐饮		17	17		17
社区参与方式					
种植养殖业		3	3		3
餐饮业		3	3		3
农家乐		1	1		1
农产品旅游化发展		6	6		6

图 5-1 基于旅游者的社区能力建设编码结构

5.8.4 旅游者对天堂寨旅游发展的认知：以餐饮业为例

由图 5-1 可知，天堂寨餐饮业存在的问题主要表现为价格高、没有地方特色、餐饮管理、卫生条件、服务素质与接待设施、餐饮质量与原真性问题。

5.8.4.1 食品价格高

这是旅游者反映最突出的问题，典型说法有“餐饮业收费偏高，高于大中城市”“价格不统一，价格过于偏高”。可以发现天堂寨餐饮产品不仅价格偏高而且价格不统一。由于本地餐饮企业尤其是一些沿街的餐馆，没有菜单，按菜下单,价格不规范,没有明码标价,随意要价,所以旅游者对地方餐饮的原真性表现出不信任或怀疑,这正是加强当地农业与餐饮业联系的动力,提升旅游地餐饮的地方特色和竞争力。现在天堂寨基本上还处于初步发展阶段,随着以后外地餐饮的进入,本地餐饮何以与外地餐饮竞争?另一个问题是既然天堂寨餐馆号称是当地的原材料,为何当地产的土菜反而更贵呢?中间环节究竟是怎么影响这些结果的呢?对于这个问题,我们深度访谈了政府管理部门、蔬菜供应商、当地种植养殖大户,力图从不同的视角分析不同利益主体对于食品价格问题的解释。

(1)政府管理部门的解释

金寨县旅游局张局长从金寨县发展旅游业的劣势角度解释了餐饮价格高的问题:

革命战争时期金寨县牺牲了10万青壮年劳动力。建国初建设两大水库(响洪甸水库、梅山水库)期间淹没了10万亩良田,10万亩经济林,造成10万农民搬迁移民。天堂寨地处山区,农业条件不高,平原地区农业常年耕种,山区农产品成熟季节短;山区农产品不丰富,所以价格比外面贵,产量不高;山区畜牧业养殖受限,肉类基本上外调,所以价格高;肉类外调,山区消费市场小,外调成本高,销售量小,所以消费费用高,进而价格高。

天堂寨镇主管旅游工作副镇长的解释:

天堂寨餐饮费用高,主要是吃的问题,由于金寨县为国家做出了贡献:革命时期金寨县损失了10万青壮年劳动力;金寨县修建两大水库损失了10万亩良田,10万亩林场,造成了10万人的移民搬迁。天堂寨地处山区,农业条件不高,农产品不丰富,畜牧养殖业发展受限,因此天堂寨的肉产品主要外调,所以价格高,产品外调成本高,所以消费费用高。

天堂寨旅游管委王副主任对于天堂寨餐饮费用高的解释:

天堂寨农副产品采取作坊式生产,农户卖给小贩,小贩再卖给企业;农民出去打工的多,农业不是主要产业;天堂寨是山区,农副产品总体外调,本地不能生产;政府引导过大棚蔬菜、反季节蔬菜种植,但是自己干得比较多,成本高,缺少技术,理念跟不上,周期长。

基于这些深度访谈资料,可以发现天堂寨餐饮食品价格高由一系列因素造成,既有自然地理条件的制约(年均低温低,农作物生长周期长、成熟期晚,产量低,畜牧业发展受限),也有经济地理条件的限制(劳动力、土地成本高;自给自足的自然农业生产方式、农户外出打工农业本身衰退),也有现实地方经济缺点的影响(农产品品种少,产量不丰富,总体以外调为主,同时当地需求市场小,销量少,产品销售时间长,损耗大,进一步提高了产品销售的成本)。

(2)餐饮企业与供应商的解释

我们在深度访谈中发现餐饮企业之所以餐饮价格高,还有一个原因就是食品的原材料价格高,餐饮企业突出反映的问题是供应商少、菜品品种少、价格高、食品采购没有选择性,零售商反映的典型问题:

"土鸡、本地猪肉、本地蔬菜采购困难,价格偏高""目前天堂寨大米价格高,不成规模种植,没有相应的保管储存设施""当地采购物价高""买菜品种较少,价格较高,没有选择性""菜品供应品种不齐全,价格偏贵"。

餐饮企业进一步解释了餐饮费用高背后的原因:天堂寨旅游业属于周末经济,季节性非常强;餐饮的总需求量小,并且缺少保管储存设施,夏天采购多了无法储藏,导致变质造成一定的成本,所以食品采购量小,没有进行大宗货物的规模采购;本地农产品不成规模种植;还有一个关键原因,据笔者观察,整个天堂寨所有的居民以及各个餐馆还有大量的行政单位,只有两家蔬菜粮油店供应这些消费者需要(2008年5月,2010年1月增加了1家),非常明显是供不应求,所以价格保持较高的水平。笔者尝试访谈粮油店的老板但是遭到拒绝,不过他提到曾经有几家都试着挤入蔬菜粮油市场但是没有成功,两个老板以前做长途运输生意,并且对于蔬菜粮油运输颇有心得,对于食品价格为何居高不下,其解释如下:

天堂寨食品市场需求量少、旅游者流量不稳定、旅游季节性强、蔬菜粮油不敢大量进,并且蔬菜易腐烂不耐保存、经营风险大、成本高,所以食品价格较高。

总之,企业的解释可以归纳为天堂寨本身由于气候限制农产品品种数量都比较少,食品基本以外调为主,供应商基于经营风险考虑,采购品种数量都较少,保持了整个蔬菜粮油市场处于供不应求的状态,餐馆企业由于旅游市场规模小、季节性大,不敢外出规模采购,基本依赖于有限的几个蔬菜粮油供应商,采购量小,所以价格高,再加适当利润总体餐饮价格就更高了。

(3)社区领导与居民的解释

既然蔬菜肉类在天堂寨镇有相当大的需求,天堂寨各家餐馆企业也是主打天堂寨土菜、土鸡与黑毛猪,为什么当地农村社区没有供应这些农副产品呢?在深度座谈中,我们归纳出以下2个原因:

①旅游发展规模小,空间上集中,地方经济带动能力弱,农户大规模供应成本高、经营风险大。比如居民反映：

"他(政府)发展旅游业比较集中在那一块(天堂寨镇街道至景区一带),他(政府)的口号是全镇铺开,由于景点啊太集中,旅游产业没有成规模,你们都去了你吃不饱饭,人(旅游者)太少了也不行,不成规模,大概解决不到很大的问题……"

可见,天堂寨旅游业规模小、季节性强、总体消费需求少,农户大规模种植养殖经营风险大。还有一个原因就是蔬菜种植没有实现真正的反季节种植,如居民反映：

"尽管政府也鼓励而且也宣传(大规模种植养殖),但是蔬菜都是季节性的,不是反季节的,春天你种的菜出来的时候,外地的蔬菜都上来了,你的菜就不值钱"。

目前天堂寨都没有蔬菜大棚,淡季的时候都没有,农村规模小,自然经济,基本都是外面的,农产品自然少。如果农户大规模种植养殖,经营风险比较大。比如某村书记分析：

"农产品主要一个制约就是消不掉,其实我们天堂寨的蔬菜都是外边来的,我们这个地方都是外面来的,这个蔬菜在成熟的时候在十天里就要卖掉;我们这个地方把蔬菜拉到武汉合肥,气温一高,十几个小时就毁坏;还有四季豆对山林毁坏比较厉害;四季豆要砍架,一棵四季豆要一根架子,对生态也是一种大面积的毁害,一亩要上千啊;再一个就是病虫害,四季豆一有虫表面长得就不光滑了,在外边就卖不出好价钱;农民一算成本不划算就不搞了"。

总之,旅游业规模小,带动能力弱,需求市场不稳定,目前农村蔬菜种植都是季节性,面临外来蔬菜的冲击,而且本地蔬菜与外来蔬菜季节性是一致的,无论在本地销售还是在外地销售都面临激烈的竞争,同时本地蔬菜虽然能够实现规模种植,但是品种较少,成本较高,难以满足数量少、起伏大、小品量、多批次的旅游市场的需要。

②农村土地没有实现大规模的流转,农户养殖种植规模小,数量少,科技含量低,仍旧维持在自给自足的自然经济状态,农户现代养殖种植缺少富有实效的科技知识辅导,限制了现代种植养殖在农村社区的发展。参与座谈的一个山村小学校长深入分析了这一制约山区农业规模发展的原因：

"现在目前土地流转不是很畅通,刚起步,发展比较慢,一些大户没有土地收回来，结构调整不成规模，农民被小块土地困住了，山区经济很难成规模，他种粮划不来，规模小，又费工夫，又不用机械耕种，还养一头牛，养牛花钱，还绑住一个人，不仅不赚钱还绑住一些人，所以大部分农民靠外出务工，我们这个村占60%成家出去，就老年在家，还有儿童在家"。（为什么没有参与养殖种植呢？）"现在旅游业在参与这一方面，比如说饲养黑毛猪，旅游的时候比较贵，但是季节性非常强。自然的养猪家家都有，一头小猪，都是一头小猪，主要满足自己需要，每年过年自己吃，没有成规模，外地养猪可以但是没有技术，都失败了，土办法养猪不赚钱，需要两年一年半，现代养猪但是没有技术，经常失败，土办法养猪很好吃但是不赚钱，现代养猪都是喂饲料……镇上都是买的外地猪，本地猪比较少，本地猪自己宰宰吃吃，没有卖的，有都有不卖。不光是猪肉，还有鸡、鳖、鸭都是这样，规模很小，没有规模，我们吃的都是外面的。太少了，所有吃的都是外面的，蔬菜也是外面的，旅游旺季时基本是外面的，外面的饭店蔬菜猪肉全是外面进的，自己农村的很少，主要满足农户自己需要"。

总之，目前农户土地分散没有进行集中，农村生活方式基本上是自给自足的自然经济状态，种地主要满足家庭需要，大部分劳动力外出打工，种植业养殖业也是自给自足的自然经济，成本高、技术含量低，这种方式大规模养殖无疑风险高、成本高，所以没有大规模种植养殖满足旅游业的需要。

综上所述，天堂寨餐饮价格之所以非常高是由多方面原因造成的。需求方面，旅游业规模小、季节性强，餐饮企业没有实现规模采购，仍旧依靠本地具有独断性质的蔬菜粮油店的供应，所以成本非常高；供应方面，天堂寨山区不适宜农作物的生长，本地农业经济基本上维持自给自足的自然经济状态，无法向旅游业大规模供应，蔬菜粮油基本上是外地运进，由于距离远，环节多，所以达到终端消费者偿付时候价格就非常高；自然条件的限制也造成本地价格较高，本地气候条件造成本地作物生长周期长、成熟期晚，本地土地成本与劳动力成本高，所以即使在本地生产价格也可能会相对较高。

5.8.4.2 没有地方特色

天堂寨餐饮食品没有地方特色是旅游者反映比较突出的问题，表现为"品种单一，缺少创新，一个口味，吃一顿饭好吃，吃多了觉得不行""一般饭店都没有自己的特色菜"，旅游者反映突出的问题就在菜肴偏咸偏辣，主要以吊锅的烟熏腊肉为主，缺少变化。原因在于天堂寨餐饮业与旅游业一样仍处于初创阶段，大量保留当地农家菜的本地做法，没有依据现代人的餐饮口味进行创新；还有一个原因是对本地婚庆特色菜肴借鉴不足,简单模仿外地成熟菜单中的菜品,所以才缺乏特色;还有一个重要的原因是厨师们囿于食品当地原材料的缺乏,考虑到成本问题为了维持既有利润,缺少创新低的动力。

5.8.4.3 具体餐饮问题

天堂寨餐饮食品方面的具体问题突出表现在天堂寨餐饮业规模小,缺少自己的品牌,有宰客、拉客的现象存在。中国有句谚语"民以食为天",可见餐饮部分是旅游业发展的关键,如果餐饮体验质量很差就会严重影响其他的旅游体验部分。比如某些旅游者反映,"民以食为天,吃不好就没玩了"。有些旅游者提出如下建议,"提倡政府主导统一农家菜谱"。这种政府主导虽然在一定程度上规范餐饮经营,但是会阻止阻碍餐饮业的创新、窒息食品的经营,可以指定材质与烹饪标准,但是不能规定菜谱,可见加强天堂寨餐饮业的管理对于天堂寨旅游业的可持续发展至关重要。

5.8.4.4 卫生条件差

卫生条件差也是旅游者反映出的重要问题,在旅游者对旅游地餐饮评价体系中对目的地餐饮食品卫生的关注,也印证了旅游者担心由于品尝旅游地食品得病的普遍心理,同时也与旅游地发展水平有很大关系[195],天堂寨景区尽管开发较早,但是旅游业大规模发展却在2000年以后,餐饮企业以当地居民经营的小型餐饮企业为主,天堂寨山区的特点使得当地农业不够发达,食品为外地调入为主,使得旅游者对餐饮卫生水平和餐饮产品的原真性持质疑批判态度。

5.8.4.5 餐饮服务素质低,缺少必需的接待设施

当地服务员素质主要表现在有坑客、拉客现象存在,要加强管理;接待设施主要集中反映的就是天堂寨街道上没有厕所,可见餐饮附属或辅助设施、餐饮的氛围、餐饮场所、餐饮环境对旅游体验都有重要影响。由于天堂寨街道餐饮企业比邻而居,竞争激烈,为了多多获取客源,纷纷派出自己的服务员沿街招呼客人,笔者调研期间就亲眼目睹了餐饮企业老板之间相互诋毁的场面。再一个就是天堂寨街道虽然是旅游者必经之路,但是目前仍然主要是当地居民的生活空间,没有建设旅游者用的厕所,同样也会影响旅游者对天堂寨的旅游印象。

5.8.4.6 餐饮质量与食品原真性遭质疑

在我们调研中,有旅游者反映,"天堂寨部分餐饮食品以假乱真""一般饭店都没有自己的特色菜",特别是天堂寨餐饮推出的山珍菜肴,部分旅游者强烈反映,以假乱真,以次充好,比如野兔肉,旅游者反映是家兔替代甚至不是兔肉

做成,这种对地方食品的原真性问题的质疑会影响对于旅游目的地形象及游后的口碑推荐,对天堂寨未来的旅游发展十分不利。旅游餐饮原真性对旅游地地区认同及其对旅游业的影响有待进一步深入研究。

5.8.5 基于旅游者视角的天堂寨社区旅游的参与方式

基于旅游者的角度从旅游需求的角度提出目的地社区参与旅游业有哪些方式在学术文献中鲜有研究。根据深度访谈,旅游者认为农村社区居民可以在农产品的旅游化发展、发展天堂寨本地种植养殖业、参与餐饮业、经营农家乐4个角度参与旅游业。

5.8.5.1 农产品精致化旅游化生产

针对该研究议题旅游者提出以下几种渠道:直接把农产品作为旅游纪念品进行销售;农产品精品化生产与包装;把农产品向餐饮菜肴深加工领域转化。就是对农产品进行多元化多角度的研发创新,提升它的价值与用途。比如某些乡村农家乐利用本地的新鲜茶叶,推出了茶叶水饺、鲜吃茶叶、茶香春卷等系列小吃。围绕本地特色农产品进行深层研发,比如可以请当地名厨,围绕天堂寨茭白、四季豆开发几个系列小吃;农产品直接销售到旅游餐饮企业,"当地政府应对餐饮业相当重视,对当地养殖业、种植业放宽政策,搞活农村市场,把农村种的土菜、土鸡、猪肉送到各家饭店";农产品通过农家乐直接销售,通过农家乐农业旅游活动,现场采摘现场烹饪享用,也可以做成精品包装供旅游者作为礼品带回家中。

5.8.5.2 地方食品种养殖与农业旅游的一体化协同发展

通过发展天堂寨本地种植养殖参与旅游业,即把本地种植养殖业与农业旅游观光联系起来,既丰富了旅游项目,又扩大了农业的消费市场。比如,农家乐菜园在不同的季节推出不同的时令蔬菜,满足旅游者品尝地方新鲜菜蔬的需要。旅游者多次提到应该加大对天堂寨野菜的种植与开发,"餐饮没有独特性,应加强当地野菜的种植",通过研发天堂寨野菜的营养成分与营养价值,研发出新的菜肴,肯定能够大受旅游市场的欢迎。根据不同季节不同蔬菜调整菜单,立足于当地的食品原材料,降低交通、采购成本,具有成本优势,同时加大"名优大别山深山腹地高山绿色无公害食品"的创建、宣传与产业链的培育与开发,对于实现旅游业对农业的带动作用至关重要。

5.8.5.3 经营特色餐饮直接参与旅游业

农民直接通过经营餐饮业而参与旅游业。旅游者提及应该加强餐饮多元化发展,既有豪华星级宾馆,也应该发展农民经营的特色土菜,丰富餐饮消费市场。

5.8.5.4 农户经营农家乐直接参与旅游业

旅游者越来越渴望能够品尝到当地原汁原味的新鲜的农产品与特色菜肴,所以农家乐旅游也是非常受旅游者欢迎的新的旅游项目,但是目前农家乐也面临星级宾馆的冲击,面临五一长假取消与缩短,长途客源减少,本地客源不过夜的严峻市场冲击。同时,旅游者非常希望能吃到真正的土鸡、土猪肉,吃到天堂寨农家喂养、农家采摘的食物,这对当地社区经济持续发展有益。

5.8.6 基于旅游者视角的天堂寨餐饮业持续发展的建议

针对天堂寨餐饮业旅游者从各个角度提出了各种颇有见地的建议,主要涵盖餐饮食品突出地方特色、餐饮食品立足于当地农产品原材料、尊重与迎合旅游者餐饮口味与消费偏好、餐饮业联盟化发展品牌化发展、餐饮食品推陈出新等几个方面。

5.8.6.1 突出地方特色

这是旅游者最为强调的餐饮业发展建议,包括餐饮方面提倡恢复天堂寨地方十大碗、提供地方特色的主食、加强特色,农家菜、土菜多一些,当地餐饮注意地方饮食风味,让旅游者尽可能吃到当地风格的特色菜肴,是旅游者一种享受等。地方十大碗为代表的地方餐饮可以起到一种地区认同的作用,同时可以丰富现代餐饮的菜谱。

5.8.6.2 立足当地农产品原材料

该部分主要涉及包括餐饮的价格要适当降低,可以购买当地农民栽种的绿色食品,使得菜是绿色食品,也可以带动当地农业的发展;利用自然天然绿色食品最重要;应加强当地野菜的种植;建议当地农业与餐饮业加强联系,真正做到餐饮绿色化,实现双方盈利;多开发精品土菜;最好在不同的季节推出不同的时令蔬菜等建议。旅游地餐饮业通过立足于当地采购,较之外面运进的农业商品价格较低因而降低餐饮成本,同时带动地方农业的发展。

5.8.6.3 尊重与适合旅游者餐饮口味与消费偏好

该部分主要包括要向大众化靠近,考虑全面的群众旅游产品(差异化竞争,补缺),当地食品应综合各地食品的精华,适合各地旅客的口味,饭店应根据客人的口味做菜,形成一个多种形式的饮食服务。由此我们得出一个研究假设:旅游者的餐饮偏好实际上是一个偏好谱系(从偏好家乡菜系到偏好旅游地菜系相连的连续谱),既不是有些文献提出的偏好家乡食品也不是有些作者提出来的偏好旅游地食品,实际上是可以变化的,有待进一步验证。

5.8.6.4 餐饮业联盟化、品牌化发展

餐饮业必须协同农业等其他产业的发展,才能进一步健康持续地发展,包括建立菜品批发商城,地方餐饮特色要集中布局,提供土特产集中之地,如能引进知名餐饮业入驻与本地土特色结合为最佳;把六安本地的餐饮文化推广出去,发扬地方饮食文化的特色。建蔬菜大棚,降低成本,农业方面建立基础设施,但可能产生农产品原真性问题,旅游者消费的来自本地蔬菜大棚的蔬菜与当地农民自己在天然环境里种的蔬菜还一样吗?加强餐饮业、供应商、零售商、农户、政府政策指导下的一体化产业链构建与开发,提高旅游收入在本社区经济系统中的循环,强劲持续地拉动社区经济发展,便利当地饭店餐馆的采购,为本地农民蔬菜种植户提供产品销售的场所,减少运往外地的交通成本,由本地旅游业直接带动农业的发展。

5.8.7 基于旅游者视角的社区多利益主体旅游发展的社区能力建设建议

根据上述旅游者的餐饮偏好评价和访谈信息的意义聚类,针对旅游者对天堂寨餐饮产品的原真性表现出不信任或怀疑的现实,建议构建围绕餐饮地方认同的区域战略联盟,该联盟包括政府部门、餐饮业与住宿业、旅游业、农家乐企业、农产品加工业等,围绕各个利益主体提出提升旅游者餐饮满意度水平的管理建议。

5.8.7.1 政府部门旅游发展的社区能力建设建议

建设菜品批发商城,把分散的农业种植户的供给与餐饮业大量的集中需求衔接起来,便利当地饭店餐馆的采购,为本地农民蔬菜种植户提供产品销售的场所,减少运往外地的交通成本,由本地旅游业直接带动农业的发展;根据旅游者对天堂寨土菜的偏好指导农业生产,创造天堂寨农产品、天堂寨土菜系列品牌,天堂寨本地的实践是烹饪比赛,评出某些饭店的招牌菜,起到一种引导示范作用。

5.8.7.2 餐饮业与住宿业旅游发展的社区能力建设建议

原有的餐饮文化与现在的餐饮文化并不是冲突的,而是互为补充的,既强调保留延续传统的饮食文化,也要根据旅游者的口味、主流的餐饮发展趋势进行不断地发展创新;根据不同季节时令蔬菜调整菜单,立足于当地的食品原材

料,降低交通、采购成本,具有成本优势;发掘当地的特色餐饮文化,开发天堂寨土菜,更新餐饮品种、口味、烹饪技术,既要考虑主要客源市场的饮食特点,又要强化天堂寨餐饮的地方特色和原真性。

5.8.7.3 旅游业部门旅游发展的社区能力建设建议

加强旅游目的地营销,推介区域品牌农产品和基于地方农产品的特色餐饮食品,围绕"山区绿色野菜""天堂寨无公害食品""土鸡土猪肉""天堂寨十大碗"等旅游者认知理想形象进行宣传促销,强化旅游者体验水平;降低旅游景区直观价格,优化旅游景区购物环境,加强服务培训和行业管理,优化区域交通环境,降低旅游者远距离旅游的认知形象。

5.8.7.4 农业部门旅游发展的社区能力建设建议

依据天堂寨天然资源优势大力发展野菜种植、山珍驯化与大规模种植,培育山区绿色无公害食品品牌,从野菜系列、初级农产品、土特菜品、旅游纪念品、农家乐不同层次全面加强面向旅游者的宣传促销,加强与旅游业的多层次全面融合,拉动地方农业的持续发展。

5.8.7.5 构建多多利益主体一体化的旅游产业链体系

该产业链体系集蔬菜种植、野菜规模化种植、土鸡土猪肉养殖、农副食品深加工精加工、本地菜菜谱研发、餐饮企业、旅行社与政府的组合型宣传、天堂寨名优特产、名优小吃、名优野菜系列产品开发,从整体上提升旅游发展的社区能力。

第六章
旅游发展中地方政府的社区能力

6.1 引言

正如我国实施政府为主导的旅游发展模式一样,本案例地天堂镇亦实施政府主导的旅游发展模式,所以在社区旅游利益主体系统中地方政府(官员)作为一个强势的利益主体对旅游发展的社区能力建设起着决定性作用。政府官员是地方政府权力与意志的主体与载体,所以了解各级地方政府(官员)对旅游发展的认知、旅游发展的社区能力机制(包括政府行动偏好及其社区旅游政策的影响、社区旅游政策对社区不同旅游利益相关者的影响、政府官员推动旅游空间转型的路径、以政府为主导的社区旅游决策群体的形成过程及区域影响)对于促进社区旅游的可持续发展至关重要。但是,地方政府官员作为一个人数少、旅游发展影响力大、调研接触难度大的特殊群体,难以对其实施大规模的问卷调查,同时政府工作报告、实施方案、行政工作条例是政府权力与意志的集中体现,又是较为容易获得的质性资料,所以对于研究政府(官员)旅游发展的社区能力建设这样一个相对不成熟的探索性议题,采用对政府旅游发展主管官员的深度访谈与对政府工作报告、旅游发展政策等进行文本分析,是一种可行的研究策略。所以,本部分以政府旅游发展主管官员的深度访谈与政府旅游发展有关的公文为质性研究的资料来源,采用专业的质性数据分析软件 MAXQDA,研究政府官员旅游发展的社区能力及建设机制。

MAXQDA 是一个最新的专业文本分析工具,是文本分析领域的先驱软件,具有强大的文本分析能力,不仅可以进行编码管理(译码与编码、建立编码系统、编码结构可视化、摘取编码段落)、备忘录管理(撰写备忘录、设置备忘录类型、链接文本)、搜寻管理(词汇检索、自动化编码、检索编码输出)、变量管理(建立变量、输入与输出变量、暂存文本)、可视化工具管理(文本描述、编码矩阵浏览、编码关系浏览、文本对照图),还提供了探索性程序,可以输出各个编码分类到 Excel、SPSS 等统计软件中进行统计分析。但是 MAXQDA 过细的编码系统也会造成割裂文本整体意义的缺点。本部分研究过程中综合使用质性软件与手工质性数据分析相结合进行。

6.2 地方政府部门旅游发展的社区能力建设的动力机制

本部分的目的是揭示不同地方政府的行动偏好,这种行动偏好决定了实质性的社区旅游发展政策,进而导致了社区不同利益相关者的增权与去权,同时决定了社区不同利益相关者社区能力建设的障碍,以及相应的社区能力建设的支持政策。

6.2.1 地方政府行动战略分析

由表 6-1 可知,从政府行动战略分析,市政府"坚持工业化核心战略、招商引资主战略和城镇化带动战略不动摇,以保持经济社会平稳较快发展为首要任务",县政府"始终坚持招商引资、工业发展、大城关建设三个重中之重不动摇",镇政府"继续突出招商引资、旅游发展、集镇建设三大战略"[264],市县镇各级政府之间的行动战略具有高度的一致性,就是经济发展(工业化战略)、招商引资战略、城市化战略。上级政府的行动战略基本上决定了下级政府的行动战略,同时上级政府的行动偏好也决定了下级政府的行动偏好,即使天堂寨镇考虑到当地的旅游发展的优势,在行动战略方面也基本上与县市政府的行动战略保持高度一致,比如在《天堂寨镇政府工作报告》(2008)中就强调:

"把招商引资同发展旅游经济结合起来,引导外资进入旅游接待设施、生态农业、休闲娱乐业、景点开发等,扩大招商引资领域。牢固树立招商引资是加快经济发展第一动力的观念,千方百计引进新项目、争上大项目,努力营造区域环境和投资'洼地',敞开山门,不设门槛,以资源换资金、以产权换技术、以市场换项目,多筑'凤',善引'凤'"。

为什么这三项战略是各级政府的行动战略呢？自20世纪80年代初,我国地方官员升迁标准由过去以政治表现为主变为以经济绩效为主,这种政绩激励也为地方官员发展当地经济提供了适宜的激励[265]。分灶吃饭的财政体制改革极大地激励了地方政府发展当地经济的积极性；而农业的非集体化使发展工业成为地方政府推动经济发展的首选[266]。所有发展的过程,都是资源资本化的过程。发展经济学早期关于经济发展的观点如"大推进""低水平陷阱""贫困的恶性循环"等都强调了资本对经济发展的启动作用,即便是在进入"知识经济"时代的今天,投资仍然是经济发展的首要推动者,资本及其积累仍将在未来扮演高度重要的角色,利用丰富的资源吸引发达地区的资本,实现资源向资本的转化,就成为现阶段中西部地区地方政府重要的经济政策[266]。作为经济增长的驱动器,工业化取向的政策在过去20多年的经济发展过程中是显而易见的。于是,一方面政府发展工业乃至第三产业都需要对城镇建设用地产生日益增加的需求,另一方面政府在供应城镇建设用地的过程中本身也可以获得可观的租金收入[268],所以城市化战略也是地方政府的主要战略。

由于国外地方政府实行的是社区居民的直选,地方官员的社区受欢迎程度决定其选举的成败,所以国外基层政府直接由居民直选并且为居民负责。与国外对地方政府官员评价政策评价不同,本研究区域地方政府官员(镇政府以上)是由上一级政府直接任命,所以地方官员连任成败不是由社区居民决定而是直接由上级政府决定,上级政府制定的政绩评价体系(比如招商引资、工业化战略等)直接决定了下级政府的行动偏好,这种行动偏好决定了社区旅游政策的指向与重点,有所侧重的社区旅游政策进一步决定了社区哪些利益群体获得政权,哪些利益群体遭受去权(见图6-1),最终给不同社区利益群体旅游发展的社区能力带来不同的社区能力障碍因素。本章主要研究政绩评价体系对政府行动偏好的影响,政府行动偏好对社区旅游政策的影响,社区旅游政策对不同利益群体的影响以及区域结果。对旅游发展的社区能力建设障碍因素部分将在第七章深入探讨。

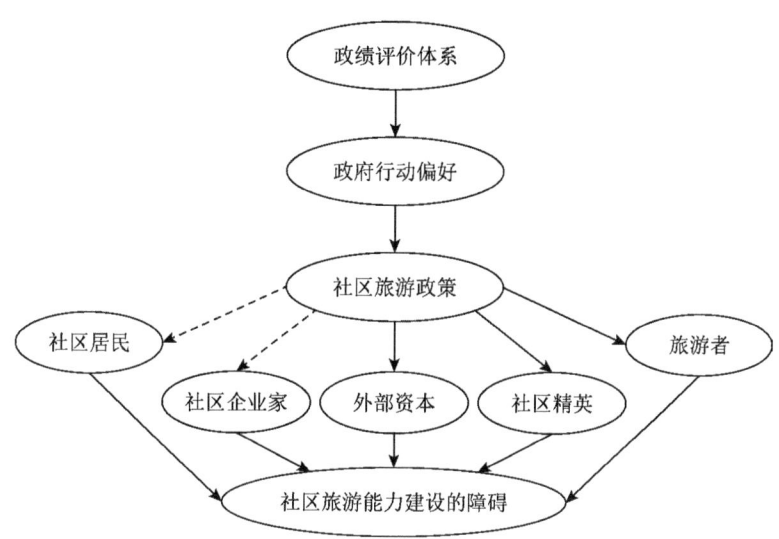

图 6-1 政府旅游政策对不同社区利益主体的影响

6.2.2 地方官员的政治考核机制

由表 6-1 可知,从政治考核方式分析,地方官员的考核基本实行目标管理,目标细分,任务层层到人,比如"以实绩论英雄、凭德才坐位子"。从考核重点分析,招商引资是地方官员政绩考核的核心与首要指标,招商引资影响甚至决定地方官员的政绩实效,"实行招商引资一把手负责制和一票否决制"。中国是中央集权的国家,中央或上级政府有权力决定下级政府官员的任命,即具有集中的人事权。周黎安研究了中国地方官员的晋升类似于锦标赛的一种晋升模式[279],是上级政府对多个下级政府部门的行政长官设计的一种晋升竞赛,竞赛优胜者将获得晋升,而竞赛标准由上级政府决定,它可以是 GDP 增长率,也可以是其他可度量的指标,比如在六安市金寨县直至天堂寨镇就是以招商引资企业数与引资额为考察干部的指标,比如"对全县乡镇(含县经济开发区、响洪甸风景区)、县直单位(含垂直管理单位)实行新引进开工建设项目个数和完成到位资金额度双项目标管理责任制"[270],超额完成任务的官员可以得到经济奖励与政治评优与提拔,比如"对超额完成年度招商引资任务的招商单位继续实行招商引资公务费补助奖励。坚持把招商引资实绩作为干部考核任用的重要依据,对成绩突出的优先提拔使用"[270],所以上级政府列定的指标决定了下级政府官员的政治升迁标准,上一级政府的行动战略对下一级政府官员具有决定性的影响,下一级政府不仅照办还要不惜一切地创造性地完成,以获得进一步的晋升。

表 6-1　地方政府行动战略与政绩考核方式

行政级别	市政府	县政府	乡镇政府
政府行动战略	工业化核心战略、招商引资主战略和城镇化带动战略	坚持招商引资、工业发展、大城关建设三个重中之重	突出招商引资、旅游发展、集镇建设三大战略,扎实推进新农村建设
工作分解顺序	(一)着力引导投资增长,努力扩大消费需求。(二)坚持工业化核心战略不动摇,全面提升工业经济水平。(三)扎实推进农村改革发展,加快新农村建设步伐。(四)推动中心城市新一轮大发展,加快城镇化进程	(一)坚持把项目工作作为加快发展的主抓手,全力主攻、强力推进。(二)坚持把招商引资作为加快发展的主战略,紧抓不放、常抓不懈。(三)坚持把工业经济作为加快发展的主引擎,做大园区、壮大规模。(四)坚持把城镇建设作为加快发展的主平台,汇聚要素、集聚人气	(一)调整和优化经济结构,提高镇域经济增量;(二)坚持把招商引资作为加快发展的第一要务,大力推进招商引资,注入镇域经济快速发展的强劲动力。(三)加强基础设施建设,增强经济发展后劲。(四)强化集镇以及精神文明创建,全面提升天堂寨对外形象
政绩考核方式	对重大决策和部署,对关键环节和重点难点问题,逐项分解,细化量化,落实到人,做到明责任、抓到位、见效果	大兴求真务实之风、真抓实干之风,深入实际、掌握实情,研究实招、讲求实效。进一步加强行政效能建设,强化目标责任管理,加大考核奖惩力度,大力改进政府管理方式和服务手段,着力提高办事效率和服务水平	牢固树立"以实绩论英雄、凭德才坐位子"和"干好干坏不一样,干与不干不一样"的良好环境

续表

行政级别	市政府	县政府	乡镇政府
招商考核方式	实行招商引资一把手负责制和一票否决制,建立重大项目领导联系制和全程推进制。各县区负责招商引资工作的一位主要负责同志和市直单位主要负责同志,是招商引资第一责任人,完不成本年度招商引资任务的,下一年度日常工作由副职主持,本人主抓招商引资	对当年没有新引进项目且到位资金无实绩的县管单位(含乡镇)年度不评优,班子成员不评优、不提拔,停发全体干部职工第13个月奖励工资或相应额度的绩效工资。对没有完成招商引资年度目标任务且年度考评居后2位的单位、后一位的乡镇给予黄牌警告,单位主要负责人在下一年度有关会议上作表态发言;对连续两年无新引进开工建设项目且无到位资金实绩单位负责人责令引咎辞职或采取组织措施	首先成立招商引资责任组,镇党政主要负责人挂帅,落实招商引资任务和责任,做到人员、机构、经费、奖励四落实,让招商引资坐上"金交椅"。其次,坚持把优化发展环境作为招商引资工作中的第一要务。坚持做到谁影响和破坏投资环境就打谁的板子,追究谁的责任。积极推行领导负责制、首问责任制、服务承诺制和失职追究制。对每一个招商引资项目都明确一名党政负责人跟踪服务;实行单项奖励并做到干部招商与年终考评相挂钩

资料来源:六政[2009]1号;六政[2010]1号;金政[2009]1号;天堂寨政[2008]1号。

公共选择理论认为,如同官僚所关心的首先是自己的利益一样,官僚机构所追求的是自身预算收益的最大化,政府和官僚的目标并不是社会福利的最大化,而是追求自己的私利[271]。虽然财税激励无疑构成地方政府行为的一个重要动力,但作为处于行政金字塔之中的政府官员,除了关心地方的财政收入之外,自然也关心其在"官场"升迁的机遇,而这种激励在现实中可能是更为重要的[279]。对于地方官员来说,晋升与不晋升存在巨大的利益差异,这不仅表现为行政权力和地位的巨大差异,而且在政治前景上也不可同日而语:不晋升可能意味着永远没有机会或出局,而晋升意味着未来进一步的晋升机会。

基于上述政府政策文本与文献佐证,本文认为工业化战略、招商引资和城镇化战略,成为各级政府的关键行动偏好[275,276],上级政府的行动偏好直接决定了下级政府的工作重点,招商引资、项目建设、经济发展、城镇化建设成为政府部门关键的核心工作(见表6-1)。这种政府工作的重点又直接决定了下级政府天堂寨镇政府的行动偏好为招商引资、集镇建设、旅游项目建设。

6.3 地方政府招商引资政策对政府官员与外部投资商的增权与去权

本部分既是回应政府行动偏好的继续分析,又是进一步解释为什么招商引资是乡镇官员工作的核心任务或者说第一要务,为后面分析社区旅游政策对不同利益相关者的影响奠定理论基础,所以本部分以金寨县招商引资的制度文本为例实证性分析招商引资政策对政府官员的影响。通过下述制度文本分析,我们提出招商引资是政府官员的核心行动偏好所在。之所以各级政府官员把招商引资作为所有行动第一要务,原因在于镇领导面临招商引资任务引致的个人、组织增权的奖励与去权的威胁(压力)。本部分以县一级招商引资与奖惩办法为核心文本,同时参照省、市相关政策参照分析招商引资政策对乡镇政府官员的影响。

6.3.1 招商引资政策对政府官员的增权与去权

6.3.1.1 政府官员的政治增权与去权

招商引资成为压倒性的考核干部的政绩的核心指标,"严格落实招商引资'一票否决'制度",也就是说如果招商引资完不成会严重影响其他的工作业绩评定。如果完成招商任务超额完成,则享受个人奖励、单位奖励、优先提拔的政治增权,招商引资成为地方政府干部晋升的核心指标。正如《金寨县招商引资办法》(2010)陈述:

"严格按照金发[2007]1号、金发[2008]1号、金发[2009]2号文件兑现招商引资奖惩。坚持把招商引资实绩作为干部考核任用的重要依据,坚持在招商引资工作中锻炼干部、培养干部、提拔干部,加大从优秀招商人员中选拔干部力度,对在招商引资工作中做出优异成绩的干部,由县委组织部优先提出考察任用意见"[286]。

但是，如果不能完成招商引资，招商引资对地方干部也有去权的威胁，包括不评优、不提拔、黄牌警告、在下一年度有关会议上作表态发言、引咎辞职或采取组织措施。比如《金寨县招商引资奖惩办法》(2011)陈述：

"对当年无新引进项目且到位资金无实绩的县管单位(乡镇)年度不评优，班子成员不评优、不提拔，停发干部职工第13个月奖励工资或相应额度的绩效工资；对没有完成招商引资年度目标任务且年度考评居后两位的县管单位、后一位的乡镇给予黄牌警告，其单位主要负责人在下一年度有关会议上作表态发言；对连续两年无新引进开工建设项目、无到位资金实绩的单位主要负责人责令其引咎辞职或采取组织措施。对无新引进项目且到位资金无实绩的垂管单位，不推荐单位评先评优，包括县级以上各类先进单位提名"[286]。

除此之外，地方政府还通过领导谈话、招商情况通报、"招商之窗"电视媒体宣传对政府官员进行相应的增权与去权，通过多方面的手段促进招商引资工作，比如《金寨县招商引资奖惩办法》(2011)陈述：

"坚持招商引资四季调度，县委、县政府主要领导每季度对各招商组调度一次，对第三季度无实绩单位'一把手'进行约谈；各招商组牵头县领导每月对本组调度一次；县委组织部、县招商局每季度对各招商分局调度一次，县招商局按月通报各招商组、招商单位、招商分局的招商情况。设立'招商之窗'电视栏目，由县委宣传部牵头，县电视台、招商局具体负责，及时宣传报道全县招商工作动态，定期开展'一把手'招商访谈活动，第一季度由招商单位'一把手'谈打算，第二季度由新引进开工建设项目单位'一把手'谈做法，第三季度由无实绩单位'一把手'作表态，第四季度由招商实绩突出单位'一把手'谈成果"[280]。

6.3.1.2 政府官员的经济增权与去权

政府官员不仅面临政治增权的诱惑与去权的威胁，还面临经济增权的诱惑与去权的威胁。经济增权方面，主要包括开工奖励、公务费补助，比如《金寨县驻外招商分局管理考核办法(试行)》规定：

"对新引进招商项目到位资金实行竣工投产一次性考核认定制度，对新进县经济开发区开工建设的1000万元以上项目招商单位给予1万元开工奖励。对超额完成年度招商引资任务的招商单位继续实行招商引资公务费补助奖励"[282]。

对不能完成招商引资任务的政府官员,则面临经济去权的后果,比如《金寨县招商引资考评奖惩实施办法》(2011)规定:

"停发干部职工第 13 个月奖励工资或相应额度的绩效工资""继续实行招商引资保证金制度,对完成年度新引进开工建设项目个数和到位资金额度两项目标任务之一的单位,原额退还其干部职工当年缴纳的保证金;两项目标任务均未完成的,当年缴纳的保证金不予返还,用于全县招商引资工作。县财政每年安排每个招商分局 20 万元工作经费,各招商组自筹招商活动经费不少于 5 万元。县委、县政府开展外出招商宣传推介、重大招商项目争取、到位资金认定和年度招商考核等工作经费由县财政专项解决"、"实行招商引资保证金制度。标准为正县实职每人每年缴纳 1000 元,副县实职每人每年缴纳 800 元,正科实职每人每年缴纳 600 元,副科实职每人每年缴纳 400 元,其他财政全额拨款在编干部每人每年缴纳 300 元"[280]。

由上述文本分析可知,政府官员面临的经济去权包括扣发工资、预交招商引资保证金、自行筹措招商引资公务费用等项目。还有一个问题就是由于县、镇以及其他单位之间权力不平等,在招商引资工作中表面上各个单位是公平竞争的关系,其实是招商引资中并不公平,比如下层行政机构在招商引资中需要自筹工作资金,而县级单位则有县财政专项经费解决,就投资商来说为了获得更大的经济利益和政治庇护,也愿意联系县级领导或关键县政府部门所领导的招商小组进行投资(天堂寨镇副镇长 C 先生),所以不同行政单位由于本身的权力不平等,在招商引资绩效方面也是不公平,这一点在后来的政府文本中得到了体现,"进一步完善考核奖惩机制,严禁凭借部门职能和权力分指标、要实绩"[280]。

6.3.1.3 政府官员的时间增权与去权

为了确保招商引资任务按时完成,对政府官员的招商引资规定了时间保证,增权方面包括确保有大量的时间进行外出招商引资,规定了外出招商次数;去权则包括必须持续在外招商引资,不准随意回来,要履行注销假制度,擅自离岗面临谈话、诫勉与撤换的去权威胁。比如:

"坚持领导挂帅招商。县四套班子领导原则上每人牵头一个招商组。招商组牵头县领导负责本组客商接待、项目洽谈、跟踪服务和协调进度。各招商组要常年开展招商引资活动。县委、县政府主要领导每年带队外出招商不少于 8 次,招商组牵头领导外出招商不少于 10 次,招商单位主要负责人外出招商不少于12次""各乡镇、县直各单位党政一把手是本单位招商引资工作的第一责任人,要确保一半以上的时间和精力用于招商引资工作""主要是对招商分局进行日常工作的督查和指导,每月至少进行3次不定期查岗。采取电话查询和实地查访相结合的方法确认在岗时间,对两日内三次以上无法联系的视为不在岗。一次不在岗的进行约谈;两次不在岗的进行诫勉谈话;三次不在岗的予以撤换""各招商分局人员实行集中轮休制度,除法定节假日外,每两个月可以回乡休息10天,休假应报县招商局领导批准。经县招商局领导批准、在县内为引资企业服务时间视为正常在外开展工作时间;如分局提前完成工作目标,经县招商局领导同意,该分局人员每人每年可增补30个回乡休息日。驻点人员离岗前和到岗后须用当地固定电话向县招商局履行请销假手续"[282]。

6.3.2 招商引资政策对外部投资商的增权

招商引资不仅对地方官员具有增权的诱惑与去权的威胁,还对外部投资商具有非常多的增权的承诺。在制度文本中各级政策都出现了对外部投资商增权的表现与承诺。

6.3.2.1 招商引资政策对外部投资商经济增权

经济增权主要表现在财税政策、土地政策、规费政策方面:财税政策包括免税、税费优惠、税费返还奖励等;土地政策包括有多种形式获取土地,同时允许土地转让、出租和抵押;规费政策包括全免或减半收取。同时对于外来投资者颁发客商优待证,保证其在市内享受一定的政治、经济待遇。这种对外部投资商的经济增权可以从《关于切实做好2005年招商引资工作的意见》部分政策文本中揭示出来:

财税政策

1.市外投资者到六安新办工业项目、农业及农产品深加工项目、城市基础设施项目、专业市场项目、社会事业项目、旅游项目,从营业执照办理之日起,3年内免征企业所得税。中外合资合作生产性企业,经营期10年以上的,从获利年度起,企业所得税实行两免三减半优惠。2.新办工业企业,固定资产投资1000万元以上的,从形成销售收入之日起,增值税地方分成部分5年内由同级财政通过安排财政支出的方式,按50%奖励给该企业。3.固定资产投资在3000万元以上的专业批发市场项目,从形成销售收入之日起,投资单位直接经营缴纳的新增税收地方分成部分,3年内由同级财政通过安排财政支出的方式,按30%奖励该企业。4.从事农林牧业的外商投资企业,在享受两免三减半的优惠后,报经批准后,在以后十年内可继续按应征税额减征 15~30% 的企业所得税。5.外来投资符合国家产业政策的技术改造项目,其所需国产设备投资的 40% 可从企业技术改造项目设备购置当年比前一年新增的企业所得税中抵免。

土地政策

7.投资企业在我市可以通过出让、转让、租赁等方式取得土地使用权,工业项目用地低于周边地区地价供应,商业性项目用地通过招拍挂方式取得土地使用权。8.投资企业依法取得国有土地使用权后,可依法转让、出租和抵押。9.高新技术产业、国际国内 500 强企业及 1000 万美元(含 1000 万美元)以上的大项目,给予一定优惠。

规费政策

11.投资规模 1000 万元以上的工业项目,建设期间,市本级应收行政规费全免,涉及投资企业必须缴纳的各项事业性收费,按物价部门规定的最低收费标准减半收取。12.投资规模 3000 万元以上的专业批发市场项目,建设期间,市级行政规费比照旧城改造收费标准一站式收取。对贡献突出的外来投资者继续颁发客商优待证,保证其在市内享受一定的政治、经济待遇[283]。

6.3.2.2 社区旅游政策对外部投资商的政治增权

政治增权主要表现在县领导定期接待客商解决有关问题;由政府指定专门人员协助办理企业审批手续;行政部门对企业检查实行向检查部门的审批制度,允许后才可以对企业进行检查;外来投资者在县域交通方面享有一些特权;如果有关行政部门遭受外来企业投诉三次有关责任领导免职或待岗;外来投资商享受一定的政治待遇,比如担任当地的人大代表、政协委员,外来投资商就会享受监督甚至影响地方官员晋升的影响力,比如地方行政绩效考核办法中就有"第十九条 依法行政考核由市依法行政工作领导组成员单位负责人带队,可以邀请人大代表、政协委员、行政执法监督员、专家学者、新闻媒体和其他有关方面的代表参加,工作人员由市依法行政工作领导组成员单位派员组成"[274]。在对地方官员考核中以及每年的市县镇人民代表大会,尤其每年政府的换届改选中,作为人大代表、政协委员的外来投资商对地方官员具有比较大的影响力。

6.3.2.3 招商引资政策对外部投资商的个人增权

个人增权主要表现在办理企业事务由专人负责办理、安排专人跟踪提供服务、县政府对外来企业挂牌保护、客商个人实行"绿卡制度"、享受就医与子女入学方面的优惠待遇、办理客商车辆通行标志,"持有标志车辆在县内发生一般违规行为,县交警、交通、公路、市容等部门只对违规行为进行纠正,不扣车、不扣证、不罚款"。在《金寨县投资环境手册》中这样陈述:

服务承诺:特事特办、马上就办。1.第一个接待投资者的乡镇、县直单位或个人,对投资者所询问的事情负责答复、联系、协调、协助,直到办结。2.对直接到县招商局咨询的,由县招商局负责联系、协调、落实相关事宜。证照办理:具有行政审批和收费的行政事业单位一律进入县政务服务中心大厅,实行"一站式"服务。由县政务服务中心及项目服务单位安排专人代办,投资者只需提供相关资料及必要费用。跟踪服务:凡来我县投资兴办企业的,由引资单位和所在招商组负责派专人为企业提供证照办理、部门协调、问题处理等全程跟踪服务。对投资额500万元以上的加工制造业项目和1000万元以上的其他项目,确定一名县领导牵头,1~2个部门或乡镇联系,派驻跟踪服务小组,实行全程跟踪服务。权益保护:一是给予挂牌保护。凡外来投资规模企业,由县委、县政府实行挂牌保护,授予"企业合法权益重点保护单位"铜牌,严禁任何部门对企业开展任何形式的乱检查、乱收费、乱罚款。对确需到外来投资企业进行检查的,除刑事案件和突发性治安案件外,必须报经县经济发展环境保护委员会办公室批准后方可进行。二是实行"绿卡"制度。由县招商局办理、公安局制发"客商身份卡"(绿卡)。凡持卡客商,任何单位和个人不得随意(案件除外)对其人身、财产、住地(包括入住的宾馆房间)等进行检查。客商凭卡在县内享受就医、子女入学等方面的优先待遇。三是办理车辆通行标志。由县纪委、县公安局交警大队、招商局办理,县公安局交警大队制发"金寨客商专用"通行标志,持有标志车辆在县内发生一般违规行为,县交警、交通、公路、市容等部门只对违规行为进行纠正,不扣车、不扣证、不罚款[287]。

这些文本内容可以与现有学术文献进行较好的参照与佐证,"旅游不仅具有巩固现有不平等社会结构的特点,还会把这种经济的不平等转化为政治上的不平等。发展旅游业不但没有使发展中国家获利,反而使发展中国家更加依附这些跨国力量,把社会中的不平等关系转移到旅游领域中来[267]。

基于上述分析,招商引资成为各级政府官员必须完成的政治任务,既面临各种增权的诱惑,又面临各种去权的威胁,所以招商引资自然就成为镇政府的行动核心。

6.4 社区旅游政策对社区不同利益主体的影响

6.4.1 招商引资导向的社区旅游政策

各级地方政府官员都在不断放大的锦标赛激励下,为了出人头地而努力。这可以很好地解释为什么中央颁布一个经济增长目标,下级政府就会竞相提出更高的增长指标,而且行政级别越低的地方官员提出的指标越高。其次,在相当长的时期内,中国政府官员处于一个非常封闭的"内部劳动力市场",即一旦被上级领导罢免、开除,就很难在组织外部找到其他工作,作为官员个人也不能随意选择退出已有的职位,仕途内外存在巨大的落差,产生一种很强的"锁住"效应,造成一旦进入官场就必须努力保住职位并争取一切可能的晋升机会[279]。由表6-1可知,招商引资是各级政府的主战略与首要任务,同时"坚持把招商引资实绩作为干部考核任用的重要依据,对成绩突出的优先提拔使用",所以镇政府就会不惜一切地加强招商引资,在《天堂寨镇政府工作报告》(2008)中这样陈述:

"把招商引资同发展旅游经济结合起来,引导外资进入旅游接待设施、生态农业、休闲娱乐业、景点开发等,扩大招商引资领域"。就景点建设方面,"招商引资开发鲍家窝天子天堂、前畈滨水公园欢乐岛、天堂寨狩猎公园、后畈水上游乐、前畈生态园示范项目,形成背靠主景区,具有我镇特色的旅游项目,以此为龙头拉动全镇旅游经济发展"[274];旅游接待服务业方面,"通过招商引资,宽松环境,初步建成以前畈集镇为主体的多功能、高品位的旅游接待中心""牢固树立招商引资是加快经济发展第一动力的观念,千方百计引进新项目、争上大项目,努力营造区域环境和投资'洼地',敞开山门,不设门槛,以资源换资金、以产权换技术、以市场换项目,多筑'凤',善引'凤'"[274]。

已有学术文献支持了我们的制度文本的解读,同时我们的制度文本的解读丰富与证实了学术文献的观点。保继刚与左冰研究发现,利用丰富的旅游资源吸引发达地区的资本,实现资源向资本的转化,就成为现阶段中西部地区地方政府重要的经济政策,为此各地方政府之间展开了激烈的招商引资"让利竞赛",甚至出现"门槛一降再降、成本一减再减、空间一让再让"的局面,使投资者从地方之间的相互对立冲突中获得了超额的回报[277]。

6.4.2 社区旅游政策对外部投资商的影响

通过这些文本的解读,我们不难发现,外部投资商对于天堂寨镇政府来说是极力吸引的对象,所以外部投资商在天堂寨社区旅游利益主体中处于优先发展的地位,并且享受一系列的政策优惠,在《天堂寨镇招商引资奖惩办法》(2010)中这样陈述:

"作为重点扶持对象,资金上给支持、政治上给荣誉、发展上给优惠,支持其把家业做大,实力做强","坚决兑现、落实招商承诺和相关优惠政策,加强后续服务,全面优化投资环境,加强对落户和意向性项目的跟踪服务,确保项目顺利实施""把亲商、安商、富商作为招商引资工作的基点,拴心留商、以情感商,确保项目招得来、留得住"[286]。

通过这些文本我们初步总结了外部投资商在天堂寨社区享有政治、经济、发展方面的特权与优先权,并且政府部门不仅对外部投资商增权,还在政策上确定了与外部投资商有矛盾群体的惩罚措施以及对外部投资商的保障措施,"坚持把优化发展环境作为招商引资工作中的第一要务。坚持做到谁影响和破坏投资环境就打谁的板子,追究谁的责任。积极推行领导负责制、首问责任制、服务承诺制和失职追究制。对每一个招商引资项目都明确一名党政负责人跟踪服务"[286]。

6.4.3 社区旅游政策对社区精英的影响

社区精英群体在社区利益群体中也处于增权的地位,表现为制度增权、经济增权、政治增权。对于社区精英群体,各种增权表现为:

"从制度、资金、人事等多方面和环节入手,建立加速发展支撑体系,支持干事的、鼓励管事的、激励敢闯敢试的,特别是把能够致富自己、带动一方的能人大户,作为重点扶持对象,资金上给支持、政治上给荣誉、发展上给优惠,支持其把家业做大,实力做强"[286]。

学术文献对于这种社会精英的增权行为进一步从理论上进行了分析。张建君通过比较苏南和温州的乡镇企业改制的不同实践,发现社区的权力关系决定了人民与政府之间、经济精英与政治精英之间不同的权力关系,解释了谁可以参与、谁被排除在外,谁的利益得到考虑、谁的利益可以牺牲[281]。在苏南乡镇企业改制中镇政府官员与原有的乡镇领导、村领导参与并且主导了企业的改制,村民与普通的企业员工被排斥在外,成为被决定对象,镇政府领导、村领导、乡镇企业高层管理人员可能还有上一级政府官员(通过接受贿赂默许或者放任了乡镇企业的改制方案与结果)的利益得到了充分的保护与考虑,却牺牲了村民、普通企业员工甚至国家的利益。苏南不透明的改制是当地倾斜的权力关系——地方(社区)政府和社区精英控制和支配了政治和经济资源、大多数人没有参与权力的必然结果。在中国,政策决策转型可以概括为从原来的政治/行政精英垄断政策决策过程的模式,逐步向社会精英参与政策决策过程的模式的转变,不同类型的政策决策模式导致了精英优势的地区差异[282]。那些在旅游业或者相关社会经济部门长期工作、经验丰富的体制精英,能够更加系统地表达自己对旅游发展的看法,并积极通过手中掌握的行政权力资源以使个人偏好得以落实[283]。可见地方精英由于掌握某些特殊的资源,其增权有可能与镇政府(领导)在处理某些资源方面形成共谋,这种共谋实际上对于普通居民来说是一种社区排斥。

6.4.4　社区旅游政策对社区企业家的影响

由于前述讨论,社区旅游政策的偏好受到这种政府行动战略的影响,比较关注招商引资,包括招商引资的企业数与引资额,而对本地企业社区企业家来说,招商引资政策的引入对他们来说是一种"去权"过程,当地政府在制度文本层面高调提出发展农家乐,比如:"按照市场需求现基本形成远村'茶、药、菜',近村'游、养、加'的产业格局""以渔潭、李家店、南河等中心村为依托,大力发展农家乐旅游"[274],但是为什么在实践中却是发展的外资引入型的单一观光游呢？本文通过一个概念模型(图4-5)进行解释,图4-5中线条粗细代表实质性的支持强度,虚线表明与社区没有建立起联系或者支持度低。政府部门对外部投资商支持度高,对本地企业支持度低,同时对目的地社区尽管存在意识形态道义上的支持,但是关联度很小。之所以存在这种差异,与地方政府的利益诉求与官员的评价机制有密切的关系,地方政府在地方经济发展中有独立的利益诉求,一是政治利益即政绩;二是经济利益,地方税收。目前地方政府评价干部的核心指标是招商引资的数额,每一个干部都有明确的招商引资任务。引入以星级宾馆为代表的外部投资商,一般投资额比较大,上缴税收多,既有利于官员顺利完成招商引资的任务,做出政绩,也能增加地方税收。还有一个因素就是外来资本能够增加政府官员本身的政治资本,因为驻地大企业老板有不少都是市县人大代表甚至省人大代表,地方官员的政治评价不是由社区评价而是主要由上一级政府进行考核,比如"依法行政考核由市依法行政工作领导组成员单位负责人带队,可以邀请人大代表、政协委员、行政执法监督员、专家学者、新闻媒体和其他有关方面的代表参加"[274],所以地方官员出于政治利益考虑从自身利益最大化的角度是维护外部投资商利益的,也就是外部投资商与地方权力的结合;而社区小企业投资少、数量多、管理难度大(见表4-30),尽管与社区经济联系大,但是也不是政府官员的利益"兴奋点",所以其宣传声势高而实际支持度低也就不言而喻了。在农家乐业主深度访谈中,多次提及办证难的问题,"在我们小的农家乐办证不好办,办营业执照,还有工商税务证,还有卫生许可证,没有证做什么都不行"。访谈中业主提到由于没有营业执照,所以就不能开出正规发票,所以尽管其服务态度好,价格便宜,但是许多高消费的"公务客人"也就不敢光临消费,这也是一个经济去权的表现。

6.4.5 社区旅游政策对社区居民的影响

6.4.5.1 招商引资导向的社区自然资源使用权的选择性分配

社区旅游政策着力于通过招商引资开发旅游接待设施、生态农业、休闲娱乐业、景点等,通过政策与规划改变社区经济资源的性质与功能,允许外部投资商通过招商引资发展旅游业使用本地山林资源,只允许本地居民通过参与旅游业发展社区经济。《天堂寨镇政府工作报告》(2008)提及天堂寨镇旅游招商项目:"加快旅游景点建设,招商引资开发鲍家窝天子天堂、前畈滨水公园欢乐岛、天堂寨狩猎公园、后畈水上游乐、前畈生态园示范项目,形成背靠主景区,具有我镇特色的旅游项目,以此为龙头拉动全镇旅游经济发展",原因在于镇政府官员都有沉重的招商引资任务,并且招商引资项目数与引资额作为镇政府一把手政绩突出的主要依据,"对全县各乡镇、县直各单位、各'三权在上'垂直管理单位按照单位类型下达招商引资任务目标。把招商引资工作完成情况作为衡量各单位一把手落实科学发展观的重要方面和政绩是否突出的主要依据。坚决执行招商引资一把手负责制和责任追究制,突出招商引资目标责任意识"[274],所以通过引进外资开发本地景点是紧要的选择。同时引进外资也能增加本地经济总量,扩大本地地税收入,引进外资开发旅游景点对于外地资本以及本地政府官员是增权,而社区居民、社区小企业是去权对象,原因在于通过把社区居民平常的林场收回国有,从生产空间划为旅游空间,剥夺了当地居民正常的农业生产活动,比如居民反映:"规划到旅游区了,沙石采取就不合理,不像往常自由了,批准你才可以不批准你肯定就不可以了,伐木不用说了,你自己生活这个地方,你肯定自己保护自己的土地吧"。

通过这些质性数据分析,这些山林资源原来由于老百姓作为生产空间使用,是居民赖以生存的资源,政府通过规划列为旅游资源后,把这些山林资源性质由生产空间转变为旅游空间,用于招商引资,另外还有国家公益林工程项目及国家自然保护区政策,都强调对生态环境保护,严禁采伐,国家政府协同地方政府通过政策剥夺了居民对原来属于自己经营林场的使用权,虽然政策宣传让居民参与旅游发展,但是实质上并没有实行居民为主导的社区旅游政策,而是配合招商引资政策采取吸引外资的旅游飞地型旅游发展政策,这种政策不注重加强与当地社区经济的联系,所以当地居民的利益被有意无意地忽视了;即使鼓励居民参与旅游,对于目前盈利性较好的宾馆饭店,本地居民缺乏资金难以参与,另外目前天堂寨镇旅游规模还比较小,居民难以参与到旅游业中来。

学术文献也有相关研究解释与佐证本研究发现。对于国家与地方政府对居民山林资源的回收,周飞舟发现,改革后政府的"圈地行为"使农民失去了"恒产",而且得不到足够的补偿,这主要是由目前的农村土地集体所有制和政府垄断一级土地市场造成的,在这种制度下,农民根本不是土地的所有者,因而也缺乏与政府就补偿问题谈判的能力[278]。在对土地征用以及集体建设用地流转问题上,政府追求的城市化目标、地方经济发展与农民的地权促进取向存在明显的冲突和紧张,从而政府无法或缺乏动机去提高农民对征地和集体建设用地流转等问题的参与和控制权力。中央政府没有以强化农民土地权的方式而是通过制定土地利用总体规划和划定基本农田保护区等行政和立法的手段来控制地方政府的寻租行为或冲动。农民的地权目标和公平性目标等价值取向对中央和地方的政策决策似乎更多地具有约束性的含义,比较难以上升为政府的优先政策目标[268]。

对于农村社区参与旅游业的失败方面,Freitag 发现多米尼加共和国政府几乎没做什么官方推动把传统行业尤其是农业或贫困的社会阶层融合进国家旅游业中,他们有一个假设就是通过国内精英和国外资本掌控的全包价旅游的开发,能够自发地促进传统产业的发展[294]。多米尼加共和国是典型的旅游业与农业缺乏联系的情况,不仅没有加强与传统产业的联系,而且旅游业还与传统产业竞争。Bryden 发现旅游业逐渐与农业部门竞争,争夺土地、劳动力和其他资源包括熟练技工与国内资本[295]。

6.4.5.2 旅游城镇化发展对居民生活生产空间的再分配

社区旅游政策着力鼓励旅游服务接待业集聚天堂寨镇街道,发展与完善镇街道第三产业总量与规模,"努力把前畈中心集镇建成大框架、多组团、功能齐备、旅游接待、休闲娱乐、政府办公、文化教育于一体的新型旅游重镇"。鼓励旅游业集聚是政府政治意图与经济意图的综合反映。政治意图方面,优先发展集镇经济与市县级政府城市化战略目标是高度一致的,通过集聚旅游服务业于城镇能够提升天堂寨镇的"旅游重镇"形象,是天堂寨镇旅游业繁荣发展的可视化体现,也是向视察领导展示镇域社会经济发展成就、展示政府政绩的常用方法。经济意图方面,鼓励旅游业集聚镇街道发展,能够扩大镇街道土地需求市场,提升天堂寨镇街道的土地价值,为镇政府征地行为提供需求市场与保障条件。征地行为,一方面政府发展工业乃至第三产业都需要对城镇建设用地产生日益增加的需求,另一方面政府在供应城镇建设用地的过程中本身也可以获得可观的租金收入[268]。有些研究认为政府征用土地的动机本身就不是为了公共目的,而是为了寻求租金最大化或者为了促进国家工业化优先发展战略进行的资本积累[286, 287]。

这种社区旅游政策的实施对居民的影响是加大了政府的征地行为,在征地的同时为了吸引外部投资商的购地行为,也改善了社区旅游生活设施,随着外部投资商参与镇政府街道的置地购房行为,大大地提升了天堂寨镇的房价。比如在《天堂寨镇政府工作报告》(2008)政策文本中就突出强调了这一点:

"坚持实施发展集镇带动战略,加快前畈中心集镇建设,努力把前畈中心集镇建成大框架多组团功能齐备旅游接待休闲娱乐政府办公文化教育于一体的新型旅游重镇";"坚决拆除旅游公路沿线有碍观瞻的破旧房屋、猪圈、牛栏、厕所、违章建筑、广告标牌,加大村容村貌整治,做好集镇美化、绿化、亮化"。

6.4.5.3 社区自然资源保护导致的山村贫困

利用本地生态旅游资源,围绕旅游业着力旅游项目的编制与推广,鼓励发展农家乐与促进地方特色农业发展,企图加强旅游业与农业的联系,促进地方经济发展。天堂寨镇本身仍是一个具有丰富生态资源的农业大镇,促进农业发展也是镇政府重要的公益目标,镇政府围绕旅游业发展,加强旅游业与农业联系的措施有:直接发展农家乐,比如"以渔潭、李家店、叶畈、后畈、水口庙等中心村为依托,大力发展农家乐旅游,提升和规范旅游接待水平";发展天堂寨镇特色农业,"着力建设茭白、西洋参、有机茶、山核桃为主体的四大特色农业。与此同时巩固和扩大高山蔬菜的种植规模,加大黑毛猪、山羊、土鸡的饲养数量,推进适度规模的菌药生产";延长旅游产业链,加大旅游产品开发力度,大力发展旅游工艺品、盆景、旅游花卉、农特产品,增强旅游综合功能;编制农业观光项目,"抓住生态旅游悄然兴起的机遇,积极编报农业观光旅游项目"。

从制度政策本身来说,通过发展农家乐、特色农业、旅游农业产品开发、观光农业项目是对农村居民的直接增权,但是仅仅有制度保障不会自动出现为山地农业的振兴局面,需要政府在便利农家乐证照办理、推进特色农业科技培训实效、培育社区中小企业直接参与或主导旅游业方面采取系列配套政策才会把这种政策愿望转变为实际事实。之所以农家乐难以办到证件,原因有二:第一,农家乐企业是社区企业,不是"外商",不在政府兴奋点之列;第二,社区企业规模小、数量多,管理难度大,容易出事。社区政策决定了在各个社区利益主体中谁可以使用资源,以什么方式使用资源,谁有权在国家自然保护区里面谋生。这种生态资源的过度保护,已经受到世界自然基金会批判,他们宣称该团体在这种地区的工作不只是保护自然,也要尝试让全球经济更能替当地人服务。

6.5 天堂寨社会行动者网络与利益博弈:空间转型的视角

6.5.1 社区外的行动者网络与利益博弈

基于深度访谈资料,我们构建了天堂寨空间权力与利益网络,进而分析不同政府机构之间的权力结构与利益博弈。省政府、林业部、国土资源部以及县市政府对天堂寨这一空间实行空间增权行为,这种空间增权方式有二:一是景区品牌资源的增权,实现天堂寨旅游空间的生产;二是行政级别的提升,实现天堂寨政治空间的生产,有助于加速天堂寨旅游空间的生产与实现。

天堂寨旅游空间的转型是多方利益博弈的结果。首先,省林业厅、省政府、林业部、国土资源部、国家旅游局、国务院多个政府机构实现了对天堂寨空间增权,这种增权可能是政府部门公益功能的表现,比如保护自然资源,这种增权的结果就是提高了天堂寨空间的稀缺性与空间价值,实现了空间增值,使天堂寨从纯粹的生产空间中脱颖而出,转向了旅游空间。其次,在天堂寨实现旅游空间转型之后,空间的增值产生了巨大的经济利益,原先是以天堂寨林场为基础转制而成的天堂寨旅游景区是金寨县主要旅游企业,某旅游集团参与了天堂寨旅游经营权的收购。某旅游集团是安徽省大型国有企业,具有浓厚的政治背景,这种收购是在各级政府的"关注"下实现的,"2004年3月金寨县人民政府与某旅游集团签订《天堂寨旅游合作发展协议》，同年 4 月 16 日移交经营权；管理处主要职能以自然资源保护和护林防火为主"[232]。政府官员是各级政府的主体，其不仅仅有经济利益诉求，更有政治利益诉求，尽管天堂寨是金寨县主要旅游企业，但是在上级政府部门的主导下，地方政府官员出于自身政治利益的考量，还是要配合完成天堂寨景区经营权的转让工作。访谈资料能够真切透露出这一信息：

"2004 年经营权转让了，原来叫安兴公司，2004 年 7 月转交安兴公司，财政厅的下属的企业，市委书记 A，建议天堂寨因为资金不足，发展缓慢，建议转交给他们（安徽旅游集团）搞，我们金寨县没有其他产业，职工后来上访，但是最后都不了了之；金寨县怕职工闹事保证：天堂寨不增加人了，保证不改制，不进人了。这个经营权交给别人去管理了，凭什么交给别人了，当时经营状况还是很好的，他们搞过来没有大的改善，当时林业经营不是很好的，旅游还是很好的。"

地方政府出于各种利益考虑，出售了天堂寨景区的经营权，但是却剥夺了天堂寨景区职工的工作与发展权，可以看出职工对地方政府代表景区出售经营权的不满与愤怒，原因在于地方政府官员其政绩评价体系不是由居民评价，而是由上级政府评价，所以其做决策时就不对当地居民负责，而是对上级政府负责。从整个过程分析各级政府对天堂寨实现了空间增值后又有属下企业参与"收割"了景区的利润，大部分利润通过旅游集团又回收到省政府手中，从事县市级政府得到了部分税收，而对于地方居民来说却是失去了工作与职位。在这一过程中市县级追求的是上级政府政治利益的许诺与反馈，镇政府在这一过程中除了遵守上级命令执行外同时收回了南河村的行政权，另外 2007 年与天堂寨管理处合署办公，又增加了地方税收，实际上对乡镇政府是一种经济与政治的双重增权。对天堂寨林场及其职工是一种政治与经济的双重去权，对安徽旅游集团所代表的外部国有资本是一种经济增权，获取了景区经济利益。

6.5.2　社区内的行动者网络与利益博弈

研究中我们发现了一个外来资本、社区精英与地方政府相互增权与利益交换的个案。我们基于深度访谈资料，认为天堂寨镇旅游协会为平台形成了天堂寨镇旅游发展决策者网络，最后讨论其社区旅游发展的影响。

6.5.2.1　天堂寨旅游企业的结构

根据利益相关者深度访谈与现场观察，发现天堂寨旅游企业有 4 种类型：

(1) 省级政府大型国有企业

由表6-2可知,国有资源有计划、有谋略一步一步地掌控天堂寨景区核心资源,首先是省财政厅所属企业投资天堂寨景区索道,掌握了景区瓶颈性关键资源;2003年安兴公司与旅游集团合并成新的旅游集团,这一步骤是公司上市,筹措资金;公司成立后第二年也就是2004年4月收购取得了天堂寨40年的景区经营权;紧接着是在景区内修建四星级宾馆,在景区关键区位掌握了景区住宿、餐饮与娱乐接待;2010年安徽旅游集团在同一个地方的两个分公司重新合并。天堂寨旅游地属于单一景点的旅游地,省属国有企业集团直接掌握了旅游地的最核心资源。

表6-2 国有旅游资本在天堂寨景区的成长过程

时间	企业所有者	公司名称	事件	掌控的社区资源	资源类型
1998年9月	省财政厅所属安兴公司	安徽安兴天堂寨索道管理公司	投资1500万元在天堂寨景区修建客运索道	景区索道	景区内交通
2003年11月	省国资委	安徽省旅游集团有限责任公司	经安徽省人民政府批准,由安徽安兴联合总公司与安徽省旅游集团有限责任公司合并重组而成的新的集团公司,是专门从事旅游和房地产开发的省属国有大型企业		
2004年4月16日	安徽省旅游集团有限责任公司	安徽省天堂寨风景区旅游发展有限责任公司	安徽省旅游集团有限责任公司与金寨县政府签订《天堂寨风景区合作开发协议》,取得天堂寨景区40年的经营权,并在金寨县工商局注册了安徽省天堂寨风景区旅游发展有限责任公司	天堂寨景区40年的经营权	整体景区经营权

续表

时间	企业所有者	公司名称	事件	掌控的社区资源	资源类型
2004年4月	安徽省大型国有企业安徽省旅游集团	安徽天堂寨风景区旅游发展有限责任公司	负责天堂寨风景区宣传促销、开发建设、旅游产品研发销售,财务上独立核算,自负盈亏	天堂寨风景区的经营和管理,天堂寨风景区开发建设与销售,旅游服务等	景区经营管理
2004年5月	安徽省大型国有企业安徽省旅游集团	安徽安兴国际度假山庄	总投资5000万元,占地面积188亩,集宾馆饭店、旅游观光、休闲度假于一体。由清华大学按四星级标准设计的综合性旅游度假酒店	景区内住宿、餐饮与娱乐	景区住宿与餐饮
2010年10月	安徽省大型国有企业安徽省旅游集团	安徽省天堂寨风景区旅游发展有限责任公司	景区公司与索道公司合并	景区内交通、住宿餐饮	

资料来源:文献[232]。

(2)外部招商大型企业

天堂寨镇上级市县政府的核心发展政策是招商引资与城镇化战略[244, 245],招商引资作为考核干部政绩的首要指标并且具有一票否决权,就是其他工作做得再好只要招商引资业绩不好也不晋升、不提拔、单位和个人不评优[280],如政策《金寨县招商引资奖惩办法》(2011)政策文本所述:

"坚持把招商引资实绩作为干部考核任用的重要依据,对成绩突出的优先提拔使用。对当年无新引进项目且到位资金无实绩的县管单位(乡镇)年度不评优,班子成员不评优、不提拔,停发干部职工第13个月奖励工资或相应额度的绩效工资;对没有完成招商引资年度目标任务且年度考评居后两位的县管单位、后一位的乡镇给予黄牌警告,其单位主要负责人在下一年度有关会议上作表态发言;对连续两年无新引进开工建设项目、无到位资金实绩的单位主要负责人责令其引咎辞职或采取组织措施"[280]。

所以上级政府的政策导向直接决定了天堂寨镇政府的政策导向与偏好,天堂寨镇政府直接把招商引资作为镇政府的第一要务,天堂寨镇各级干部都有沉重的招商引资任务:

"对全县乡镇(含县经济开发区、响洪甸风景区)、县直单位(含垂直管理单位)实行新引进开工建设项目个数和完成到位资金额度双项目标管理责任制,乡镇综合考虑规模大小、区位条件、发展基础、资源禀赋以及在编在岗人数等因素确定目标任务"[272]"坚持把招商引资作为加快发展的第一要务,牢牢抓住资源与区位优势,全镇上下一门心思一个声音,形成人人都是投资环境、个个都是招商主体的浓厚氛围""对每一个招商引资项目都明确一名党政负责人跟踪服务,对组合招商项目树立来的都是客的思想,同等对待,一样重视,主动服务,加强沟通"[264]。

由上述质性资料可以发现,由于考核招商引资的政绩主要根据项目数与招商引资额度,所以天堂寨镇各级干部为完成任务,优先招商投资天堂寨镇星级宾馆,星级宾馆建设周期短、投资数额大、企业数量少,便于管理,加之每一个招商引资企业后面都至少有一个县镇政府的领导牵头,提供服务,所以天堂寨镇的外部招商大型企业是天堂寨镇街道旅游企业的主体。

(3)政府背景的社区企业

金寨县政府和各个职能部门及天堂寨镇政府官员及其家属都有在天堂寨镇投资旅游企业的业主,涉及县人大代表、政协委员、县各个局的干部及家属、镇政府官员及家属,具有政府背景的社区企业一般都有各种正式营业执照,同时有其业主的社会资本,还往往被授予各种专属性行政资源,比如金寨县纪委指定的行政机关定点食堂,为这些社区企业带来稳定的高消费的公务客源。这些社区企业由于其家属的特有资源,可能还能够获得省属企业天堂寨旅游发展公司农家乐示范项目的优先资助,具有一定的启动资本。

(4)普通社区小企业

天堂寨普通社区小企业一般指当地居民投资的社区企业,包括商店、餐馆、农家乐、土特产零售店,这部分小企业数量多,与社区联系紧密,但是由于缺少一定的社会资本,所以往往难以获得经营执照,是天堂寨镇的非正式经济企业。

"他是办农家乐的,卫生许可证就办不到;办不到经营不合法,工商就要查你,公司来的都需要发票,哪怕吃得再好再便宜,但是你没有发票,人家就不再来"。可见这些社区小企业遭受政府的政策"去权",难以获得正式的身份,对于他们扩大业务、招揽客源都有很大的限制。

6.5.2.2 天堂寨旅游协会的权力结构

由表6-3可知,天堂寨镇旅游协会成员主要分为6级:会长、副会长、秘书长、副秘书长、常务理事以及一般会员。协会会长由镇政府党委办公室副主任担任,表明镇政府对于旅游协会或者对于天堂镇旅游业的政府主导。4个副会长中2个由省属某旅游集团景区公司与索道公司的总经理担任。其实协会会长也是镇政府派遣的常驻景区的负责衔接镇政府与省属旅游企业之间的关系,所以省属旅游集团在天堂寨镇旅游协会权力结构中具有决定性的作用。其他2个副会长一个由县政协委员担任,为TT山庄总经理,由于其最早注册了天堂寨品牌,并且无偿转交给金寨县政府,在与湖北天堂寨林场争夺天堂寨品牌所属权的时候立下汗马功劳,后被选为金寨县政协委员,其最先经营酒店,目前装修为列为三星级宾馆,同时下设旅行社,是天堂寨街道经济效益比较好的宾馆之一;另一个是在天堂镇投资较早的社区精英。秘书长由镇政府官员担任。副秘书长由县人大代表担任,是天堂寨镇TY饭店老板,其父在1992年为天堂寨镇专职人大副主席,其父花5000元买下沿街商铺,交由其经营酒店,后来其被选为金寨县人大代表(深度访谈资料)。TY饭店被金寨县纪委列为金寨县公务员定点食堂,挂牌经营,只要是金寨县领导来天堂寨视察以及上级领导来天堂寨考察无不下榻TY饭店就餐,是天堂寨街道上生意最好的少数几家酒店之一。常务理事由招商引资的大型企业总经理、镇政府官员及其家属、社区精英担任。

表6-3 天堂寨镇旅游协会主要成员社会资本

企业种类	企业性质	担任职位	个人背景
天堂寨管理处	政治精英	协会会长	镇政府兼TTZ天堂寨管理处驻景区协作中心主任
旅游景区	国有外来资本	协会副会长	省财政厅下属某旅游集团下属企业TTZ天堂寨旅游发展公司总经理
索道公司	国有外部投资商	协会副会长	省财政厅下属某旅游集团下属企业索道公司总经理
宾馆、旅行社	社区企业精英	协会副会长	DBS度假村老板兼总经理

续表

企业种类	企业性质	担任职位	个人背景
宾馆、旅行社	社区企业精英	协会副会长	TT 山庄老板兼总经理,县政协委员
天堂寨管理处	政治精英	秘书长	镇政府旅游推进办公室成员
餐馆	社区企业精英	副秘书长	TY 饭店老板,县人大代表
景区	个人外部投资商	常务理事	TSJ 漂流老板兼总经理
宾馆	个人外部投资商	常务理事	TT 度假村老板兼总经理
宾馆	社区企业精英	常务理事	FXL 宾馆总经理镇长堂弟
旅行社	社区企业精英	常务理事	TTZ 旅游接待中心老板兼总经理,原林场旅游部经理
宾馆	社区企业精英	常务理事	YF 宾馆总经理,天堂寨镇旅游管理科副科长,TM 旅游开发总公司副总经理
宾馆	个人外部投资商	常务理事	BH 宾馆老板兼总经理
餐馆	个人外部投资商	常务理事	XS 大酒店老板兼总经理
餐馆	社区企业精英	常务理事	BMF 大酒店老板兼总经理
景区	社区企业精英	常务理事	YZH 大峡谷总经理

6.5.2.3 各级政府、社区协会与企业结构的行动者网络与利益博弈

(1)省政府、县市政府、省属国有资本的利益博弈

天堂寨景区原为一个省林业厅下属的国有林场,在 20 世纪 80 年代国家国有林场林业资源利用政策调整的背景下由林业资源采伐转向林业资源的保育。省政府主要参与林场的空间增权,主要通过领导考察、增加其行政级别、规划建设、倾注品牌资本、改善交通条件、亲自参与宣传等手段把一个生产空间转变为旅游空间。随着天堂寨景区作为"华东地区最后一片原始森林"旅游地形象的推出逐渐成为一个热点旅游景区,省财政厅下属企业、省直属国有资本先后掌控了景区索道、景区星级宾馆直至最终掌控整个景区的经营权 40 年,亲自参与了经济利益的分享;由于市县政府官员的政绩考核是由省级政府考核评定而不是由社区评定,所以市县政府处于政治利益与经济利益的考量积极"配合"促使实现了这个景区经营权的转移过程。一个天堂寨林场的元老职工叙述了这一过程:

"2004 年经营权转让了,原来叫安兴公司,2004 年 7 月转交安兴公司,财政厅的下属的企业,市委书记 A,建议天堂寨因为资金不足,发展缓慢,建议转交

给他们搞,我们金寨县没有其他产业,职工后来上访,但是最后都不了了之"。

尽管从名义上是外资企业与地方政府商定的事情,但是自始至终都活跃着市县政府官员的"影子"。国有资本与地方政府之间是相互增权的:一是政治增权,地方官员的政绩是由省政府评定的出于自身政治利益的考虑积极促成景区经营权转交过程,地方政府则因为招商引资直接得到政治补偿特别是对市县政府一把手的政治补偿;国有资本给地方投资,对于急需招商引资的地方政府是一种经济增权,同时地方政府把所属景区企业经营权转交给国有资本经营,再一个经济增权是市县镇地方税收的增加。之所以市县政府积极促成景区经营权的转让,还有一个原因在于地方官员的任期都是有限期的,政府官员出于自身政治利益与政治回报的考虑都想在任期内创造政绩,至于景区经营权转让以后是一种什么效果,那是以后的事情与现任官员关系不大。还有一个原因在于目前还没有一个完善的行政追究机制,现任官员无须为以后负责。

(2)县市政府、外部投资企业、旅游协会的利益博弈

由于外部投资企业都是各个层次领导引资的,实际上外部招商企业与政府领导之间存在项目增权与利益交换的可能。外部投资企业帮助政府官员完成了招商引资任务,协助其创造了政绩;而政府官员则为外部投资企业争取各种政策利便。同时外部投资企业本身具有外部社会资本,对于社区领导来说也具有一定的价值,旅游协会吸收外部投资进入旅游协会,就把外商的社区需求由领导私人义务转变为政府公共义务。同时旅游协会又帮助各级领导"减负",协会本身引入多个大型外部投资企业本身是自身的增权行为,容易形成一种社会资本交换的人际关系平台,共同维护协会主要成员的利益,所以协会实质上形成了一个天堂寨旅游业发展的决策群体,主导着社区的旅游发展模式与导向。

(3)市县政府官员、政府背景社区企业、国有资本的利益博弈

市县政府官员及其家属直接参与了天堂寨镇旅游企业的经营行为,本身是市县政府公权力向私权力的下移,是市县政府对官员的个人经济与政治增权的表现,所以这些有政府背景的社区企业不仅有较好的客源同时又具有完善的营业执照,是对企业的一种政治增权行为,随后的结果是企业经济利益的不完全竞争甚至是寡头垄断现象,是作为经济不发达地区政府官员薪酬较少的一种经济补偿现象,同时往往导致权力的寻租现象。比如国有旅游企业优先资助某些社区企业达到一种与政府公权力的利益交换行为,国有资本获得社区政府的政策补偿,官员的个人企业则获得国有资本的实质性的补助。由此可见,以天堂

寨镇旅游协会为平台,形成天堂寨镇旅游发展的决策群体,天堂寨镇旅游发展方向是在各级政府官员、国有资本、外商私人资本、有政府背景的社区企业利益博弈与交换的结果,把社区居民看作由不同视角的群体组成对于有效的旅游规划是很必要的,这样就能充分地了解谁获得了社区去权,谁实质上被政策去权,比如政府官员、国有资本、外部私人资本、有政府背景的社区企业得到了政治与经济增权,而普通社区企业、社区居民实质上受到了社区去权的结果。居民这样描述:

"像我们全靠打工维持生活;山里什么都不能动;除了搞旅游有什么出路呢"(YTH,男)、"山上什么东西不能搞;山上也不能砍树了;都给看住了;反正光搞旅游一门;老百姓搞那个根本不找(行),对老百姓没有什么好处啊(LDD,男)"。

文献综述中提及没有从经济增长中得到经济收益的人将不支持进一步的开发,本文支持这一观点:

"对我们家下边没有什么好处,对山下没有好处,对上边基本有好处,他们做饭馆的、开宾馆的基本上经济就不一样了嘛""有利的是对街道上的靠近公路沿线的那一部分人有益,对下面的老百姓一点利益都没有,因为我们在后边的,涉及不到我们呢,我们都交通又不方便,旅游者又进不了,他们吃住在路上呢,又不可能到农村去,只能不给我们来点利益""总体上只是街道上镇政府到景区公路沿线对他的利益大,我们边线的这些老百姓有什么利益呢"。

6.5.2.4 天堂寨旅游发展的区域影响

(1)旅游业发展高度集聚在镇政府街道到景区沿线,社区旅游发展高度不平衡。

天堂寨镇政府招商引资与集镇化建设战略,造成大型星级宾馆高度集中在镇街道布局,天堂寨旅游业布局形态造成了天堂寨旅游泡(tourism bubble),这种旅游发展模式造成社区外的农副产品的外调,没有拉动社区本身农业经济的增长。比如居民在深度访谈中提到:

"好多吃的菜从六安调来的,我们当地的菜也没有用上去,当地没发展这方面;一个是农户没有种,如果没有种菜不行;即使有种的,规模少,吃不起来,太少了,所以太贵不如外面的便宜;不像外面的便宜,同时又是想买多少就买多少;当地的春天的菜少,卖便宜了不划算,卖贵了卖不出去,规模小,成本高,卖便宜就混不到钱了。实际上旅游者没有吃上当地的高山蔬菜,有的是虚的假的幌子,有的是其他乡镇的,有的是外地调进来,那从六安调进来的多了,从六安来的数量多价格便宜"。

（2）天堂寨镇旅游业产业结构单一畸形，以星级宾馆饭店为主，产业发展不均衡、不协调。

星级宾馆投资大，建设周期短，招商引资效果明显，所以在招商引资与城镇化建设战略下，星级宾馆成为天堂寨主导性的产业形态，但是旅游者急需的休闲、购物、度假、农副产品销售却非常稀缺，造成了大量的经济漏损，"现在我们单一的旅游就是观光；休闲没有，购物也没有，娱乐没有"。

（3）形成了天堂寨镇旅游经济与社区经济的二元结构，旅游经济没有与社区经济联系起来。

天堂寨镇旅游发展由镇政府主导，这是政策的名义文本，但是在天堂寨自身运作着大量的"非正式经济"或者成为"地下经济"，最主要的就是天麻种植。比如天堂寨镇街道土特产零售商接受访谈中说：

"我们这里天麻是大别山的支柱产业，给千家万户带来了很大的收入，基本上都种的，但是街道上的，旁边封山育林，没有树木就不能种，HH、SH 山场比较多，SH 树木多就能种。种天麻的大户一般的不很爱宣传，家里好多好多天麻他就不好（喜欢）讲，这个毕竟需要砍伐树木，没有树木就不能发展，做天麻必须就有树木，没有木材发展不出来""在目前种植天麻是我们这边的支柱产业，带动了千家万户，像我们这边盖楼房的、盖小洋楼的，除了出去打工的，就是在家里种天麻的，不种天麻不出去打工就盖不起来楼房。

可见尽管天堂寨镇为国家公益林，旅游发展是政府经济发展的名义文本，但是社区仍保持或者延续资源依靠性的经济产业，旅游业并没有与社区经济关联起来。

（4）天堂寨镇旅游城镇化现象明显。

城镇化战略是市县政府的优先发展战略，除了以投资拉动地方经济发展，再一个就是与招商引资、城市征地行为关联在一起，天堂寨镇旅游发展也造成了沿旅游公路沿线对居民的征地现象，强化山区小镇的城镇化现象，最主要就是星际宾馆的大量集中性地在镇街道兴建，构造了一个与社区经济联系薄弱经济严重漏损的旅游孤岛。政策文本支持了我们深度访谈结果的可信性，"共计投入 86 万元编制天堂寨旅游扶贫实验区总体规划，完成对镇滨河新区、南河农家乐项目示范区，易地移民搬迁及体验性旅游项目开发地块的控规和详规编制工作，使项目有'规'可循；投入近 150 万元，实施了 9 处 60 余亩的土地复垦置换工作，使项目有'地'可安"[274]。

第七章
旅游发展中旅游企业的社区能力

本章在深入分析天堂寨自然地理背景、社会经济地理背景、文化地理背景的基础上,运用利益相关者理论,研究天堂寨星级宾馆、餐馆、农家乐、旅游纪念品商店和更外围的蔬菜粮油店、地方特色农产品(茶叶、天麻、茭白、黑毛猪)为代表的山区农业经济面向旅游业能力建设的障碍以及社区支持政策。

7.1 天堂寨镇旅游地与区域经济联系的地理背景分析

7.1.1 自然地理要素分析

天堂寨位于大别山腹地,系长江与淮河的分水岭,淮河的主要源头,有1000米以上的高峰33座,1500米以上的高峰15座。天堂寨森林覆盖率高达96.5%,动植物资源十分丰富,生态系统保持相当完整,兼有我国山岳型风景名胜"北雄南秀"的两大特点,属于南暖温带和北亚热带的过渡区,是华东、华中、华北三大植物体系的交汇点。天堂寨有东边洼、西边洼和白马峰三大核心自然保护区,是面积为30平方公里的原始次森林地带。基于这些资源环境基础,天堂寨成为天马国家级自然保护区的核心区,同时天堂寨镇域所有林区山场被国家划定为国家公益林进行保护,根本上改变了山地村落居民的生产方式与谋生手段,由资源开采开发导向转变为资源保护导向。天堂寨属于山区,蔬菜及农产品生长期长,成熟晚,产量低,造成天堂寨镇不能大规模生产农产品以满足旅游业的需要,造成旅游业所需的农副产品大部分从区域外调入。

7.1.2 经济地理要素分析

天堂寨原为林区,主要产业结构是经济林培育与开采、稀有树种培育与栽植、中草药种植。与平原地区相比,天堂寨山地村落交通不便,出行成本高,造成商品信息闭塞,比如山油茶种植户数多,每户种植数量少,种植规模小且分散,不能进行规模收购与销售,造成天堂寨本地农产品价格高。适于耕种的土地和水源等农业资源缺乏,农作物产量低,种植成本高,造成天堂寨当地农作物与外地农产品相比价格高,没有竞争优势;山区农业由于地势起伏大,土地地块零碎,难以像平原地区一样进行大规模修建农业基础设施,造成山区农业基础设施薄弱,抗自然灾害能力差。

7.1.3 文化地理要素分析

山区文化地理要素主要是农民教育水平低下、山区通信设施不足,使得农民无法掌握足够准确的商品信息,所以容易受外部农产品收购商的盘剥;山区经济作物种植技术投入不足,农产品销售更多的是初级产品,产品深加工不足,资源优势难以转化为经济优势,经常是丰产不丰收;最关键的就是农业种植技术紧缺,造成山地农民农业投入高,经营风险大,抵抗风险能力弱,这些因素反映出山区农业发展突出的文化地理要素。

7.2 不同产业链环节视角下天堂寨旅游业与山区农业经济之间的联系

本部分利用笔者对天堂寨旅游地不同旅游利益相关者的深度访谈数据进行研究。深度访谈数据共收集21位代表天堂寨不同类型的企业数据(见表7-1),涉及星级宾馆、小型饭店与餐馆、土特产店、农家乐、旅游商店、旅行社、蔬菜粮油店、养殖与种植大户等。由于本文企图从旅游发展利益相关者的角度关注旅游业与山区经济的关联的范围与可能性,这是一个探索性议题,涉及人员多且广泛,相关学术信息少,所以适宜采用质性研究方法进行研究。本部分主要运用深度访谈法尽可能涉及所有与旅游业相关的企业群体。深度访谈经受访者同意采用录音访谈,经整理成电子文档输入质性分析软件MAXQDA进行分析。MAXQDA是一个最新的专业文本分析工具,是文本分析领域的先驱软件,具有强大的文本分析能力,不仅可以进行编码管理(译码与编码、建立编码系统、编码结构可视化、摘取编码段落)、备忘录管理(撰写备忘录、设置备忘录类型、链接文本)、搜寻管理(词汇检索、自动化编码、检索编码输出)、变量管理(建立变量、输入与输出变量、暂存文本)、可视化工具管理(文本描述、编码矩阵浏览、编码关系浏览、文本对照图),还提供了探索性程序,可以输出各个编码分类到Excel、SPSS等统计软件中进行统计分析。但是MAXQDA过细的编码系统也会造成割裂文本整体意义的缺点。本部分研究过程中是综合使用质性软件与手工质性数据分析相结合进行。

表7-1 天堂寨企业访谈数据

序号	样本名称	类别	典型性
1	夏X	星级宾馆	副总兼行政总厨,徽菜大师
2	肖XJX	星级宾馆	镇街道三星级宾馆总经理兼县政协委员
3	黄HS	街道餐馆	厨师,在数家星级宾馆工作,2008年单干
4	街道饭店餐馆TJD	饭店餐馆	街道旅游餐饮企业老板经理座谈
5	雷LZH	土特产	土特产零售商
6	汪W	土特产经销店	渔潭土特产经销店老板,旅游公路沿线收购、加工、生产、销售一体化企业
7	汪W	土特产零售商	土特产兼营农家乐
8	汪W	农家乐	有执照农家乐,具有多年经营历史,其妻为村领导
9	汪WYQ	农家乐业主	村领导兼营旅游沿线农家乐
10	兰LCH	农家乐	正准备经营农家乐业主,5月即将营业
11	吴W	纪念品商店	林场内退职工再就业
12	老板Y	旅游商店	林场职工家属兼营旅游商店
13	黄H	旅行社	旅行社总经理,原林场旅游公司经理,现经营旅游接待中心
14	黄HZZ	养殖大户	后畈黑毛猪养殖大户,黑毛猪养殖农业合作社

续表

序号	样本名称	类别	典型性
15	黄 HZL	养猪专业户	兽医兼黑毛猪养殖专业户
16	洪 HGZ	黑毛猪养殖户	偏远山村黑毛猪养殖专业户
17	吴 W	养殖专业户	小型养殖专业户,个体,没有雇佣帮工
18	黄 H	蔬菜粮油店	镇仅有的两家蔬菜粮油店之一
19	黄 HSX	中草药农业合作社	天麻中药材种植协会会长
20	蒋 J	天麻种植户	天麻种植户
21	张 Z	茶厂	村书记,后经营茶厂,有营业执照,茶厂较大规模

7.2.1 饭店餐馆视角的天堂寨旅游业与山区农业经济联系

7.2.1.1 样本企业描述分析

本次调查共调查天堂寨饭店33家,从成立年分析全部成立于2000年以后(见表7-2),也是天堂寨外来投资剧增与社区投资旺盛的时期。在2004年3月天堂寨出租经营权之前成立饭店8家;从2004年3月安徽旅游发展公司接管经营权到2007年镇处合署办公之前天堂寨成立饭店4家;2007年镇处合署办公后共成立饭店9家。天堂寨镇处合署办公后政府官员面临沉重的招商引资的任务,所以这一时期多是引进的外来投资商,数量少,投资规模较大。

表7-2 样本公司基本数据

变量	公司成立时间			回答者职位				投资主体	
类别	2000-03	2004-06	2007-08	老板	厨师	总经理	餐饮经理	个体	企业
样本数	8	4	9	19	4	8	2	30	1
百分比	38.10%	19.00%	42.90%	57.60%	12.1%	24.30%	6.1%	96.8%	3.2%

从投资主体分析绝大部分都是个人投资,只有一家(安兴山庄)是由安徽旅游发展公司企业投资,这也反映出天堂寨作为一个发展期的旅游地投资规模偏小的现实情况;从问卷回答者分布看,80%以上的填答者是老板或经理,这也反映出天堂寨个体投资者为主的饭店投资结构。

7.2.1.2 天堂寨食品采购的地理结构

由表7-3可知,天堂寨饭店食品的第一采购地为天堂寨镇当地,并且主要向两个蔬菜粮油店采购,极少量向当地老百姓采购,主要是在蔬菜上市季节老百姓采用把新鲜蔬菜送到宾馆饭店来,在天堂寨镇采购的比例在80%以上;第二采购地为六安市与金寨县,这部分主要通过委托人从六安市与金寨县捎带回来,不同食品只在比例上有些微差别,在六安市采购的比例在第二采购地中至少占40%,在金寨县城采购的比例占到30%左右;第三采购地为六安市采购,也就是说如果宾馆饭店有可能有第三个采购地的话,在六安市采购的比例至少66%以上。在深度访谈中进一步证实了这种发现,天堂寨饭店采购的食品首先从安徽合肥市周谷堆蔬菜批发市场分销到六安蔬菜批发市场,天堂寨零售商再从六安市蔬菜批发市场采购回来销售给天堂寨镇的各家饭店(天堂寨镇街道旅游餐饮企业老板经理座谈,2008年5月29日下午13点至15点)。总体而言,天堂寨食品采购是从六安市、金寨县等外地采购,但是不同的食品采购的地理结构在深度访谈中呈现几个特点:

(1)干货从黄山的绩溪(徽菜基地)规模采购。

(2)大宗商品和包装商品从合肥集中采购。

(3)禽类、水产品、干货第三采购地到湖北九子河采购。

在深度访谈中我们发现,越是规模大的星级宾馆越有可能从外地大批量集中采购,尤其是米面、干货、调料等,在天堂寨的几家星级宾馆在座谈中都表示有过大批量集中采购的事实;饭店食品采购考虑成本也会到附近地区采购特有的食品,比如到有所谓"千湖之省"、盛产水产的湖北采购水产品与禽类。

表 7-3 天堂寨食品采购的地理结构

食品采购地理结构	食品采购内容		
	第一采购地	第二采购地	第三采购地
蔬菜	天堂寨镇 84.8a	六安市 48.0；金寨 20.0	六安市 80.0
水果	天堂寨镇 92.6	六安市 43.8；金寨 37.5	六安市 66.7
肉类	天堂寨镇 93.9	六安市 42.1；金寨 31.6	六安市 85.7
禽类	天堂寨镇 93.9	六安市 47.8；金寨 30.4	六安市 66.7
水产品	天堂寨镇 92.0	六安市 52.9；金寨 29.4	六安市 66.7
调料	天堂寨镇 89.7	六安市 47.1；金寨 35.3	六安市 66.7
米面	天堂寨镇 83.9	六安市 33.3；金寨 33.3	六安市 85.7
干货	天堂寨镇 80.0	六安市 31.6；金寨 31.6	六安市 85.7

注：a 代表每一个地方采购所占的有效百分比。

7.2.1.3 天堂寨饭店食品采购的问题

(1) 天堂寨饭店采购食品绝大多数从外地调入

在深度访谈中,不少宾馆饭店都反映,"天堂寨饭店所购的菜大多从六安、叶集进货,无形中增加了成本"。在马石焦点访谈中,村委会领导也证实了这个问题,"我们吃的都是外面的,当地太少了,所有吃的都是外面的,蔬菜业也是外面,旅游旺季的基本是外面的,外面的饭店蔬菜猪肉全是外面的进的"。

为什么天堂寨农村社区当地没有向旅游业提供足够的食品呢？通过深度访谈我们发现有以下几个原因：

① 天堂寨山区农村社区仍保持自给自足的自然经济性质,山区人均占有地比较少,地块分散,不适应机械化大规模生产,更多满足自家需要,难以向旅游业提供过多的食品。"现在目前土地流转不是很畅通,一些大户没有把土地收回来,农户被小块土地困住了,他种粮划不来,规模小,又费工夫,又不用机械耕种,还养一头牛,养牛花钱,不仅不赚钱还绑住一些人,自然的养猪家家都有一头小猪,都是一头小猪,主要满足自己需要,每年过年自己吃,没

有成规模"。

②山区自然条件的限制因素,山区农作物成熟季节短,产量低;由于天堂寨镇属于国家级自然保护区内,周边都属于国家公益林,畜牧业发展受限,比如"天堂寨地处山区,平原地区农业常年耕种,山区农产品成熟季节短;山区农产品不丰富,所以价格比外面贵,产量不高,山区畜牧业养殖受限,肉类基本上外调"(主管旅游副镇长,2008年05月29日)。

③山区农村社区人力资源因素的限制,主要涉及天堂寨山区属于革命老区,革命战争时期有大量青壮年参加革命为国捐躯,目前山区农民外出打工的多,真正务农的少,比如,"革命战争时期金寨县牺牲了10万青壮年劳动力;建国初建设两大水库(响洪甸水库、梅山水库)期间淹没了10万亩良田,10万亩经济林,造成10万农民搬迁移民;农民出去打工的多,农业不是主要产业。"(金寨县旅游局副局长;天堂寨镇副镇长;景区管理委员会副主任,2008年05月28、29日)。

④知识技能与发展理念的限制,主要包括天堂寨镇种植养殖知识技术的限制,难以实现大规模科学化养殖种植,造成本地生产成本高,难以与区域外食品竞争。政府提供的知识技能培训多为走过场,效果差,农民多为单户种植养殖作业,难以聘请专业科技人员的指导。比如本地特色农产品黑毛猪,由于目前多是农户小规模养殖,满足自家的需要,缺乏对本地现有养殖技术的科学化提炼,按照现有养殖方法养殖成本高,与外地运进的猪肉竞争就没有优势。在一场座谈会中与会人员深入分析了山区农业发展的各种限制条件:

"外地养猪可以但是没有技术,都失败了,土办法养猪的不赚钱,土办法养猪很好吃,但是需要两年或一年半"。"本地的蔬菜都是季节性的,不是反季节的,春天你的菜出来的时候,外地蔬菜都上来了,你的就不值钱,本地都没有蔬菜大棚啊,冬天外地的菜上不来你的菜也都没有,农村自然的少,基本都是外面的","典型的种植大户,搞的有,成功的少,种草药的,西洋参的,见效益的少……技术培训,阳光工程,一年下来四次,讲的很简单,粗线条的,很简单的,走马观花,流于形式,形象工程,解决不了实际问题……(笔者:能不能聘请专业人员指导?)那不可能,那都是大户啊,养猪大户,种养大户,我们一家几亩,我们一家就种那么几点,那个不可能,必须有人牵头,没有资金"。

⑤旅游业自身发展的限制因素,天堂寨旅游业处于发展期,旅旅游者源还不够多;另外又属于典型的自然旅游地,旅游淡旺季明显。两方面的因素造成

天堂寨旅游的社区带动能力弱，不能吸引社区广泛的参与，农民从事农业，自然性质明显，种植养殖成本高，利润少，所以农民外出打工的较为普遍，进而影响了山地农村的农产品种植养殖的数量，所以不能大规模向旅游业供应。一个村书记深入分析了这种现状：

"老百姓的生活靠旅游，旅游发展不是全面的（旅游发展空间不均衡），绝大部分只能带动一把的，绝大部分搞不起来的，绝大部分到外面务工。我们这个地方种粮食不划算，现在山里的机械化很少，靠牛拉犁还有种子啊、化肥啊，不划算，种子、化肥、功夫，看看留下的利润；秋收的时候一看不划算，大部分出去打工，进厂的进厂，外面务工的务工，搞建筑的搞建筑；一般的夫妻都外出打工，叫爷爷奶奶看小孩，有的过节回来一下，两个人一年赚个四万……"

（2）天堂寨饭店食品采购的具体问题

天堂寨食品采购主要存在以下几个问题：采购的食品质量不高，价格偏高，数量少，服务意识差（见表7-4）。

表7-4 天堂寨饭店食品采购存在的问题

采购问题类型	具体问题	支持意义段
质量	食品不新鲜，质量不高	产品经过外运影响新鲜；质量不高，不太新鲜
价格	价格偏高	当地采购物价高，大量采购要到市县；价格较高，没有选择性；土鸡、本地猪肉、本地蔬菜采购困难，数量有限，价格昂贵；目前天堂寨大米价格高，不成规模种植，没有相应的保管储存设施
数量	数量少	土鸡、本地猪肉、本地蔬菜采购困难，数量有限；供应量少；数量不能保证；供应量少，零售商不愿提供
服务	不送货；供应不及时不持续；旺季涨价	旺季货物供不应求；旺季物品涨价；供应不及时；临时采购麻烦；不能保证持续性供应

资料来源：根据本人访谈资料整理。

基于深度访谈资料，食品采购问题存在的微观原因：天堂寨属于自然旅游地，不仅存在月份之间的淡旺季差别，还存在工作日与周末之间的差别。正如饭店食品老板所讲,天堂寨旅游业是周末经济,每周六周日旅游者比较多,周一到周五人数比较少。总体上旅游者量太少,造成饭店宾馆的食品需求也存在周日与工作日之间的需求波动,正如副镇长所分析,"目前天堂寨需求市场小,销量少,产品卖的时间长,损耗大,再加上销售人员吃住等费用,进一步提高了产品销售的成本,产品外调成本高,所以消费费用高"。饭店食品总体需求量少造成天堂寨镇街道蔬菜粮油店只有两家,这两家店不仅供应所有中小饭店宾馆还供应街道居民的蔬菜粮油需求,加之每周周末短期内存在的需求小高峰,造成天堂寨镇蔬菜粮油店长期供过于求、短期供不应求的局面,所以其食品价格、食品数量与服务意识比较薄弱。

天堂寨食品采购问题存在的宏观原因:一是天堂寨本身自然条件、自然经济性质、人力资源限制、知识技能限制等因素造成天堂寨本身未能大规模生产蔬菜,饭店所购的菜大多从六安、叶集进货,这就造成饭店所购蔬菜在质量上尤其是新鲜度上大受影响。二是蔬菜粮油店本身存在一定的进入门槛。深度访谈中发现两个蔬菜粮油店老板都有从事长途运输的经历与经验,其与大型蔬菜批发商之间存在"默契知识(tacit knowledge)",他们能够拿到较为便宜的价格,同时又有长途运输经验。据蔬菜粮油店老板介绍,天堂寨镇原先也有几家蔬菜粮油店试图经营,但都相继失败,就他们两家能够生存下来,所以这种天堂寨镇蔬菜粮油供应的"双寡头垄断竞争市场",也造成饭店食品采购存在质量差、价格高、数量少、服务意识差的问题。三是在夏秋天气炎热季节销售蔬菜也存在风险,就是一旦运进蔬菜太多,一时卖不掉就扔掉了,所以出于盈利与规避销售风险的需要,两家蔬菜粮油店销售食品都保持着适量供不应求的局面。

7.2.1.4 基于饭店餐馆利益相关者的天堂寨旅游业与山区农业联系的社区支持政策

(1)从蔬菜粮油零售环节增加农贸市场、增加批发商、蔬菜粮油零售店的数量,打破目前蔬菜粮油店的竞争局面。

(2)从蔬菜粮油生产环节增加蔬菜大棚,引导农户增加蔬菜的种植与家禽的养殖,增加饭店食品原材料的本地化供应,切实通过旅游业增加农产品需求带动地方农业的发展。

(3)从旅游者需求环节加强天堂寨旅游市场的宣传,改善交通基础设施,增加天堂寨镇旅游者到访量,平抑天堂寨周末经济的影响,比如"加大宣传力度,改善交通环境,来的多了,市场也就形成了"。

(4)从增加整个天堂寨镇农产品供应,精致化农产品生产,特色农产品品牌化及向旅游纪念品转化(采用小包装、精包装,建设精密加工厂,从农户收取稻米,现场现卖现磨,方便携带),增加天堂寨农产品生产、加工、贮藏设施,在软性服务方面,增加农产品生产商与天堂寨宾馆饭店的联系,减少流通环节,便捷农产品的流通。

7.2.2 山地村落领导视角的天堂寨旅游业与山区农业经济联系

7.2.2.1 旅游发展认知

(1)旅游积极影响的认知

天堂寨发展旅游业,以社区领导视角能够认知到的旅游发展带来的收益包括:

①给地方土特产带来销售机会,促进地方农产品的销售,比如"香菇、木耳、天麻、食用菌方面的,过去是卖不出去,通过旅游业的链条带动我们的新鲜香菇木耳我们送到旅游区基本上都能以比较好的价格卖出去"。

②创造就业机会,比如"旅游业带动相关的社会青年做导游啊到景区搞一些服务,带动地方经济发展"。

(2)旅游消极影响的认知

①旅游发展空间不均衡,造成本身市场规模小,带动社区经济发展能力弱,社区居民参与不足,MS深入分析了这个问题:

"老百姓的生活靠旅游,旅游发展不是全面的,绝大部分只能带动个把的,绝大部分搞不起来的""他(政府)发展旅游业比较集中在那一块,他(政府)的口号是全镇铺开,由于景点啊太集中,旅游产业他没有成规模,你们都去了你吃不饱饭,人太少了也不行,不成规模,大概解决不到很大的问题"。

②天堂寨属于自然旅游地,在一年周期里面有明显的淡旺季,同时在旺季的每一周里面工作日与周末之间也有明显的淡旺季,也就是旅游饭店业主经常称呼的"周末经济"。还有一种情况就是旅游季节与农忙季节的冲突,旅游业的季节性造成对社区的吸纳能力有限,影响了居民社区旅游参与的认知。比如:

"3·8妇女节的时候插秧,国庆节的时候种稻,农忙季节与旅游季节冲突了,旅游业基本上就是半年,现在就歇业了,好多都关门了,没有旅游者,真正上就半年,真正上以这个为产业也是吃不饱饭,真正以这个为产业的很少"。

③社区旅游参与知识与技能的结构性限制,包括对旅游者需求知识了解的缺乏,无法根据市场需求组织生产,造成外面农产品食品冲击本地农产品的生产,影响社区经济与旅游业联系的潜力。比如"因为整个政府,旅客来了需要什么,没有一个统计,大家还不是很了解,找不到目标啊,该搞的不敢搞"。

④交通条件不便捷的结构性限制。交通条件不便捷,旅游地社区远离旅游原材料生产地,造成了社区旅游参与的成本高昂,难以与社区企业进行成本方面的竞争,"真正有的大户办企业受好多制约,一个是交通,从外面拉来的材料到你这个地方就贵了,我在合肥我买什么东西就消费什么东西,毕竟成本低;我什么东西拉到你这个地方成本就高了"。

7.2.2.2 社区策略性的参与方式

对于社区领导对居民旅游参与方式的认知,基于我们的深度访谈资料,我们发现天堂寨居民的社区参与主要是经济方面的参与,具体参与方式为做服务员、做厨师、销售农产品与土特产品、经营农家乐、经营饭店与商店等。比如"旅游业对农村是一件好事,能推动经济的发展,一个社会能带动一部分人的就业,天堂寨开一家宾馆有打工的,要服务员要厨师啊;再一个要买猪肉啊,蔬菜啊,带动了消费市场"(YT书记,2010年01月22日)。这种参与方式与保继刚与孙九霞的研究相一致,"中国的社区参与注重单纯的经济利益诉求,追求旅游的正效应,如增加居民收入、为剩余劳动力提供就业机会、提高居民生活质量等"[19]。

7.2.2.3 社区能力建设的障碍

①旅游季节与农忙季节的重叠与冲突,"3·8妇女节旅游业忙的时候农村插秧,国庆节旅游业忙的时候农村种稻,农忙季节与旅游季节冲突了"。本研究发现与国外文献研究比较一致,在墨西哥传统的Mipa作物种植需要劳动力的高峰与旅游旺季一致,这就使玛雅农民夏天在Mipa地区和旅游区之间进行季节性的迁移以适应农业与旅游业用工需求的季节性周期[195]。

②旅游业与原有农业产业比较形成的结构性限制因素。旅游业自身带动能力弱、参与的门槛高、从事传统农业不经济,造成农民外出打工而没有直接参与旅游业。天堂寨旅游业发展并不均衡,加之有比较明显的季节性,造成旅旅游市场规模小,旅游业对地方劳动力吸纳有限,居民衡量自身参与的知识技能缺陷后,认知到参与的风险,所以决定不参与旅游业而外出打工,所以也可以理解为旅游业造成的结构性的社区排斥。正如下列深度访谈资料所言:

"旅游发展不是全面的,绝大部分只能带动个把的,绝大部分搞不起来的,绝大部分到外面务工。我们这个地方种粮食不划算,现在山里的机械化很少,靠牛,种子化肥不划算,种子、化肥、功夫,看看留下的利润;秋收的时候一看不划算,大部分出去打工,大部分外出务工;一般的夫妻外部打工"。"旅游业季节性强,要的人有限,解决不了大问题,我们人力资源丰富,靠外出务工,我们这个村占百分之六十,成家出去就老年在家还有儿童在家……""想都是想到镇上搞经营,关键是怎么搞,我们要是搞失败了,钱回不来了,钱回不来,怎么搞,旅游关键就是就那一块,太集中了,我们这个村远是不远,但是没有人上来玩,没有上来旅游的"。

③农产品参与旅游业的结构性限制,主要表现为生产、运输、储藏、销售及环境影响的各个环节,生产环节蔬菜的病虫害的管理、蔬菜在炎热天气的运输与销售、蔬菜在销售过程中的中转储藏及蔬菜在终端市场的销售,每一个环节都影响着蔬菜的质量,最终影响农民的经济利益与生产的积极性。正如YT书记所分析:

"农产品主要一个制约就是消不掉,其实我们天堂寨的蔬菜都是外边来的,我们这个地方都是外面来的,这个蔬菜在成熟的时候在十天里就要卖掉;我们这个地方把蔬菜拉到武汉合肥,气温一高,十几个小时就毁坏;经纪人在你这个地方收,收到手里拉到外边去卖;但是你得有一个气候;拉出去时间一长就腐烂了;必须十几个小时,气温一捂,就坏了;农村经纪人,原来搞经纪人,经纪人在你这个地方收,到外地卖;把蔬菜拉出去;四季豆你这个地方病虫害多;就要打农药,一打农药就不好了;在前十年六年我们这个村有个书记搞乡村蔬菜,他搞高山蔬菜;菜篮子办公室,搞一个产业链,下面的生产的生产,拉出去的销售的销售;这几年没有搞的了;一个是对山林毁坏比较厉害;四季豆要砍架,一棵四季豆要一根架子,对生态也是一种大面积的毁坏,一亩要上千啊;再一个就是病虫害,四季豆一有虫表面长得就不光滑了,在外边就卖不出好价钱;农民一算成本不划算就不搞了"。

7.2.2.4 社区能力建设的支持政策

(1)兴建基础设施,优先打通旅游环线,使金寨县城梅山镇成为旅游集散基地。打通天堂寨—马鬃岭—沪汉蓉火车站停靠站点,打通金寨县城与合武高速公路、打通县城与高速铁路沪汉蓉铁路,提升客流量。

(2)打造金寨县城梅山镇为旅游集散基地,提高综合收入,旺季旅游收入,淡季其他消费收入;延长逗留时间;提高综合服务接待能力;缓解天堂寨旅游接待问题,在交通节点建设住宿设施形成集聚。

(3)农家乐社区支持政策。制定农家乐旅游接待规范,奖励达标农家乐企业,鼓励并且引导农家乐规范经营,比如"经评估达标者奖励1000元,天堂寨有50家已经达标",在天堂寨形成南河示范点。

(4)增加当地政府面向旅游业对附近农民的教育项目,比如针对当地青年农民举办地方导游培训班,与省旅游学校合作鼓励当地初中毕业生去旅游学校学习,提高当地农民就业。

(5)推动土特产品大市场的建设。在从梅山镇到天堂寨景区沿线的段冲板栗大市场,与国庆节板栗丰收的季节正好吻合;青山镇朱塘茶叶大市场,采茶时间正好与五一黄金周吻合,促进了这些农产品的销售。

7.2.3 农家乐视角的天堂寨旅游业与山区农业经济联系

7.2.3.1 农家乐旅游发展的结构性障碍

(1)节假日改变造成的结构性障碍

①旅游季节性加剧。天堂寨景区属于山地旅游地,受气候影响季节性明显,"正在搞经营的面临的一大问题就是客源,这是一大问题;"五一"在我们这个地方山清水秀,花啊树啊都是鲜活的时候;"十一"就枯萎了没得看了"(YT农家乐老板H,男)。除此以外还受客源地假日结构的影响,我国原先假日结构为五一劳动节、十一国庆节、春节放假七天假日,这种节假日实际上是居民集中性的休闲,就旅游景区将产生一个旅旅游者流的短期客流的高峰,在天堂寨旅游接待量有限的情况下就会产生旅旅游者流的"溢出"现象,恰好位于旅游公路沿线的农家乐可以接纳这部分"溢出"客流,给农家乐短期内带来较好的旅游收益;2007年12月17日国务院取消"五一"黄金周,改为放假一天,将清明、端午、中秋增为法定假日,加上原有的元旦,5个假日允许周末上移下错,形成5个三天的小长假。节假日调整后对农家乐社区小企业来说原先的那种短期溢出高峰客流就被"平抑"掉了,加之天堂寨本身已建有大量星级宾馆足以吸纳这种"平抑"后的旅游小高峰,"我们做生意在2005—2007年很忙,早上忙起来直到一晚上成夜都休息不了;从节假日一调整就差了,国庆节前七天人少;来的近的人就往家赶,来的远的人节假日时间短就不来了;今年来的就比较少"(YT农家乐老板H,男)。

②客源结构发生变化。节假日调整后天堂寨旅游接待不仅客源总量减少,

客源结构也发生显著变化,就是长途客源锐减,周边短途客源增加,短途客源受节假日减少影响,在旅游地过夜逗留的人数大为减少,造成天堂寨景区沿途农家乐旅游接待量直接减少,"前几年北京都来了,现在没有了,现在南京比较多、武汉的比较多"。

③旅游模式变化。节假日调整后天堂寨旅游接待不仅客源总量减少、客源结构变化,还造成旅游者旅行模式发生变化,其中就是长途客源减少、短途客源增加,短途客源在旅游景区过夜数减少。由于时间有限,旅游者出于旅游收益考虑往往倾向于在多景点目的地旅游,对于天堂寨这种单一景点旅游地旅行成本非常高,到访率就大为减少,直接造成天堂寨农家乐不仅旅游接待总量减少,而且旅游餐饮接待消费也大为缩减。正如农家乐老板在深度访谈中所言:

"五一取消了,假期短了,人家就不想进来了。一家出去玩,想多玩几个景点,我们这个地方景点少了,长途不划算,短途一般就跑在路上了,玩不过来了,一放假在家里县休息一下,去头去尾只休息一天;两三天假期就过去了,前后休息一天"。

(2)农家乐投资规模产生的结构性障碍

本研究选择了农家乐准备经营者、农家乐经营者、农家乐多年经营者作为深度访谈对象,目的在于考察不同旅游经营周期的农家乐企业家面临的结构性障碍。

①对于准备经营农家乐的企业家,面临的主要障碍:

一是经营障碍,指投资规模大及从其他产业向旅游经营人员转化面临的障碍。正如准备进入农家乐市场经营者反映:

"我们的理想就是开一家农家客栈,还没有装修,目前已经花了16万,之前只有6万元,外面欠账比较大,空调彩电还没准备好。先生一直搞建筑,给人家盖房子,我们对旅游业还不了解,很困难,慢慢学,很困难的……银行利息多,我们借钱;这个旅游经营的技术我们不懂,我们慢慢学嘛;没有给我们提供技术支持"。

由资料可以发现,初步进入农家乐市场对于农村居民本身来讲需要较高的初期投资成本,由于普通居民对于旅游市场、旅游业经营不太了解,实际经营中将面临非常大的经营风险,"一般只能等客上门,而不会到门外迎接客人进来"。

二是旅游接待信息技能障碍,旅游业是一个服务性非常强的第三产业,提供优质的旅游服务要求比较高的服务技能,特别是对于引资客源更需要详细而

专业的信息,而这些对于身在偏远山村的农民来说都是一个非常高的挑战,所以其经营风险也就非常高了。正如一个农家乐老板所言:

"信息方面比较闭塞,再一个不怎么了解旅游最基本的知识,服务还不能跟上,服务技能还需要提高。不过镇里面也搞培训班也搞学习了,不过有时候时间紧张,有些知识一天还是学不到的"。

三是旅游宣传与产品销售障碍,旅游业与其他服务行业一样要求购买服务的客源必须到旅游目的地来接受与消费旅游服务,所以招揽客源对于以前没有旅游市场宣传经验的农民就是比较大的挑战,没有足够的客源即使服务再好也会失败。再一个就是受山区交通条件所限,身在农村的农家乐难以吸引足够的外地优质客源,直接影响经营的成败。比如农家乐老板分析:

"下面(政府)叫老百姓搞农家乐,搞不起来,交通不便,他们一个团队来了之后农村接待不起来,他只能住宾馆饭店接待,搞个农家乐,老百姓怎么联系客源,我们尝试过了,我们小组搞起来两家农家乐,搞起来他也没有人来。旅游者不知道,你也联系不上,即使你搞了,你也联系不上客源,缺乏联系中介"。

所以迫切需要地方政府与旅游组织提供相关的一体化的综合旅游经营知识的辅导。

②对于已经进入农家乐经营的社区企业家面临障碍:

一是知识障碍。不仅面临从传统第一产业知识重新转型为旅游接待业的专门知识,同时由于独立经营企业还需要掌握旅游宣传、旅游接待、旅旅游者源的外联很多专门知识,才能进一步正常运作一个农家乐企业,农家乐业主反映:

"刚开始就是讲几乎没有困难,经营起来就有困难。这个旅游业不容易做,店面大了没有太大投资,店面小了客人来了你住不下;基本就这个问题,你既然做旅游业的,做旅游业投资小了不行,投资大了不可行"。

二是经营规模障碍。由于农家乐企业多是中小企业,受投资规模限制一般规模较小,面对短期高峰旅旅游者流则不能实现大规模接待,所以不能产生显著的经济效益;如果客流少,则由于初期的大规模投资产生了"沉没"成本;还有一个问题就是旅游宾馆设施老化比较快,需要持续的投资更新设施。

三是服务规范障碍。经营的小企业需符合最起码的旅游接待服务的规范,不然就是"人家来了挑三拣四的",也就是说既然经营服务接待业必须达到一定的要求,而这些对农家乐企业来说也是很大的挑战,既面临客源市场的选择,又面临同业激烈的客源竞争,所以进入农家乐市场的企业家感到"刚开始就是讲几乎没有困难,经营起来就有困难,这个旅游业不容易做,服务行业不容易做,旅游业相当难做"。

经营多年的农家乐企业家认为现在进入农家乐市场要求接待设施要达到一定的接待档次,所需投资更高,所以经营风险也将更大,正如农家乐业主分析:

"现在刚经营的给我们前几年起步难度还要更大,现在装修房子投资更大,要跟上现在的档次,档次高了没有客人更不划算,低档次没法做,档次低了吸引不来客人,你先拿个几十万做旅游业那又没人,靠房子过日子肯定不行"。

还有就是经营多年的农家乐业主,其经营的农家乐并不是其主业,他们还有自己的工作,农家乐是其辅助性家庭企业。不过本研究发现也与外国的研究相一致,即与第三世界国家小企业不同的是西方国家的家庭旅游企业其经营收入通常都是补充性的[301]。

(3)旅游业空间结构产生的结构性障碍

①天堂寨单一景点旅游地产生的结构性障碍。天堂寨旅游地属于单一景点的旅游地,所以旅游者逗留时间比较短;天堂寨又距离主要客源城市比较远,所以天堂寨旅游属于"旅长游短",很多旅游者如果坐索道几乎当天就可以离开天堂寨,所以在天堂寨过夜的人数在逐渐减少,直接造成农家乐旅游接待量的减少。景区农家乐业主反映:

"天堂寨景点太少,种类单一,只能看下瀑布,导游为钱,说这点路不好走,带人坐索道,索道挣钱,导游挣了钱,3个小时旅游全部搞定,旅游者当天就走了。搞旅游每个地方就应该多发展景点,旅游就是一条线,难以成面"。

②由区位优势造成的替代性竞争。在天堂寨旅游业发展之初,天堂寨镇旅游宾馆饭店数量较少,进入20世纪90年代末地方政府在招商引资压力政策下大力引进外资兴建高级别宾馆饭店,镇街道旅游接待容量迅速增加,所以旅游者在镇上住宿的人数就多了,相应地在YT村等这些旅游公路沿线的农家乐住宿的人数就大为减少,这种同业替代性竞争直接造成天堂寨农家乐接待人数的迅速减少。农家乐业主反映:

"今年来的比较少,那时候镇上宾馆饭店少,我们这个早晨起来一忙,到晚上都休息不了了;现在镇上接待量大了,宾馆比较多了,同时旅游时间又来得分散,原来"五一""十一"两个长假来的人多,来的比较集中,那时候镇上接待量比较小,住不下就住我们下面,吃住下面的比较多。现在时间比较短,周五来周日下午回去,时间一分散,天堂寨的接待量就大了,我们在这里吃住什么都便宜,但是他那里热闹;他们来我们住感觉这个地住的地方不太安全"。

(4)政府政策与配套服务产生的结构性障碍

正如本文第六章分析,天堂寨地方政府面临沉重的招商引资任务,在市县政策的主导下招商引资成为天堂寨镇政府主要的旅游发展政策,所以政府官员出于政治利益考虑优先吸引外地投资商在天堂寨经营旅游业,而外地投资商出于经济利益考虑在天堂寨街道主要投资高星级宾馆饭店,大企业数量少、投资大、容易管理并且投资商往往具有某些社会资本,而社区旅游小企业投资少、数量多、管理难度大并且业主往往是普通的社区居民,最关键的是社区企业的投资不属于招商引资额与项目数统计的范围,所以政府的社区旅游发展政策造成对社区旅游小企业的政策去权,最明显的就是农家乐经营执照非常难以申办:

"他是办农家乐的,卫生许可证就办不到;办不到经营不合法,工商就要查你,公司来的(旅游者)都需要发票,哪怕吃得再好再便宜,但是你没有发票,人家就不再来。没有经营许可证就没有正规发票。这个办证大约需要6~7个部门(卫生、工商、体验医院),建议应该由旅游部门牵头统一办理许可证,我前几年问了一下大约需要六七个部门,没有证,到工商注册不了,你只能办大宾馆;但是农家乐比较实惠,原汁原味,更能体现天堂寨的特色"。

(5)农家乐发展的结构性障碍制约机制

扎根于深度访谈资料与前述分析,我们构建出天堂寨农家乐发展障碍的结构性制约机制。天堂寨农家乐发展的结构性障碍有4大外源性影响力量,即国家节假日政策的调整、企业投资规模、由旅游地空间结构衍生出的宾馆与农家乐的替代性竞争及地方政府旅游发展政策,这些外源性变量通过接待设施、客源结构、市场准入与支持政策,以及经营区位优势直接或间接影响农家乐企业的接待效益。

①国家节假日政策的调整,通过加剧自然旅游地的季节性、改变旅游地客源结构与旅游者的旅行模式共同影响农家乐的接待效益,同时旅游地季节性与旅行模式的改变会产生叠加效应,进一步强化或加剧了旅游地客源结构的改变,进一步冲击农家乐的接待效益。

②企业投资规模会通过农家乐提供的客房数量与档次直接影响农家乐的接待效益,也会由于客房数量尤其是客房档次的差别影响其接待的客源结构进而影响其接待效益。

③由旅游地空间结构衍生出的宾馆与农家乐的替代性竞争。天堂寨属于单核心(景点)旅游地,距离景区越近的宾馆饭店相应地其房价也就越高,会直接对农家乐产生替代性竞争,通过大量吸纳旅旅游者源在天堂寨旅旅游者源总量一定的情况下实际上减少了农家乐的接待量,进而影响了农家乐的接待效益;由于天堂寨只有一条道路进入景区,不可避免地由于区位问题会造成农家乐分布于天堂寨镇下面的沿线农村街区,由于这些农村街区不是旅游的最终目的地或者说仍是过境地,所以其旅游接待"滞阻效应"难以与天堂寨镇街区宾馆饭店相比,两个方面都通过接待设施的区位影响农家乐的接待效益。

④地方政府旅游发展政策。天堂寨镇政府的旅游发展政策由于受市县级政府政策的影响其实质性政策重点为招商引资、集镇化战略,这种政策重点会通过设定市场准入门槛与提供有差别化的社区支持政策造成农家乐企业难以获取相应的市场进入证件与经营执照,使得很多农家乐企业处于非正式的地下经济状态,无法与提供正规发票的同业星级宾馆竞争,直接影响农家乐的接待效益;也由于政策的差别性支持造成农家乐无法接待公务旅游者源与公司旅游等优质旅游者源进而间接影响其接待效益;同时也由于政策差别性支持使得社区农家乐小企业面临资金、人力、旅游接待与经营管理知识技能、旅游产品宣传与营销、客源外联与组织等一系列的发展障碍,使得农家乐企业难以发展扩大经营规模,举步维艰,经营风险巨大,直接影响其竞争能力与接待效益。

7.2.3.2 农家乐旅游发展的社区支持政策

基于前述分析,天堂寨农家乐旅游发展的社区支持政策包括:

(1)改变以招商引资为首位的政绩评价体系,在评价体系中引入振兴社区居民民生生活的评价标准,鼓励在天堂寨当地发展以农家乐为主的社区旅游中小企业,简化经营许可证的手续,可由旅游部门牵头各个职能部门采取一条龙服务的办证方法,批准具有经营规模、经营经验的农家乐。

(2)景点建设方面,除继续发展天堂寨主景区以外,根据天堂寨资源禀赋重新规划建设新的景点,引导旅游业均衡化发展,提高各个农村社区的旅游参与机会,平衡不同农村社区的旅游收益。

(3)对于不同阶段的农家乐企业提供经营许可证申办、旅游贷款、企业宣传、旅游接待、企业经营管理、旅游组织与外联等方面的一条龙社区旅游知识技能培训与辅导,建议引入有经验的当地社区企业家直接参与社区小企业的辅导,提高社区支持的实效。

(4)打造天堂寨农家乐旅游品牌,为天堂寨农家乐小企业打造统一的宣传营销的网络平台,统一宣传统一营销,初步构建社区旅游小企业的预订系统,并且把旅游网站链接到主要旅游门户网站。

7.2.4 种养大户视角的天堂寨旅游业与山区农业经济联系

7.2.4.1 种养大户对旅游发展的认知

(1)天堂寨旅游业发展的空间不均衡。由于天堂寨属于单一景点旅游地,同时进入景区只有一条道路,旅游业布局除了主要分布在天堂寨镇街道与景区以外,有少量的沿旅游公路布局,所以仅对周边农村社区有辐射作用,较远的农村社区实际是不能参与到旅游业中的。比如养殖大户反映:

"有条件发展旅游业的地方,我们这里也就是顺公路沿线,带动一点,有点效益,宾馆有点效益,卖点菜,但是远的十里二十里的,他们就没有收益,像十里二十里的山区,就没有效益了,只有发展山区经济作物,不能片面的一刀切,旅游业不是所有的都适合发展"、"天堂寨旅游对旅游的周边地区老百姓带来了一定收入,但是天堂寨旅游区的线路不是那么太宽,带来的效益就是旅游的沿线,周边地区暂时还没有得到什么好的效益,很狭窄一块,周边地区还没有辐射到"。

(2)旅游业与社区经济没有建立实质性的联系,饭店餐饮业没有向当地农村社区采购农副产品,农村社区也没有向饭店餐饮业供应农副产品,旅游业与山区农业经济形成了各自运行的二元经济,所以天堂寨旅游业形成了"旅游孤岛"[26],成为一个飞地性旅游地。土特产商受访者反映:

"现在好多从黄山搞过来的,吃的还不是我们这里生产的,从外地运输过来的,木耳香菇还不是我们当地天堂寨产的,还是其他乡镇产的。好多吃的菜有的从六安调来的,我们当地的菜也没有利用上去,当地没发展这方面。一个是农户没有种,如果没有种菜不行;有种的规模少,吃不来,你太少了,太贵不如外面的便宜。外面的便宜,同时又是想买多少就买多少。当地的春天的菜少,卖便宜了不划算,卖贵了卖不出去,规模小,成本高,卖便宜就混不到钱了。我们这里的菜打药了人家不愿意吃,不打药要生虫子,实际上旅游者没有吃上当地的高山蔬菜,有的是虚的假的幌子,有的是其他乡镇的,有的是外地调进来,那从六安调进来的多了,从六安来的数量多,价格便宜"。

刘爱利、刘家明与刘敏等总结出度假区飞地带来的五大负面影响效应,即正规旅游企业对旅游摊点的排挤、经济漏损、当地社区居民与旅游者沟通联系受限、当地社区居民就业机会少和就业层次低、外来资本取代社区对旅游发展的控制权[25]。由本文质性研究可以发现天堂寨外来资本取代了天堂寨社区的旅游发展权,由于外部产品的冲击天堂寨旅游经济收益的漏损严重,还有就是天堂寨农村社区与天堂寨旅游企业联系非常少,在同一个社区中却形成了各自独立运行的二元经济体。目前社区旅游参与主要局限于天堂寨宾馆饭店做服务员和向宾馆饭店零星地送一些吃不掉的时鲜蔬菜,社区就业机会少,就业层次低。另外本研究与已有文献不同,还发现一个新的问题,就是旅游目的地的孤岛效应影响旅游产品的原真性,由于旅游者到达旅游地旅游的短期性与即时性,不可能识别区分出当地原汁原味的农家品菜肴与外地运进农产品菜肴的真实性,所以在飞地型或孤岛型旅游地刻意制造出一些虚假的所谓的特色农家品,影响了旅游体验的质量,同时也再一次验证了旅游体验是一种多层面的人为构建出来的地方知识的本质[302]。

(3)天堂寨农村社区未能向旅游业提供农副产品,原因可以从两个方面分析:一是饭店方面食品采购强调成本核算,所以从控制成本考虑也不会向当地农村社区采购农产品,"一般的我们卖给饭店的少,饭店为了挣钱,他们那里猪肉哪里便宜他们买哪里的,毕竟市场上有常卖猪肉的,他那里方便,有的在当地集市买,有的从六安带的"、"饭店自家养猪,一般不买或者饭店买的少,从当地买的少,从街道买运进的,外地的白毛猪,品种便宜,买外地的便宜";二是从当地农村社区分析,天堂寨位于国家自然保护区内,山场属于国家公益林,对于居民山林资源的使用管制严格,所以当地居民遭受社会排斥,最理智的行为就是外出打工或者生产当地高利润的天麻、西洋参等山林经济作物,而没有种植养殖蔬菜与家禽,还有一个问题就是山地农村居住分散,对于宾馆饭店对农产品需求的种类、数量缺少了解,难以供应适销对路的农产品,所以并没有向旅游业供应足量的农产品。养殖大户反映:

"我们这一个山区居住比较分散,因为农业特色特产的东西掌握不住旅游每天能来多少客流量,每天能有多少旅游者,能在旅游市场让旅游者了解天堂寨有什么,吃到什么,我们掌握不住每天的客流量,让外地旅游者了解有点什么特色的东西,有点什么能够看到的东西,掌握不到,信息很重要,边缘山区农村老百姓经济基础不太好,想发展的项目受资金的限制没有办法发展,发展不是太好"。

7.2.4.2 种养大户社区旅游发展障碍

基于深度访谈资料,本文发现种养大户社区旅游能力建设面临如下障碍:

(1)资金障碍

天堂寨种植养殖大户多属于社区小企业,大多是社区居民,大规模种植养殖不仅需要种植养殖设施,还要购买昂贵的种苗,再加上各种人工费,需要大规模的投资,对于普通山区居民来说种植养殖面临的首要障碍因素就是缺少投资资金。比如受访者反映:

"大范围养关键要投入,占资金,一只羊几百块钱,需要两年才能卖,50只占不少钱,小了不能卖,卖就不赚钱,养大了才能赚钱,同时还有生病的,肯定有生病的,有是肯定的,养羊需要大规模,养少了成本将不下来""2008年请兽医,一头猪花好几百,资金不足,条件不够,有小额贷款,贷过小额贷款,最多5000元(政府贴息,无息贷款,少数人得到,贷款数额少,养殖不了几头)""西洋参是2007年种的,西洋参主要是种植的技术,再一个就是成本,成本太高了,我种了60斤,一斤6000个苗,以后成功不多,最后剩下的300多斤,种苗卖不出去的,只讲值钱但是没有人要,1万棵的苗就是5000元"。

(2)技术与信息障碍

与山区原有小规模自然经济不同,大规模养殖种植依靠的是先进的种植养殖技术及各种信息。比如农民反映:

"我们掌握不住旅游每天能来多少客流量,每天能有多少旅游者,能在旅游市场让旅游者了解天堂寨有什么,吃到什么,我们掌握不住每天的客流量,让外地旅游者了解有点什么特色的东西,有点什么能够看到的东西,掌握不到,信息很重要"、"我们这个合作社发展比较难,我们技术上掌握的了解也不是很透彻,西洋参、菊花、橘梗、丹参这些东西我都种了,那年雨水多了,都死掉了,排水不畅。种植信息挺重要的,主要的缺少有经验的带头人,如果有自己呢有技术的带头好带些,西洋参还不知道往那里卖,亳州肯定有买的,你卖的少没有多来回收"、"欠发达地区有很多麻烦,行业发展信息是预测不准的,信息不是那么丰富,信息量太小,无论你发展什么,你需要外面的材料成本太高,你卖出去成本太高,你按照外面的出售你赚不到钱,你按照他价格出售你是亏本的,我还在彷徨到底怎么发展"。

由这些质性资料可以发现,山区种养大户技术与信息方面面临一系列的障碍,包括旅游市场信息、旅游接待信息、种植养殖技术、经营管理技术等,这些障碍造成山区种植养殖大户面临很高的经营风险,所以造成山区经济脆弱,太依赖外界人力、知识、信息、技术、资金的制约。

(3)经营管理障碍

天堂寨种植养殖大户面临在投入运营后的经营管理的障碍,比如如何扩大规模而又降低生产成本,决定着种养大户的经济效益。比如种植养殖大户反映:

"养猪的多但是数量少,规模小,价格上不去,成本降不下来这是主要的问题"、"种的西洋参种了之后还没有地方销售,西洋参没有签过销售合同,政府提供的信息,种植信息挺重要的"、"卖不到现钱,有赊欠的,现在猪价格降了,成本没有降价,现在饲养没有降价,成本很高"。

(4)销售障碍

目前天堂寨由于地处偏僻山区,难以准确地捕捉到外界市场信息,所以造成受外地收购商的盘剥与欺压。比如养殖种植大户反映:

"他来收数量少了不划算,我给他送过了,你送去他们会压低价格不一定按照原来的价格给你"、"我们种的很多,但是找不到销售市场,不知道往那里卖,亳州肯定有买的,你卖的少没有什么人来回收,有的种的西洋参到现在没有人来买,西洋参我们几家都千把斤,3~4家,我一家就有300多斤,HZH家种了160~180公斤,如果卖这个价格亏本"。

7.2.4.3 种养大户社区旅游发展障碍的形成机制

天堂寨旅游业属于自然旅游地旅游季节性强,再加上现在节假日政策的调整,长途客源减少,当日往返的短途客源增加;天堂寨旅游景区处于发展初期,旅游市场规模有限,目的地多是星级宾馆企业,这些外商投资企业多依靠外地运进食品,对外地经济依赖性强,没有与周边社区经济建立联系,旅游收益流向社区之外,经济漏损明显,形成旅游目的地孤岛效应,由于社区企业规模小,数量少,所以对周边社区经济渗透与关联有限,对周边农村社区经济辐射不足,因此天堂寨旅游业与社区经济实际是独立运行的二元经济结构,失去了发展旅游业的初衷。

7.2.4.4 种养大户社区旅游参与的支持政策

(1)基于社区优势山林资源培育社区特色产品产业链,发展多样化的山区经济。基于目前社区居民知识技能方面的障碍因素,发展并培育周期短、当年能够见效、成本低、技术含量低的项目,基于与社区领导、社区企业家的深度访谈,建议立足于当地优势的山林资源,延长山林资源的产业链,比如构建以竹子为主的集竹笋、笋干、竹器、盆景、茶叶为一体的多元化产业链。引进农产品的深加工技术与设备,与外地厂商签订协议进行贴牌销售,比如利用天堂镇丰富的山核桃资源进行山核桃的深加工。尝试采取山林资源有偿使用,环境审计与生态补偿机制,根据生产周期发展多元化的山区农林经济。

(2)基于天堂寨本地历史文化与自然生态优势构建并且补充旅游产业链。针对目前单一的观光旅游发展模式、饭店餐馆急剧竞争、历史文化表现不足、旅游业产业结构不合理、发展不均衡的现实,拓展与延伸天堂寨旅游产业链,发展休闲产业、演艺产业、红色博物馆。基于天堂寨红色文化发展天堂寨休闲演艺产业,基于天堂寨山林资源发展地方土特产购物产业,建立大别山鄂豫皖革命战争博物馆,烘托契合大别山红色旅游历史文化氛围。

(3)改变天堂寨单一景点的现状,可以把各个村名修改什么什么寨,增加了天堂寨新的景点。

(4)针对目前以平面媒体宣传为主、宣传媒体单一、宣传范围狭窄的问题,建议采用宣传方式多样化的立体化宣传方式,集报纸、电视、网站、旅行社宣传、办事处、QQ群等多种为一体进行组合宣传。

7.3 小结

本章从天堂寨旅游业与社区经济联系产业链的各个环节研究了饭店餐馆、农家乐企业、社区领导、种植养殖大户在当地社会脉络下旅游发展社区能力建设机制的障碍因素、制约机制与社区支持政策,既发现了山地村落旅游发展社区能力建设的潜力与机遇,又识别了面临的障碍与制约因素,对于制定多利益主体的旅游发展的社区能力建设政策具有借鉴意义。

第八章
主要研究结论与讨论

8.1 主要研究结论

综述国内外社区旅游研究文献发现,绝大部分社区旅游研究都将研究对象聚焦于目的地社区居民,而对社区其他利益相关者比如地方政府、旅游企业、旅游者关注较少,特别是忽视社区不同利益相关者之间的相互影响与制约关系,造成社区旅游发展政策由于忽视不同利益相关者的利益而无法实现;社区旅游研究往往把发展旅游业预设为源于社区之外的利益力量,所以较多提"社区参与"而没有注意旅游发展的社区能力机制的培育建设,造成目的地社区过多地依赖以外部投资商为代表的外部力量;社区旅游研究文献潜在地把目的地社区预设为一个同质性的社区单元,而较少注意到社区不同利益相关者之间利益偏好、权力层级关系,进而忽视了社区不同利益相关者发展旅游业的结构性障碍因素;很多社区旅游发展政策由于没有关注不同利益相关者的利益诉求而无法在社区实现;尽管学术界已有旅游发展认知、社区能力建设、旅游发展障碍的片断研究,而对于这三者之间的影响机制关注较少。基于这些研究缺口,本文企图以天堂寨景区周边社区为例研究山地景区农村社区旅游发展的能力建设机制,具体研究不同社区旅游利益相关者(居民、旅游者、政府官员、旅游企业)旅游发展认知、旅游发展的社区能力建设机制、旅游发展的社区能力的结构性障碍与旅游发展的支持政策。本文主要研究结论如下:

8.1.1 居民与旅游发展的社区能力

(1)天堂寨农村社区是典型的发展初期旅游地的农村社区,较好保持着当地传统社区特征,当地居民旅游发展认知经因素分析抽取为区域积极影响、区域消极影响、区域文化展演、自然保护、社区满意、经济期望、地方议题、区域文化开发、经济收益9个因素,多变量方差检验发现影响当地居民旅游发展认知差异的变量主要为性别、能力、是否村委与工作性质;依据居民旅游发展认知的9个维度采用层次聚类法把社区居民群体划分为朴素乐观型($N=89$)、社区经济主导型($N=97$)、谨慎支持型($N=101$)、悲观反对型($N=39$)4个群体,采用多分类名义变量逻辑斯谛回归分析发现,影响居民群体划分的主要变量为年龄与居住时间、居住村(区位)、现在工作。

(2)旅游发展的社区能力影响机制研究,对居民旅游发展的社区能力量表收集的数据进行主成分因素分析发现居民旅游发展的社区能力划分为地方沟通与领导、社区参与、社区联系、社区支持、旅游知识技能、社区批评省思6个因素;居民旅游发展认知对旅游发展的社区能力的影响,采用典型相关分析发现,发展认知的社区依附和区域积极影响对旅游发展的社区能力的社区参与及社区联系两个变量有显著影响,居民旅游发展认知中社区依附感越强、区域积极影响越大,在社区旅游能力的社区参与能力就越强、社区联系就越紧密;对社区旅游发展障碍量表收集的数据进行主成分因素分析发现居民旅游发展障碍主要分为领导障碍、授权障碍、信息障碍、人才障碍、知识障碍、参与障碍、资金障碍、认识障碍、开发障碍、旅游可达性障碍、沟通障碍、利益相关者冲突产生的障碍12个因素;居民旅游发展认知对社区旅游发展障碍的影响,经过典型相关分析发现,区域消极影响认知、经济收益认知对社区参与与社区沟通障碍有显著影响,居民认知到旅游发展带来的区域消极影响越多,认知到的所获经济收益越少,其认知到的参与社区旅游的障碍及沟通的障碍就越明显。

(3)居民旅游发展的社区去权表现为生活生产空间、自然资源使用、区域经济与政治等方面的去权。从居民个体而言,旅游导致的去权现象受下列个人因素(年龄、教育水平、居住地理区位、谋生方式)与家庭因素(家庭成员身体状况、年龄、职业与教育水平、收入与社会经济条件)的直接影响,同时这两种因素还间接影响了居民的自然资源使用权的后续占有状况,从而使居民在经济上被排斥,进而弱化了他们的风险承受能力,导致其去权。

(4)居民旅游发展的社区能力维度中的旅游知识与技能在不同山地村落有

显著差异,主要表现为距离景区偏远的山村居民对旅游知识技能的认知度显著高于距离景区较近的山村居民。

(5)居民现有工作、其村落与景区或旅游公路之间距离及文化程度显著影响居民的旅游就业偏好。

8.1.2 旅游者与旅游发展的社区能力

(1)旅游者餐饮满意度影响因素。采用多名义变量回归分析发现旅游者收入水平、教育水平和旅游方式,当地土鸡与杂粮面食,餐饮环境与餐饮品质显著影响旅游者餐饮满意度,为识别优势地方食品、餐饮市场细分有效指标、经营管理重点提供了决策依据。

(2)基于旅游者视角的天堂寨餐饮存在问题为食品价格高、缺乏地方特色、餐饮卫生条件差、服务接待设施缺乏、食品质量差与怀疑食品原真性。

(3)基于旅游者视角农村社区居民可以有农产品的旅游化发展、发展特色种植养殖业、经营地方餐饮与农家乐3种社区参与方式,社区旅游发展建议为农产品精致化旅游化生产、地方食品种养殖与农业旅游的一体化发展、构建多利益主体一体化的旅游产业链体系等。

8.1.3 政府与旅游发展的社区能力

(1)市县政府行动偏好与官员考核机制。工业化战略、招商引资和城镇化战略成为市县政府的关键行动偏好,市县政府的行动偏好直接决定镇政府的行动偏好是经济发展、集镇建设、项目建设,都围绕招商引资;基层官员政绩考核机制为上级政府对多个下级政府官员设计的一种晋升锦标赛,竞赛优胜者获得晋升而竞赛标准由上级政府决定,并且对下级官员有政治、经济、时间增权的诱惑与威胁。

(2)社区旅游政策决定了各个社区利益主体中谁可以使用资源,以什么样的方式使用资源,谁有权在国家自然保护区里面谋生,研究发现对外部投资商、旅游者实现了旅游增权,对社区小企业与社区居民实现了旅游去权。政策的区域影响是招商引资导向的社区自然资源使用权的选择性再分配、旅游城镇化发展对居民生活生产空间的再分配、社区自然资源的专属性保护。

(3)天堂寨旅游行动者网络与利益博弈。围绕天堂寨旅游发展形成了社区内外的行动者网络,社区外行动者网络是围绕天堂寨景区的国有林场、市县政府、省政府及各职能部门、国家各个部委的利益交换与博弈的过程;社区内行动者网络以景区为平台的社区政府、外部投资商、社区精英、社区小企业、普通居民的利益博弈过程,形成了一个社区旅游决策者网络,其区域影响为社区旅游发展高度不平衡,旅游产业结构发展畸形,形成了天堂寨镇旅游经济与社区经济的二元结构,旅游经济没有与社区经济联系起来,天堂寨镇旅游城镇化现象明显。

8.1.4 旅游企业与旅游发展的社区能力

(1)天堂寨饭店采购食品绝大多数从外地调入,其制约机制:宏观层面,山区自然条件、规模小而分散的山区农业经济特点、人力资源与知识技能限制等因素造成山地村落未能大规模生产蔬菜;中观层面,山区交通条件不便捷,蔬菜粮油中间商少,食品供应不畅通;微观原因,旅游季节性强、市场规模小,蔬菜销售存在经营风险,出于盈利与规避风险考虑,天堂寨蔬菜粮油食品保持着适量供不应求的局面。需要从需求、零售、生产、辅助设施各个环节提供社区支持措施。

(2)农家乐发展障碍的制约机制:国家节假日政策调整、企业投资规模、由旅游地空间结构衍生出的宾馆与农家乐的替代性竞争,以及地方政府旅游发展政策4个结构因素通过接待设施、客源结构、市场准入与支持政策,以及经营区位优势直接或间接影响农家乐企业的接待效益。社区能力建设机制包括改变以招商引资为首位的政绩评价体系,引入振兴社区居民民生生活的评价标准;规划建设新景点,平抑旅游业发展过于空间集中的局面;政府机构与旅游协会提供证照申办、贷款、市场宣传、接待服务、经营管理、组织与外联等社区旅游知识技能的培训与辅导;打造天堂寨农家乐旅游品牌,构建统一的宣传营销的网络平台。

(3)天堂寨种植养殖社区企业面临资金、技术与信息、经营管理、销售等多方面障碍,其制约机制:旅游地季节性强与节假日政策调整加剧天堂寨旅游市场的不稳定性;星级宾馆依赖外地食品,没有与周边村落经济,形成旅游目的地孤岛效应;社区企业规模小,食品供应能力有限,造成天堂寨旅游业与社区经济形成独立运行的二元经济结构,没有实现发展旅游业的预期目标。旅游发展的社区能力建设机制包括基于社区优势山林资源培育社区特色产品产业链,发展多样化的山区经济,提升山地村落经济的稳定性;拓展与延伸天堂寨旅游产业链,发展休闲产业、演艺产业、红色博物馆;宣传方式多样化,提升宣传实效。

8.2 论文的创新点

(1)构建了不同利益相关者多维度旅游发展知觉模型,并修订了旅游发展相关的社区能力量表,以此量表为基础揭示了山地村落旅游发展的社区能力维度构成和居民对旅游发展社区能力的维度的认知现状,同时分析了社区地理因素(村落与景区地理距离)在社区参与旅游发展中的作用。

(2)从旅游利益主体理论将社区构成划分为居民、旅游者、政府官员及旅游企业,其中旅游是一种结构性成员;并揭示了上述不同社区成员对旅游发展的社区能力问题的认知、态度和建设意见。论文对社区旅游发展政策的形成机制的研究揭示了政府行动偏好与政治考核机制对山地社区旅游政策形成的影响,以及这种政策对社区不同利益主体的影响及区域效果。

(3)实证分析了社区经济地理因素与居民就业偏好的影响,其中居民居住村与景区之间的距离、现有工作与旅游的相关程度、居民文化程度显著影响居民旅游就业的层次与偏好。

8.3 研究展望

(1)本文虽然初步涉及目的地行动者网络的研究,但是需要进一步采用社会网络分析的方法实证性检验旅游目的地行动者网络的实际情形并且与质性结果进行比较。

(2)尽管文本已经研究了社区旅游对目的地农村社区经济的影响,但是在文章中展开仍不充分,需要进一步收集数据研究山区旅游业对传统农业经济的影响,进一步实证性检验山区旅游业与社区经济二元经济结构的形成机制及其区域影响。

(3)本文案例地类型为旅游业处于发展期的山地农村社区,随着旅游地生命周期演进需要跟踪监视不同旅游地生命周期阶段的旅游发展的社区能力建设机制的变化及形成机制,或者对于旅游发展成熟期的其他山地农村旅游发展的社区能力机制进行比较研究。

参考文献

[1] HEBERLEIN T A, FREDMAN P, VUORIO T. Current tourism patterns in the Swedish mountain region[J]. Mountain Research and Development, 2002, 22(2):142-149.

[2] GODDE P, GODDE P M, PRICE M F, et al. Tourism and development in mountain regions[M]. CABI, 2000.

[3] GILL A, WILLIAMS P. Managing growth in mountain tourism communities[J]. Tourism Management, 1994, 15(3):212-220.

[4] 赵济, 陈传康. 中国地理[M]. 北京:高等教育出版社, 1999.

[5] 王海南, 孙海清, 冉涛. 区域贫困与扶贫可行性分析:中国西南山区农业发展思考[J]. 农业经济问题, 2001, 21(4):29-33.

[6] 宋章海, 马顺卫. 社区参与乡村旅游发展的理论思考[J]. 山地农业生物学报, 2004, 23(5):426-430.

[7] TELFER D J, WALL G. Linkages between tourism and food production[J]. Annals of tourism Research, 1996, 23(3):635-653.

[8] TELFER D J, WALL G. Strengthening backward economic linkages: local food purchasing by three Indonesian hotels[J]. Tourism Geographies, 2000, 2(4):421-447.

[9] LASH G. What is community-based ecotourism: ecotourism for forest conservation and community development[C]. Proceedings of an International Semina, Chiang Mai, Thailand, 1997.

[10] PEARCE D G. Alternative tourism: concepts, classifications, and questions

[A]. Tourism alternatives: Potentials and problems in the development of tourism, 1995:15-30.

[11] MURPHY P E. Tourism: A community approach[M]. Routledge, 1985.

[12] HAYWOOD K M. Responsible and responsive tourism planning in the community[J]. Tourism Management, 1988,9(2):105-118.

[13] BLANK U. Community tourism industry imperative: the necessity, the opportunities, its potential[J]. Community tourism industry imperative: the necessity, the opportunities, its potential, 1989.

[14] PEARCE P L, MOCARDO G, ROSS G F. Tourism community relationships[M]. Pergamon, Oxford,UK; Tarrytown, NY, USA, 1996.

[15] LI Y, LAI K, FENG X. The problem of ´guanxi´ for actualizing community tourism: A case study of relationship networking in China[J]. Tourism Geographies, 2007,9(2):115-138.

[16] YING T, ZHOU Y. Community, governments and external capitals in China's rural cultural tourism: A comparative study of two adjacent villages [J]. Tourism Management, 2007,28:96-107.

[17] LAIA K, LIB Y, FENGC X. Gap between tourism planning and implementation: A case of China[J]. Tourism Management, 2006,27:1171-1180.

[18] Li. Exploring comunity tourism in China:The case of nanslum cultural tourism zone[J]. Journal of Sustainable Tourism, 2004,l2(3):175-190.

[19] 保继刚,孙九霞. 社区参与旅游发展的中西差异[J]. 地理学报,2006,61(4):401-413.

[20] 左冰,保继刚. 从"社区参与"走向"社区增权":西方"旅游增权"理论研究述评[J]. 旅游学刊,2008,22(4):58-63.

[21] MOSCARDO G. Building community capacity for tourism development[M]. British Isles: Oxford University Press, 2008.

[22] BOUTILIER M, RAEBURN J, PROMOTION UOTC, et al. The effectiveness of community action in health promotion: A research perspective[M]. Centre for Health Promotion, University of Toronto, 1996.

[23] GIBBON M, LABONTE R, LAVERACK G. Evaluating community capacity[J]. Health & Social Care in the Community, 2002,10(6):485-491.

[24] MWAIJANDE F. Understanding barriers for agriculture-tourism linkages: Setting policy agenda for agricultural growth[D]. Arkansas, United States: University of Arkansas, 2007.

[25] 刘爱利, 刘家明, 刘敏, 等. 国内外旅游度假区孤岛效应研究进展[J]. 地理科学进展, 2007(6).

[26] 章锦河, 李佳佳, 陈冬冬. 风景名胜区旅游经济的孤岛效应分析[J]. 安徽师范大学学报: 自然科学版, 2007, 30(6): 712-717.

[27] 孙九霞. 守土与乡村社区旅游参与: 农民在社区旅游中的参与状态及成因[J]. 思想战线, 2006, 32(5): 23-28.

[28] 徐震. 论社区意识与社区发展[J]. 社会建设期刊, 1995(90): 4-12.

[29] COWLISHAW G. Black, white or brindle: Race in rural Australia[M]. Cambridge University Press, 1988.

[30] COCHRANE J. CBMT: Community participation: Contribution to community-based mountain tourism electronic conference[C]. Mountain Forum, 1998.

[31] 周玲. 旅游规划与管理中利益相关者研究进展[J]. 旅游学刊, 2004, 19(6): 53-59.

[32] 邓冰, 吴必虎. 国外基于社区的生态旅游研究进展[J]. 旅游学刊, 2006, 21(4): 84-88.

[33] 官巧燕, 廖福霖, 祁新华. 旅游开发过程中不同利益主体的协调研究: 以永定土楼为例[J]. 长春师范学院学报: 自然科学版, 2008, 27(2): 65-68.

[34] CRAIG G. Community capacity-building: Something old, something new…[J]. Critical Social Policy, 2007, 27(3): 335-359.

[35] UNIT C R. Building civil renewal: Government support for community capacity building and proposals for change[M]. London: Home Office, 2003.

[36] HAWE P, SHIELL A. Social capital and health promotion: A review[J]. Social Science & Medicine, 2000, 51(6): 871-885.

[37] LAVERACK G, THANGPHET S. Building community capacity for locally managed ecotourism in Northern Thailand[J]. Community Development Journal, 2007, 14(1): 23-37.

[38] POLAND B D. Social capital, social cohesion, community capacity and community empowerment: Variations on a theme[A]. Settings for health

promotion: Linking theory and practice. Thousand Oaks: SAGE Publication Znc,2000:301-307.

[39] LAVERACK G, WALLSTAIN N. Measuring community empowerment: A fresh look at organizational domains[J]. Health Promotion International, 2001,16(2):179-185.

[40] HOUNSLOW B. Community capacity building explained[J]. Stronger Families Learning Exchange Bulletin, 2002,31(1):20-22.

[41] PUTNAM R D. Bowling alone: America's declining social capital[J]. Journal of democracy, 1995,6(1):65-78.

[42] WOODHOUSE A. Social capital and economic development in regional Australia: A case study[J]. Journal of rural studies, 2006,22(1):83-94.

[43] DUNN J R, DYCK I. Social determinants of health in Canada's immigrant population: Results from the national population health survey[J]. Social Science & Medicine, 2000,51(11):1573-1593.

[44] WALLERSTEIN N. Empowerment to reduce health disparities[J]. Scandinavian Journal of Public Health, 2002,30(59 suppl):72-89.

[45] OXFAM. Social inclusion directory[M]. Oxfam: Oxford, 2004.

[46] IFE J. Rethinking social work:Towards critical practice[M]. Longman, 1997.

[47] FINDLAY J M, GILCHRIST I D. Active vision: The psychology of looking and seeing[M]. Oxford University Press, 2003.

[48] TORRES R. Linkages between tourism and agriculture in Mexico[J]. Annals of Tourism Research, 2003,30(3):546-566.

[49] CLOKE P, CRANG P, GOODWIN M. 人文地理概论[M]. 王志弘,等,译. 台北: 巨流, 2006.

[50] STRONZA A. Anthropology of tourism: Forging new ground for ecotourism and other alternatives[J]. Annual Review of Anthropology, 2001,30:261-283.

[51] CRICK M. Representations of international tourism in the social sciences: Sun, sex, sights, savings, and servility[J]. Annual Review of Anthropology, 1989, 18:307-344.

[52] 张骁鸣. 西方社区旅游概念:误读与反思[J]. 旅游科学, 2007, 21(1):1-6.

[53] 柳振万,武春友,卢小丽. 社区生态旅游研究述评[J]. 管理学报,2004,1(1):32-36.

[54] 卢松,张捷,李东和,等. 旅游地居民对旅游发展认知和态度的比较:以西递景区与九寨沟景区为例[J]. 地理学报,2008,75(6):646-656.

[55] JUROWSKI C A. Building community capacity for tourism development[J]. Annals of Tourism Research,2009,36(4):751-752.

[56] HARPER P, STABLER M J. The importance of community involvement in sustainable tourism development[J]. Tourism and sustainability: principles to practice,1997:143-149.

[57] BOURKE L, LULOFF A E. Leaders' perspectives on rural tourism: Case studies in Pennsylvania[J]. Journal of the Community Development Society,1995,26(2):224-239.

[58] MCINTYRE G. Sustainable tourism development: Guide for local planners[M]. World Tourism Organization (WTO),1993.

[59] KENNY S. Reconstruction in Aceh: Building whose capacity? [J]. Community development journal,2007,42(2):206.

[60] CRESWELL J W. Qualitative, quantitative, and mixed methods approaches[M]. Sage Publications,Inc,2003.

[61] 詹尼斯·盖宁. 旅游研究方法[M]. 谢彦君,译. 北京:旅游教育出版社,2007.

[62] 王忠福,高佩佩. 旅游地居民旅游发展认知及影响因素研究综述[J]. 经济地理,2010,30(9):1563-1568.

[63] LANKFORD S V, HOWARD D R. Developing a tourism impact attitude scale[J]. Annals of Tourism Research,1994,21(1):121-139.

[64] AP J, CROMPTON J L. Developing and testing a tourism impact scale[J]. Journal of Travel Research,1998,37(2):120-130.

[65] GURSOY D, JUROWSKI C, UYSAL M. Resident attitudes: A structural modeling approach[J]. Annals of Tourism Research,2002,29(1):79-105.

[66] JUROWSKI C, UYSAL M, WILLIAMS D R. A theoretical analysis of host community resident reactions to tourism[J]. Journal of Travel Research,1997,36(2):3-11.

［67］郭英之，臧胜男，彭兰亚. 社区居民对 2010 年上海世博会发展认知的实证研究［J］. 旅游科学, 2009, 23(3):35-40.

［68］ANDERECK K L, VOGT C A. The relationship between residents' attitudes toward tourism and tourism development options［J］. Journal of Travel Research, 2000, 39(1):27.

［69］HARRIS C C, MCLAUGHLIN W J, BROWN G. Rural communities in the interior columbia basin: How resilient are they?［J］. Journal of Forestry, 1998, 96(3):11-15.

［70］TURGUR L, JUANITA C. Resident attitudes toward tourism impacts in Hawaii［J］. Annals of Tourism Research, 1986, 13(2):193-214.

［71］VAR T, KENDALL K W. Resident attitudes towards tourists in a Turkish resort town［J］. Annals of Tourism Research, 1985, 12(4):652-658.

［72］JORDAN J W. The summer people and the natives some effects of tourism in a Vermont vacation village［J］. Annals of Tourism Research, 1980, 7(1):34-55.

［73］SCOONES I, INSTITUTE O D S. Sustainable rural livelihoods: A framework for analysis［M］. Institute of Development Studies, 1998.

［74］LAWSON R W, WILLIAMS J, YOUNG T, et al. A comparison of residents' attitudes towards tourism in 10 New Zealand destinations［J］. Tourism Management, 1998, 19(3):247-256.

［75］SCOONES I, STUDIES I O D. Sustainable rural livelihoods: a framework for analysis［M］. Institute of Development Studies, 1998.

［76］ASHLEY C, CARNEY D, DEVELOPMENT D F I. Sustainable livelihoods: Lessons from early experience［M］. DfID, 1999.

［77］AFFELD D. Social aspects of the development of tourism［J］. United Nations, Planning and development of the tourist industry in the ECE region. United Nations, New York, USA, 1975:109-115.

［78］ANDRONICOU A, Emanuel de kadt. Tourism in Cyprus［A］. Tourism. Passport to development? Perspectives on the social and cultural effects of tourism in developing countries, 1979:237-265.

［79］BESCULIDES A, LEE M E, MCCORMICK P J. Residents' perceptions of the cultural benefits of tourism[J]. Annals of Tourism Research, 2002, 29(2): 303-319.

[80] PIZAM A. Tourism's impacts: The social costs to the destination community as perceived by its residents[J]. Journal of Travel Research, 1978, 16(4):8-27.

[81] ESMAN M R. Tourism as ethnic preservation: The cajuns of Louisiana[J]. Annals of Tourism Research, 1984, 11(3):451-467.

[82] 韩国圣,等.天堂景区农村社区居民旅游影响感知的差异分析[J].地理科学,2011,31(12):1525-1532.

[83] KOUSIS M. Tourism and the family in a rural Cretan community[J]. Annals of Tourism Research, 1989, 16(3):318-332.

[84] COHEN J. Statistical power analysis for the behavioral sciences[M]. Lawrence Erlbaum, 1988.

[85] TOSUN C. Host perceptions of impacts: A comparative tourism study[J]. Annals of Tourism Research, 2002, 29(1):231-253.

[86] MEHMETOGLU M, DANN G M S, LARSEN S. Solitary travellers in the norwegian lofoten islands: Why do people travel on their own?[J]. Scandinavian Journal of Hospitality and Tourism, 2001, 1(1):19-37.

[87] MILMAN A, PIZAM A. Social impacts of tourism on central Florida[J]. Annals of Tourism Research, 1988, 15(2):191-204.

[88] SHELDON P J, T. Resident attitudes to tourism in North Wales[J]. Tourism Management, 1984, 5(1):40-47.

[89] BYSTRZANOWSKI J. Tourism as a factor of change: a social cultural study[J]. Tourism Studies, 1989, 19(3):181-207.

[90] 李志飞. 少数民族山区居民对旅游影响的认知和态度:以柴埠溪国家森林公园为例[J]. 旅游学刊, 2006, 21(2):21-25.

[91] 唐雪琼,朱竑,薛熙明. 旅游发展对摩梭女性的家庭权力影响研究——基于泸沽湖地区落水下村和开基村的对比分析[J]. 旅游学刊, 2009, 24(7):78-83.

[92] WILKINSON P F. Strategies for tourism in island microstates[J]. Annals of Tourism Research, 1989, 16(2):153-177.

[93] LIU J C, SHELDON T P J. Resident perception of the environmental impacts of tourism[J]. Annals of Tourism Research, 1987, 14(1):17-37.

[94] SCHIEBER G J, POULLIER J P, GREENWALD L M. Health system performance in OECD countries, 1980-1992. Organization for Economic Cooperation and Development[J]. Health Affairs, 1994,13(4):100-125.

[95] GURSOY D, RRTHERFORD D G. Host attitudes toward tourism: an improved structural model[J]. Annals of Tourism Research, 2004,31(3):495-516.

[96] KEOGH B. Resident recreationists' perceptions and attitudes with respect to tourism development[J]. Journal of Applied Recreation Research, 1990,15(2):71-83.

[97] TURGUR L, JUANITA C. Resident attitudes toward tourism impacts in Hawaii[J]. Annals of Tourism Research, 1986,13(2):193-214.

[98] 韩国圣,等.天堂景区社区领导与普通居民旅游感知的差异[J].旅游研究,2012,4(3):45-50.

[99] MANSFELD Y. Group-differentiated perceptions of social impacts related to tourism development[J]. The Professional Geographer, 1992, 44(4): 377-392.

[100] WILLIAMS J, LAWSON R. Community issues and resident opinions of tourism[J]. Annals of Tourism Research, 2001,28(2):269-290.

[101] RITCHIE J R. Consensus policy formulation in tourism: Measuring resident views via survey research[J]. Tourism Management, 1988,9(3):199-212.

[102] NICOS A. Residents' attitudes to tourism development: The case of Cyprus[J]. Tourism Management, 1996,17(7):481-494.

[103] FAULKNER B, TIDESWELL C. A framework for monitoring community impacts of tourism[J]. Journal of Sustainable Tourism, 1997,5(1):3-28.

[104] MASON P, CHEYNE J. Residents attitudes to proposed tourism development[J]. Annals of Tourism Research, 2000,27(2):391-411.

[105] HARRILL R, POTTS T D. Tourism planning in historic districts: Attitudes toward tourism development in Charleston[J]. Journal of the American Planning Association, 2003,69(3):233-244.

[106] RITZDORF M. Feminist contributions to ethics and planning theory[J]. Planning Ethics: A Reader in Planning Theory Practice and Education, Hendler, Sue (ed). New Brunswick, NJ: Rutgers Center for Urban Policy

Research, 1995.

[107] TOMLJENOVIC R, FAULKNER B. Tourism and older residents in a sunbelt resort[J]. Annals of Tourism Research, 2000,27(1):93-114.

[108] UM S, CROMPTON J L. Measuring resident's attachment levels in a host community[J]. Journal of Travel Research, 1987,26(2):27-29.

[109] DAVIS D, ALLEN J, COSENZA R M. Segmenting local residents by their attitudes, interests, and opinions toward tourists [J]. Journal of Travel Research, 1988,27(2):2-8.

[110] HAUKELAND J V. Sociocultural impacts of tourism in Scandinavia: Studies of three host communities [J]. Tourism Management, 1984,5(3):207-214.

[111] HUSBANDS W. Social status and perception of tourism in Zambia[J]. Annals of Tourism Research, 1989,16(2):237-253.

[112] LANKFORD S V. Attitudes and perceptions toward tourism and rural regional development[J]. Journal of Travel Research, 1994,32(3):35-43.

[113] WILLIAMS D R, MCDONALD C D, RIDEN C M, et al. Community attachment, regional identity and resident attitudes toward tourism development: 26th annual conference proceedings of the Travel and Tourism Research Association, Acapulco, Mexico[C], 1995.

[114] MCCOOL S F, MARTIN S R. Community attachment and attitudes toward tourism development[J]. Journal of Travel Research, 1994 (Winter):29-34.

[115] TEYE V, SIRAKAYA E. Residents' attitudes toward tourism development [J]. Annals of Tourism Research, 2002,29(3):668-688.

[116] CANEDAY L, ZEIGER J. The social, economic, and environmental costs of tourism to a gaming community as perceived by its residents[J]. Journal of Travel Research, 1991,30(2):45-67.

[117] BROUGHAM J E, Butler R W. The social and cultural impact of tourism: a case study of Sleat, Isle of Skye[A]. Social & Cultural Impact of Tourism A Case Study of Sleat Isle of Skye, 1977.

[118] SNAITH T, HALEY A. Residents' opinions of tourism development in the historic city of York, England [J]. Tourism Management, 1999, 20 (5):595-603.

[119] LONG P, PERDUE R, Allen L. Rural resident tourism perceptions and attitudes by community level of tourism[J]. Journal of Travel Research, 1990, 28(3):3-9.

[120] 韩国圣,吴佩林,黄跃雯,等.山地旅游发展对社区居民的去权与形成机制——以安徽天堂寨旅游区为例[J].地理研究,2013,32(10):1948-1963.

[121] MADRIGAL R. Residents perceptions and the role of government[J]. Annals of Tourism Research, 1995, 22(1):86-102.

[122] AKIS P, WARNER S, AKIS N, et al, Residents' attitudes to tourism development: The case of Cyprus[J]. Tourism Management, 1996, 17(7):481-494.

[123] SHELDON P J, ABENOJA T. Resident attitudes in a mature destination: the case of Waikiki[J]. Tourism Management, 2001, 22(5):435-443.

[124] 韩国圣,张捷,黄跃雯,等.基于旅游影响感知的自然旅游地居民分类及影响因素——以安徽天堂寨景区为例[J].人文地理,2012(6):110-116.

[125] RYAN C, MONTGOMERY D. The attitudes of bakewell residents to tourism and issues in community responsive tourism[J]. Tourism Management, 1994, 15(5):358-369.

[126] SPILLING O R. Mega event as strategy for regional development The case of the 1994 Lillehammer Winter Olympics[J]. Entrepreneurship & Regional Development, 1996, 8(4):321-344.

[127] HERNANDEZ S A, COHEN J, GARCIA H L. Residents attitudes towards an instant resort enclave[J]. Annals of Tourism Research, 1996, 23(4):755-779.

[128] KENDALL K W, VAR T. The perceived impact of tourism: the state of the art[M]. Vancouver: Simon Fraser University, 1984.

[129] HARRILL R, POTTS T D. Tourism planning in historic districts: Attitudes toward tourism development in Charleston[J]. Journal of the American Planning Association, 2003, 69(3):233-244.

[130] RITZER G, GOODMAN D J. Modern sociological theory[M]. McGraw-Hill, 1996.

[131] BELISLE F J, HOY D R. The perceived impact of tourism by residents: A case study in Santa Marta. Columbia[J]. Annals of Tourism Research, 1980,

7:83-101.

[132] 李东和,张捷,赵玉宗,等. 基于旅游地居民认知和态度的旅游影响空间分异研究:以安徽省三河镇为例[J]. 地理科学,2007,27(4):602-608.

[133] ROTHMAN R A. Residents and transients: Community reaction to seasonal visitors[J]. Journal of Travel Research, 1978,16(3):8-13.

[134] AP J, CROMPTON J L. Residents' strategies for responding to tourism impacts[J]. Journal of Travel Research, 1993,32(1):47.

[135] SMITH M D, KRANNICH R S. Tourism dependence and resident attitudes [J]. Annals of Tourism Research, 1998,25(4):783-801.

[136] FREDLINE E, FAULKNER B. Host community reactions: A cluster analysis [J]. Annals of Tourism Research, 2000, 27(3):763-784.

[137] MADRIGALl R. Residents' perceptions and the role of government [J]. Annals of tourism research, 1995,22(1):86-102.

[138] Pérez E A, Nadal J R. Host community perceptions a cluster analysis[J]. Annals of Tourism Research, 2005:925-941.

[139] 保继刚,楚义芳. 旅游地理学[Z]. 北京:高等教育出版社,1999.

[140] AP J. Residents' perceptions on tourism impacts[J]. Annals of Tourism Research, 1992,19(4):665-690.

[141] PERDUE PATRICK T, RICHARD R. Rural resident tourism perceptions and attitudes[J]. Annals of Tourism Research, 1987,14(3):420-429.

[142] MADRIGAL R. A tale of tourism in two cities[J]. Annals of tourism research, 1993,20(2):336-353.

[143] GETZ D. Residents' attitudes towards tourism: A longitudinal study in Spey Valley, Scotland[J]. Tourism Management, 1994,15(4):247-258.

[144] JUROWSKI C, UYSAL M, WILLIAMS D R. A theoretical analysis of host community resident reactions to tourism[J]. Journal of Travel Research, 1997,36(2):3.

[145] MCGEHEE G. Alternative tourism and social movements[J]. Annals of Tourism Research, 2002,29(1):124-143.

[146] MCCOOL S F, MARTIN S R. Community attachment and attitudes toward tourism development[J]. Journal of Travel Research, 1994,32(3):29.

[147] BUTTEL F H, MARTINSON O B, WILKENING E A. Size of place and community attachment: A reconsideration[J]. Social Indicators Research, 1979, 6(4):475-485.

[148] RITZER G. The McDonaldization of society: An investigation into the changing character of contemporary social life[M]. Pine Forge Press, 1996.

[149] MOLOTCH H. The city as a growth machine: Toward a political economy of place1[J]. American Journal of Sociology, 1976, 82(2):309-332.

[150] GREEN G P, MARCOUILLER D, DELLER S, et al. Local dependency, land use attitudes, and economic development: comparisons between seasonal and permanent residents[J]. Rural Sociology, 1996, 61(3):427-445.

[151] CANAN P, HENNESSY M. The growth machine, tourism, and the selling of culture[J]. Sociological perspectives, 1989, 32(2):227-243.

[152] 韩国圣,李辉,王成武.杭州休闲博览会萧山城市发展的经济影响初探——以房地产业为例[J].华东经济管理,2009(8):16-19.

[153] 张文,何桂培.我国旅游目的地居民对旅游发展认知的实证调查与分析[J].旅游学刊,2008,23(2):72-79.

[154] 保继刚.从理想主义、现实主义到理想主义理性回归:中国旅游地理学发展30年回顾[J].地理学报,2009,76(10):1184-1192.

[155] 刘赵平.旅游对目的地社会文化影响研究结构框架[J].桂林旅游高等专科学校学报,1999,10(1):29-34.

[156] 陈志永,李乐京,梁玉华.乡村居民参与旅游发展的多维价值及完善建议:以贵州安顺天龙屯堡文化村为个案研究[J].旅游学刊,2007,22(7):40-46.

[157] 卢天玲.社区居民对九寨沟民族歌舞表演的真实性认知[J].旅游学刊,2007(10):13-20.

[158] 罗秋菊.东莞厚街镇会展业影响的社区认知研究[J].旅游学刊,2006,21(3):77-82.

[159] 黄洁,吴赞科.目的地居民对旅游影响的认知态度研究:以浙江省兰溪市诸葛、长乐村为例[J].旅游学刊,2003,18(6):84-89.

[160] 杨杰,胡平,苑炳慧.熟悉度对旅游形象认知行为影响研究:以重庆市民对上海旅游形象认知为例[J].旅游学刊,2009,24(4):56-60.

[161] 黄亮,陆林,丁雨莲.少数民族村寨的旅游发展模式研究:以西双版纳傣族园为例[J].旅游学刊,2006,21(5):53-56.

[162] 宋子千,宋瑞.古村镇旅游开发效果评价:居民感知、专家意见及其对比[J].旅游学刊,2010.25(5):56-60.

[163] 樊友猛,谢彦君,王志文.地方旅游发展决策中的权力呈现:对上九山村新闻报道的批评话语分析[J].旅游学刊,2016,31(1):22-36.

[164] BOUTILIER R. Stakeholder politics: social capital, sustainable development, and the corporation[M]. Greenleaf Publishing, 2009.

[165] LABONTE R, WOODWARD G B, CHAD K. Laverack. Community capacity building: A parallel track for health promotion programs[J]. Canadian Journal of Public Health, 2002,93(3):181-182.

[166] 孙九霞.赋权理论与旅游发展中的社区能力建设[J].旅游学刊,2008,23(9):22-27.

[167] 朱孔芳.灾区重建中的社区能力建设:基于社会工作的"增权"视角[J].华东理工大学学报:社会科学版,2008,23(4):15-18.

[168] 钱宁.农村发展中的新贫困与社区能力建设:社会工作的视角[J].思想战线,2007,33(1):20-26.

[169] AREF F, GILL S S. Community skill and knowledge for tourism development[J]. European Journal of Social Sciences, 2009,8(4):665-671.

[170] AREF F, M R. Barriers to community leadership in tourism development in, Shiraz, Iran[J]. European Journal of Social Sciences, 2008,7(2):172-178.

[171] SMITH N, CANADA C H. Measuring community capacity: State of the field review and recommendations for future research[M]. Health Canada, 2008.

[172] MIRANDA E M. Gang injunctions and community participation[M]. Southern California: University of Southern California, 2007.

[173] ASHLEY C, ROE D. Enhancing community involvement in wildlife tourism: Issues and challenges[R]. Wildlife and Development Series 11. London: International Institute for Environment and Development. 1998.

[174] 郑向敏,刘静.论旅游业发展中社区参与的三个层次[J].华侨大学学报:哲学社会科学版,2002,21(4):12-18.

[175] FRANK F, SMITH A, CANADA H R D C. The community development

handbook: A tool to build community capacity[M]. Human Resources Development Canada Ottawa, ON, 1999.

[176] MCMILLAN D W, CHAVIS D M. Sense of community: A definition and theory[J]. Journal of Community psychology, 1986,14(1):6-23.

[177] SARASON S B. The psychological sense of community: Prospects for a community psychology.[M]. Jossey-Bass, 1974.

[178] BEETON S. Community development through tourism [M]. Landlinks Press, 2006.

[179] AUSTIN D E. Community - based collaborative team ethnography: A community-university-agency partnership[J]. Human organization, 2003, 62(2):143-152.

[180] GOEPPINGER A. The fallacies of our reality: A deconstructive look at community and leadership.[J]. International Journal of Leadership in Education, 2002,5(1):77-83.

[181] KAM H, Sirakaya-Turk E, Ingram L J. Testing the Efficacy of an Integrative Model for Community Participation[J]. Journal of Travel Research, 2010, 49(3):276-288.

[182] MACLELLAN-WRIGHT M F, ANDERSON D, BARBER S, et al. The development of measures of community capacity for community-based funding programs in Canada[J]. Health promotion international, 2007,22(4):299-306.

[183] RICHARDS G, HALL D. The community: a sustainable concept in tourism development? [J]. Tourism and Sustainable Community Development, 2000: 1-16.

[184] GOODMAN R M, SPEERS M A, MCLEROY K, et al. Identifying and defining the dimensions of community capacity to provide a basis for measurement [J]. Health Education & Behavior, 1998,25(3):258.

[185] ENG E, PARKER E. Measuring community competence in the Mississippi Delta: The interface between program evaluation and empowerment [J]. Health Education & Behavior, 1994,21(2):199.

[186] CHASKIN R J. Organizational infrastructure and community capacity: The role of broker organizations[J]. The Organizational Response to Social Prob-

lems, 2001(8):143-166.

[187] RRICHTER L K. The politics of tourism in Asia[M]. Univ of Hawaii Pr, 1989.

[188] CHEONG S M, MILLER M L. Power and tourism:A Foucauldian observation [J]. Annals of Tourism Research, 2000, 27(2):371-390.

[189] ASHLEY C, ROE D. Enhancing community involvement in wildlife tourism: Issues and challenges[J]. Toursim Management, 1998, 21(6):653-654.

[190] SIMMONS A, MATHEWS L, SWINBURN B. Community capacity building for obesity prevention using a 'Student Ambassador' model[J]. International Journal Of Obesity, 2007, 31:S38-51.

[191] BELISLE F J. Tourism and food production in the Caribbean[J]. Annals of Tourism Research, 1983, 10(4):497-513.

[192] BELISLE F J. Food production and tourism in Jamaica:Obstacles to increasing local food supplies to hotels[J]. The Journal of Developing Areas, 1984, 19(1):1-20.

[193] MOMSEN J H. Linkages between tourism and agriculture:Problems for the smaller caribbean economies[Z]. University of Newcastle upon Tyne, Department of Geography, 1986.

[194] BOWEN R L, COX L J, FOX M. The interface between tourism and agriculture.[J]. Journal of Tourism Studies, 1991, 2(2):43-54.

[195] MEYER D. Pro-poor tourism from leakages to linkages. A conceptual framework for creating linkages between the accommodation sector and 'poor' neighbouring communities [J]. Current issues in tourism, 2007, 10(6):558-583.

[196] KLEINER B, WESTAT I, APPALACHIAN R C. Evaluation of the appalachian regional commission's community capacity-building projects [M]. Westat, 2004.

[197] EBBESEN L S, HEATH S, NAYLOR P J, et al. Issues in measuring health promotion capacity in Canada:A multi-province perspective[J]. Health Promotion International, 2004, 19(1):85.

[198] HUNT J, SMITH D. Strengthening indigenous community governance:A step

towards advancing reconciliation in Australia[J]. Peace, Justice and Reconciliation in the Asia-Pacific Region, 2005:1-3.

[199] STEVEN D, JENNIFER, T. Challenges and barriers to community participation in policy development[EB/OL]. Retrieved 5, January 2009 fromhttp://www.ruralnovascotia.ca/documents/policy/challenges%20and%20barriers.pdf.

[200] TOSUN C. Limits to community participation in the tourism development process in developing countries[J]. Tourism management, 2000, 21(6):613-633.

[201] BUSHELL R, EAGLES P F J. Tourism and protected areas: Benefits beyond boundaries: the Vth IUCN World Parks Congress[M]. CABI, 2007.

[202] TORRES R, MOMSEN J H. Challenges and potential for linking tourism and agriculture to achieve pro-poor tourism objectives[J]. Progress in Development Studies, 2004,4(4):294-315.

[203] BRIEDENHANN J, WICHENS E. Rural tourism: Meeting the challenges of the new South Africa[J]. International Journal of Tourism Research, 2004,6(3):189-203.

[204] REDMAN D F. Tourism as a poverty alleviation strategy: Opportunities and barriers for creating backward economic linkages in Lang Co, Vietnam[D]. Massey University New Zealand, 2009.

[205] 刘纬华.关于社区参与旅游发展的若干理论思考[J].旅游学刊,2000,15(1):47-52.

[206] 池静,崔凤军.乡村旅游地发展过程中的"公地悲剧"研究:以杭州梅家坞,龙坞茶村,山沟沟景区为例[J].旅游学刊,2006,21(7):17-23.

[207] 王肖静.社会排斥:农村社区能建设中的妇女贫困问题研究[J].社会工作,2006(11):39-42.

[208] 李佳,钟林生,成升魁.民族贫困地区居民对旅游扶贫效应的认知和参与行为研究:以青海省三江源地区为例[J].旅游学刊,2009,24(8):71-76.

[209] 杨敏.作为国家治理单元的社区:对城市社区建设运动过程中居民社区参与和社区认知的个案研究[J].社会学研究,2007,22(4):137-164.

[210] 翁时秀,彭华.权力关系对社区参与旅游发展的影响:以浙江省楠溪江芙蓉村为例[J].旅游学刊,2010,25(9):51-57.

[211] BELISLE F J. Tourism and food imports: The case of Jamaica[J]. Economic development and cultural change, 1984, 32(4):819-842.

[212] BELISLE F J. Tourism and food production in the Caribbean[J]. Annals of Tourism Research, 1983, 10(4):497-513.

[213] Singh E. Linkages between tourism and agriculture in South Pacific SIDS: the case of Niue[M]. Auckland University of Technology, 2012.

[214] SINGH E. Linkages between tourism and agriculture in South Pacific SIDS: the case of Niue[M]. Auckland University of Technology, 2012.

[215] MOMSEN J D. Report on vegetable production and the tourist industry in St. Lucia[M]. The University, 1972.

[216] MCELROY J L, ALBUQUERQUE K. Sustainable small-scale agriculture in small Caribbean islands.[J]. Society & Natural Resources, 1990, 3(2):109-129.

[217] GOFFE P. Development potential of international tourism[J]. Cornell Hotel and Restaurant Administration Quarterly, 1975, 16(3):24-37.

[218] PATTULLO P. Last resorts: The cost of tourism in the Caribbean[M]. Ian Randle Publishers, 1996.

[219] MOMSEN J H. Caribbean tourism and agriculture: New linkages in the global era [J]. Globalization and neoliberalism: The Caribbean context, 1998:115-134.

[220] TELFER D J. Tastes of Niagara[J]. International Journal of Hospitality & Tourism Administration, 2000, 1(1):71-88.

[221] ILBERY B, BOWLER I. From agricultural productivism to post-productivism[M]. Addison Wesley Longman Ltd, 1998.

[222] ORGANIZATION O A S I, CARIBBEAN T R A D. Tourism and agricultural linkages in the caribbean: Final report, OAS/CTRC Workshop: Caribbee Beach Hotel, Hastings, Barbados, July 18-19, 1984[M]. International Trade and Tourism Division, Dept. of Economic Affairs, Organization of American States, 1984.

[223] 王亚欣. 对台湾原住民部落观光营造的思考[J]. 旅游学刊, 2006, 21(4):27-31.

[224] BOPP M, GERMANN K, BOPP J, et al. Accessing community capacity for change[R]. Cochrane, Alberta, Canada: Four Worlds Press, 2000.

[225] 劳伦斯·纽曼. 社会研究方法：定性和定量的取向[M]. 郝大海，译. 北京：中国人民大学出版社，2007.

[226] R 基钦，N J 泰特. 人文地理学研究方法[M]. 蔡建辉，译. 北京：商务印书馆，2006.

[227] 克利福德. 当代地理学方法[M]. 商务印书馆，2012.

[228] BUSH R, DOWER J, MUTCH A, et al. Community capacity index[M]. Centre for Primary Health Care, the University of Queensland, 2002.

[229] FAWCETT B. Consistencies and inconsistencies: Mental health, compulsory treatment and community capacity building in England, Wales and Australia[J]. British Journal of Social Work, 2007, 37(6): 1027.

[230] FAWCETT L. Childrens wild animal stories and inter-species bonds[J]. Canadian Journal of Environmental Education (CJEE), 2002, 7(2): 125.

[231] FINN M, ELLIOTT-WHITE M, WALTON M. Tourism and leisure research methods: data collection, analysis, and interpretation[M]. Pearson Education, 2000.

[232] MOSER C, KALTON G. Survey methods in social investigation[M]. Aldershot: Dartmouth Publishing, 1993.

[233] KO D W, STEWAN W P. A structural equation model of residents' attitudes for tourism development[J]. Tourism Management, 2002, 23(5): 521-530.

[234] 迈尔斯休伯曼. 质性资料的分析：方法与实践[M]. 张芬芬，译. 重庆：重庆大学出版社，2008.

[235] BURTON T L, CHERRY G E. Social research techniques for planners[M]. Allen & Unwin Australia, 1970.

[236] 詹尼斯盖宁. 旅游研究方法[M]. 谢彦君，译. 北京：旅游教育出版社，2007.

[237] 风笑天. 社会学研究方法[M]. 北京：中国人民大学出版社，2009.

[238] BRIEDENHANN J, WICKENS E. Combining qualitative and quantitative research methods in evaluation related rural tourism development research[C], 2002.

[239] ASHLEY C. Methodology for pro-poor tourism case studies[M]. Overseas Development Institute, 2002.

[240] HARRILL R. Residents'attitudes toward tourism development: A literature review with implications for tourism planning[J]. Journal of Planning Literature, 2004, 18(1):1-16.

[241] 陈正昌, 程炳林, 陈新丰, 等. 多变量分析方法: 统计软件应用[M]. 北京: 中国税务出版社, 2005.

[242] 邱皓政. 量化研究与统计分析[M]. 重庆: 重庆大学出版社, 2009.

[243] 王保进. 英文视窗版 SPSS 与行为科学研究[M]. 北京: 北京大学出版社, 2007.

[244] 张文彤. SPSS 统计分析高级教程[M]. 北京: 高等教育出版社, 2004.

[245] 孙九霞, 保继刚. 社区参与的旅游人类学研究: 阳朔遇龙河案例[J]. 广西民族学院学报: 哲学社会科学版, 2005, 27(1):85-92.

[246] 林震岩. 多变量分析: SPSS 的操作与应用[M]. 北京: 北京大学出版社, 2007.

[247] 王保进. 多变量分析[M]. 北京: 北京大学出版社, 2007.

[248] JUROWSKI C. A study of community sentiments in relation to attitudes toward tourism development.[J]. Tourism Analysis, 1998, 3(1):17-24.

[249] KOR P. Resident perceptions of tourism in a resort town[J]. Leisure Sciences, 1998, 20(3):193-212.

[250] URIELY N, ISRAELI A A, REICHEL A. Heritage proximity and resident attitudes toward tourism development[J]. Annals of Tourism Research, 2002, 29(3):859-862.

[251] AREF F, REDZUAN M R B, EMBY Z. Assessing sense of community dimension of community[J]. European Journal of Social Sciences, 2009, 7(3):126-132.

[252] MACLELLAN-WRIGHT F, ANDERSON D, BARBER S, et al. The development of measures of community capacity for community-based funding programs in Canada[J]. Health Promot. Int., 2007, 22(4):299-306.

[253] AREF F, REDZUAN M R, GILL S S, et al. Assessing the level of community capacity building in tourism[J]. Journal of Sustainable Development, 2010, 3

(1):81-90.

[254] LAVERACK G. An idenfication and interpretation of the organizational aspects of community empowerment[J]. Community Development Journal, 2001, 36(2):134-145.

[255] 霍尔 C 米歇尔, 佩奇·斯蒂芬 J. 旅游休闲地理学:环境.地点.空间[M]. 周昌军, 何佳梅, 译. 北京: 旅游教育出版社, 2007.

[256] 黄俊英. 多变量分析[M]. 第7版. 台北: 中国经济企业研究所, 2004.

[257] 吴明隆. SPSS 操作与应用:多变量分析实务[M]. 台北: 五南图书出版有限公司, 2008.

[258] IFE J. Community development: Creating community alternatives – vision, analysis and practice[M]. Melbourne: Addison Wesley Longman, 1996.

[259] BLACKSTOCK K. A critical look at community based tourism[J]. Community Development Journal, 2005, 40(1):39-49.

[260] 陈树强. 增权:社会工作理论与实践的新视角[J]. 社会学研究, 2003, 18(5):70-83.

[261] 周林刚. 激发权能理论:一个文献的综述[J]. 深圳大学学报:人文社会科学版, 2005, 22(6):45-50.

[262] 唐咏. 中国增权理论研究述评[J]. 社会科学家, 2009, 24(1):18-20.

[263] 王宁. 消费者增权还是消费者去权:中国城市宏观消费模式转型的重新审视[J]. 中山大学学报:社会科学版, 2006, 46(6):100-106.

[264] 保继刚, 孙九霞. 雨崩村社区旅游:社区参与方式及其增权意义[J]. 旅游论坛, 2008, 1(1):58-65.

[265] 郭文. 乡村居民参与旅游开发的轮流制模式及社区增权效能研究:云南香格里拉雨崩社区个案[J]. 旅游学刊, 2010, 25(3):76-83.

[266] 于萍. 基于社区增权的乡村旅游可持续发展研究[J]. 哈尔滨商业大学学报:社会科学版, 2010, 26(2):93-96.

[267] 丘海雄, 徐建牛. 市场转型过程中地方政府角色研究述评[J]. 社会学研究, 2004, 4(4):24-30.

[268] 郑广怀. 伤残农民工:无法被赋权的群体[J]. 社会学研究, 2005(3):99-118.

[269] 周林刚, 朱昌华. 伤残农民工"私了"的去权机制分析——以激发权能理论

为视角[J]. 甘肃社会科学, 2009(1):20-23.

[270] PARSONS R. Empowerm ent for role alternatives for low income minority girls : A group work approach[D]. N ew Y ork: Haworth Press, 1989.

[271] Butler R W. The concept of a tourist area cycle of evolution: implications for management of resources[J]. Canadian Geographer, 1980, 24(24):5-12.

[272] RICHARDS M. Protected areas, people and incentives in the search for sustainable forest conservation in Honduras[J]. Environmental Conservation, 1996,23(3):207-217.

[273] WALMSLEY D J, Boskovic R M, Pigram J J. Tourism and crime: An Australian perspective.[J]. Journal of Leisure Research, 1983.

[274] 陈绍东. 天堂寨镇第十六届人民代表大会第二次会议政府工作报告[R]. 天堂寨镇: 2008.

[275] 徐现祥, 王贤彬, 舒元. 地方官员与经济增长[J]. 经济研究, 2007,53(9):18-31.

[276] 丘海雄, 徐建牛. 市场转型过程中地方政府角色研究述评[J]. 社会学研究, 2004,4(4):24-30.

[277] 保继刚, 左冰. 旅游招商引资中的制度性机会主义行为解析.西部A地旅游招商引资个案研究[J]. 人文地理, 2008,26(3):1-6, 91.

[278] 赵德余. 土地征用过程中农民.地方政府与国家的关系互动[J]. 社会学研究, 2009,24(2):93-129.

[279] 周黎安. 中国地方官员的晋升锦标赛模式研究[J]. 经济研究, 2007,53(7):36-50.

[280] 中共金寨县委, 金寨县人民政府. 金寨县招商引资考评奖惩实施办法[R]. 金寨县: 2011.

[281] 张闫龙.财务分权与省以下政府间关系的演变[J].社会学研究,2006,21(3):39-63.

[282] 中共金寨县委, 金寨县人民政府. 金寨县驻外招商分局管理考核办法(试行)[R]. 金寨县: 2011.

[283] 中共六安市委, 六安市人民政府. 关于切实做好2005年招商引资工作的意见[R]. 六安市: 2005.

[284] 六安市人民政府.六安市人民政府依法行政考核办法[R]. 六安市: 2009.

[285] 六安市人民政府,中共六安市委. 关于进一步加强招商引资工作的意见[R]. 六安市:2003.

[286] 金寨县人民政府. 金寨县2010年招商引资工作意见[R]. 金寨县:2010.

[287] 金寨县人民政府. 金寨县投资环境[EB/OL]. (2011-02-15) http://www.jzzs.gov.cn/zhinan/index.asp.

[288] 周飞舟. 生财有道:土地开发和转让中的政府和农民[J]. 社会学研究, 2007,22(1):49-82.

[289] 黄伟,陈炳军. 天堂寨镇经济发展情况调研报告[R]. 天堂寨镇:2008.

[290] ZHOU L. Career concerns, incentive contract, and contract renegotiation in the chinese political economy[D]. Stanford University, 2002.

[291] 张建君. 政府权力、精英关系和乡镇企业改制:比较苏南和温州的不同实践[J]. 社会学研究, 2005,20(5):92-124.

[292] 朱旭峰. 政策决策转型与精英优势[J]. 社会学研究, 2008,23(2):69-93,244.

[293] 刘丹萍. 乡村社区旅游业早期从业者研究:元阳梯田案例之启示[J]. 旅游学刊, 2008,23(8):45-51.

[294] FREITAG T G. Enclave tourism development for whom the benefits roll?[J]. Annals of Tourism Research, 1994,21(3):538-554.

[295] BRYDEN J M. Tourism and development: A case study of the Commonwealth Caribbean[M]. Cambridge University, 1973.

[296] 黄小虎. 征地制度改革的经济学思考[J]. 中国土地, 2002,21(8):22-24.

[297] 周其仁. 中国农村改革:国家与土地所有权关系的变化:一个经济制度变迁史的回顾[J]. 中国社会科学季刊(香港), 1994,夏季卷:145-159.

[298] 安徽省旅游局. 安徽省旅游大辞典[M]. 合肥:黄山书社,2004.

[299] 张韶春. 市政府工作报告[R]. 六安市,2010.

[300] 金寨县人民政府.《政府工作报告》主要工作任务分解表[Z]. 金寨县,2009.

[301] THEOBALD WILLIAM. 全球旅游新论[M]. 张广瑞,译. 北京:中国旅游出版社,2001.

[302] URRY J. 游客凝视[M]. 杨慧,赵玉中,王庆玲,等,译. 桂林:广西师范大学出版社,2009.

附录 A 天堂寨镇农村旅游参与调查问卷

尊敬的农村朋友:

您好!天堂寨镇政府与南京大学合作进行天堂寨农村旅游调查。经过仔细选择,我们邀请您作为村民代表参与本问卷调研,目的在于了解天堂寨镇农村旅游发展情况。调查不记名,恳请您协助回答!

        某书记 韩国圣

      天堂寨镇政府 南京大学旅游研究所

一、请问您的基本个人背景与经验。

1.性别:A.男;B. 女

2.年龄: 岁

3.文化程度:A.小学及以下 B.初中 C.高中 D.大中专 E.本科及以上

4.在此地居住时间:A.生来就住在这里;B. 年

5.是否是村委会成员:A.是 B.否

6.请选出您现在的工作(限选一项)

1A.本村务农 1B.外地打工 2C.经营土特产 1D.养殖业(黑毛猪、土鸡)

1E.建筑业 2F.经营饮食业 2G.做服务员 2H.搞运输业

2I.旅游业 2J.其他行业(请在下面写出名字)

7.如果到镇上从事旅游工作,请选择您最可行一项(限选一项):

A.景区护林保管员 B.当导游 C.当厨师 D.开餐馆 E.开旅馆 F.开商店

G.开早餐店(炸油条卖豆浆) H.当保安 I.开蔬菜粮油店 J.参与开发新景点

K.开土特产店 L.当清洁卫生工人 M.开歌厅 N.出租天堂寨店铺

二、本题调查您对天堂寨旅游业的认识,请根据您的判断选出最合适的(限

附录 A
天堂寨镇农村旅游参与调查问卷

选一项)选项

项目	非常符合	比较符合	一般	比较不符合	非常不符合
开发历史文化古迹(老房子、寺庙)	5	4	3	2	1
开发民俗文化节日(舞狮子、玩花船)	5	4	3	2	1
开发生态旅游活动(登山、森林观光)	5	4	3	2	1
就业机会增加了	5	4	3	2	1
买卖东西方便了	5	4	3	2	1
发展旅游业后玩的地方多了	5	4	3	2	1
政府税收增加了	5	4	3	2	1
投资机会增加了	5	4	3	2	1
生活居住拥挤	5	4	3	2	1
犯罪增加了	5	4	3	2	1
物价上涨	5	4	3	2	1
噪声与环境污染增加了	5	4	3	2	1
保护了本地文化(小调戏、玩龙船等)	5	4	3	2	1
可看可玩的地方多了	5	4	3	2	1
保护了老房子	5	4	3	2	1
交通方便了	5	4	3	2	1
旅游者扰乱了农村的生活	5	4	3	2	1
旅游者会破坏本地文化	5	4	3	2	1
靠近景区住有麻烦(比如噪声、环境污染)	5	4	3	2	1
本地村民开发了文化表演(比如舞龙船)	5	4	3	2	1
村民向旅游者表演文化节目(比如小调戏)	5	4	3	2	1
旅游者看我们的文化表演真自豪	5	4	3	2	1
要是离开了很难过	5	4	3	2	1

续表

项目	非常符合	比较符合	一般	比较不符合	非常不符合
在村里无拘无束	5	4	3	2	1
熟悉村里情况	5	4	3	2	1
在村里生活很满意	5	4	3	2	1
环境问题	5	4	3	2	1
犯罪问题	5	4	3	2	1
学校教育	5	4	3	2	1
就业问题	5	4	3	2	1
提高生活水平	5	4	3	2	1
要是工作机会多宁可多交些税	5	4	3	2	1
政府多增加工作岗位	5	4	3	2	1
创造工作机会让年轻人在家乡创业	5	4	3	2	1
山里资源、地方有限	5	4	3	2	1
保护自然平衡	5	4	3	2	1
防止自然灾害	5	4	3	2	1
大力改造自然	5	4	3	2	1
山里一草一木都保护	5	4	3	2	1
大自然不能解决工业污染	5	4	3	2	1
有空的可以进景区玩	5	4	3	2	1
在天堂寨生活很舒服	5	4	3	2	1
在天堂寨能够展现自我	5	4	3	2	1

三、本题调查旅游发展问题,请根据您的判断选择一项(限选一项)。

项目	非常同意	比较同意	无所谓	比较不同意	非常不同意
建立以及参加村旅游开发委员会	5	4	3	2	1

附录 A
天堂寨镇农村旅游参与调查问卷

续表

项目	非常同意	比较同意	无所谓	比较不同意	非常不同意
成为村旅游开发的牵头人	5	4	3	2	1
克服困难参加村旅游开发项目	5	4	3	2	1
采取有效的方法与村民沟通交流	5	4	3	2	1
我愿意做村旅游责任人	5	4	3	2	1
在村委会指导下带领大家开发旅游	5	4	3	2	1
培养村旅游开发积极分子	5	4	3	2	1
与村委会、居民组经常沟通	5	4	3	2	1
提高村居民组办事效率	5	4	3	2	1
建立对村民有帮助的群众组织(互助组)	5	4	3	2	1
提供旅游开发信息	5	4	3	2	1
提供旅游开发的知识	5	4	3	2	1
当旅游开发需要帮助的时候就能得到帮助	5	4	3	2	1
与村民反复沟通	5	4	3	2	1
寻找解决问题的根本措施	5	4	3	2	1
在旅游开发中让村民提意见	5	4	3	2	1
在解决村旅游问题中让村民提意见	5	4	3	2	1
获得村内支持	5	4	3	2	1
获得外界支持	5	4	3	2	1
获得旅游开发的技术	5	4	3	2	1
给村民提供学习技术知识的机会	5	4	3	2	1
与镇上各个部门取得联系	5	4	3	2	1
共享旅游开发的信息	5	4	3	2	1
共享旅游资源	5	4	3	2	1
与各级组织联合采取行动解决遇到的问题	5	4	3	2	1
天堂寨是生我养我的地方,离开了就想它	5	4	3	2	1
我们一直就在这里	5	4	3	2	1

续表

项目	非常同意	比较同意	无所谓	比较不同意	非常不同意
我们有共同的民俗习惯	5	4	3	2	1
我们在这里感觉很放松	5	4	3	2	1
我热爱我的家乡,保护我的家乡	5	4	3	2	1
村民之间彼此信赖,不用谁提防谁	5	4	3	2	1
我们说话很自由	5	4	3	2	1
我们有权利保护天堂寨	5	4	3	2	1
天堂寨旅游业给每个人带来了好处	5	4	3	2	1
我是天堂寨人,我属于天堂寨	5	4	3	2	1
在村里做事很放心	5	4	3	2	1
我们有共同的乡规民约	5	4	3	2	1
村里的事大家都参加	5	4	3	2	1
我们是一个大家庭	5	4	3	2	1

四、本题调查天堂寨农村参与旅游开发的困难。请根据您的判断选择最合适的一项。

项目	非常符合	比较符合	一般	比较不符合	非常不符合
村委会可以决定旅游开发	5	4	3	2	1
政府批准我们村旅游开发项目	5	4	3	2	1
政府对我们发展旅游信任	5	4	3	2	1
我们村里人能够参与旅游业	5	4	3	2	1
居民对旅游开发反映积极	5	4	3	2	1
居民对旅游开发认识水平高	5	4	3	2	1
村领导与旅游部门有沟通	5	4	3	2	1
村委会政策稳定、连续	5	4	3	2	1
我们村对旅游业了解	5	4	3	2	1

附录 A 天堂寨镇农村旅游参与调查问卷

续表

项目	非常符合	比较符合	一般	比较不符合	非常不符合
当地居民对领导信任	5	4	3	2	1
当地缺乏旅游开发的资金、开发知识与技术	5	4	3	2	1
当地人对旅游业不了解	5	4	3	2	1
旅游开发是政府的责任	5	4	3	2	1
政府排斥农村参与旅游开发	5	4	3	2	1
天堂寨广告宣传有限	5	4	3	2	1
天堂寨旅游交通不便	5	4	3	2	1
当地居民对旅游缺少了解	5	4	3	2	1
当地政府组织居民参与过旅游决策	5	4	3	2	1
当地居民分享过旅游收益	5	4	3	2	1
缺少与其他旅游企业的合作	5	4	3	2	1
不了解旅游政策	5	4	3	2	1
政府没有对村民培训	5	4	3	2	1
村民不了解旅游规划	5	4	3	2	1
天堂寨旅游开发依赖外地资金和专业知识	5	4	3	2	1
政策出台比较晚	5	4	3	2	1
接触不到旅游信息	5	4	3	2	1
旅游规划内容难以理解	5	4	3	2	1
农村社区开发没有明确的目标	5	4	3	2	1
领导没有激励大家参与旅游业	5	4	3	2	1
村民对旅游开发不支持	5	4	3	2	1
农村对于旅游政策没有发言权	5	4	3	2	1
政府发展社区能力没有兴趣	5	4	3	2	1

续表

项目	非常符合	比较符合	一般	比较不符合	非常不符合
不能利用资源抓住旅游发展机会	5	4	3	2	1
村民不能参与政策制定	5	4	3	2	1
社区缺乏相应的知识与缺少意识	5	4	3	2	1
当地重视政府开发,轻视民间开发	5	4	3	2	1
村民缺乏参与旅游开发的能力	5	4	3	2	1
缺少旅游规划人才	5	4	3	2	1
镇政府没有认识到农村参与旅游开发的重要性	5	4	3	2	1
农村没有旅游开发的人才	5	4	3	2	1
农民不了解旅游开发政策	5	4	3	2	1
政府机构办事没有效率	5	4	3	2	1
需要政府满足农村的需要	5	4	3	2	1
无法解决农村的问题	5	4	3	2	1
农村没有旅游管理人才	5	4	3	2	1
村委会与农民存在冲突	5	4	3	2	1
农民参与旅游有时间限制	5	4	3	2	1
没有接受旅游教育或没有旅游知识	5	4	3	2	1
不懂得用外语进行沟通	5	4	3	2	1
对饭店知识不了解	5	4	3	2	1
对旅游发展的结果不了解	5	4	3	2	1
不能管理旅游发展	5	4	3	2	1
政治(政策)经常变化	5	4	3	2	1
资金难以到位	5	4	3	2	1

问卷结束,十分感谢您的支持与配合！祝您新年愉快！

附录 B　旅游者餐饮调查问卷

旅游者餐饮调查问卷

尊敬的旅游者朋友,您好!

我们承担了《旅游发展总体规划》的编制工作,正在进行旅游者的问卷调查。

请您在认为适合的选项打"√"即可,非常感谢您的支持与合作!

南京大学旅游研究所 2008 年 4 月

一、旅游者基本信息

1. 您来自_____省_____市_____县
2. 年龄:年龄:□18~24 岁　□25~34 岁　□35~44 岁　□45 岁以上
3. 性别:□男　　□女
4. 收入水平:□1000 元以下　□1001~2000 元　□2001~3000 元　□3001 元以上
5. 教育水平:小学及以下　　初中　　高中　　大/中专　　本科及以上
6. 旅游方式:□团队　　□散客

二、旅游者餐饮偏好

1. 饮食对您旅游体验(经历)的重要性(请划√)

非常不重要	不太重要	重要	相当重要	非常重要

2.您对下列地方饮食感兴趣的程度(请划√)

因素	极其喜欢	相当喜欢	有些喜欢	不太喜欢	不喜欢
○喝天堂寨小吊酒	○	○	○	○	○
□吃天堂寨吊锅	□	□	□	□	□
○品尝当地土鸡	○	○	○	○	○
□品尝烟熏腊肉	□	□	□	□	□
○品尝当地水果	○	○	○	○	○
□吃当地山野菜	□	□	□	□	□
○品尝天堂寨贡鱼	○	○	○	○	○
□吃当地杂粮面食	□	□	□	□	□
○品尝烟熏红豆腐	○	○	○	○	○

3.根据您对下列菜系的喜欢程度给下列菜肴排序。您的排序顺序：_____
 A.鄂菜　B.淮扬菜　C.天堂寨土菜　D.徽菜　E.上海本帮菜　F.其他
4.请您对选择用餐地点考虑的因素进行评价(请划√)

Interval Scale

从选项中选择一项,把方框涂黑	非常不重要	不太重要	重要	相当重要	非常重要
交通方便到达	□	□	□	□	□
品尝旅游地食品	□	□	□	□	□
餐饮食品口味	□	□	□	□	□
就餐地点	□	□	□	□	□
就餐文化氛围	□	□	□	□	□
餐饮食品价格	□	□	□	□	□
餐饮卫生状况	□	□	□	□	□

5.请您谈谈该旅游地餐饮业存在的问题,如何加强餐饮业与当地农业的经济联系?

_____

_____

附录 C 饭店食品服务调查
（餐饮经理/行政总厨用问卷）

尊敬的旅游业朋友,您好！该问卷是《六安市旅游发展总体规划》的调研问卷,旨在研究六安旅游业与当地农业的联系。您提供的信息将严格保密,调查成果仅以汇总的形式体现。您的名字和贵宾馆的名字都不会在研究报告中出现。谢谢您的大力帮助！

1.您的职位：_____； 您任现职的时间：_____年____月	您从事饭店业的时间：_____年____月 Ratio Scale 您的出生地：_____省_____市 Nominal Scale
请写出您在饭店工作过或接受过正式培训的省(市)： A_____；B_____；C_____；D_____；E_____	

2.您宾馆有_____个餐厅,请您提供每个餐厅的菜系、座位数、人均花费、菜品的数量

餐厅号	菜系	座位数	人均花费(元)	菜品的数量
A				
B				
C				
D				

3.根据您的经营经验,选出下列省市旅游者的餐饮偏好,请您选出一项最符合这些省市旅游者餐饮特征的一项,如果您感觉不明显,请选"不明显"。

附 录 C
饭店食品服务调查(餐饮经理/行政总厨用问卷)

从选项中选择一项,把方框涂黑	江苏	上海	安徽	河南	湖北
●喜欢家乡食品的口味	□	○	□	○	□
●喜欢体验旅游地食品口味	□	○	□	○	□
●不明显	□	○	□	○	□
●对餐饮口味讲究挑剔	□	○	□	○	□
●对餐饮口味不太苛刻	□	○	□	○	□
●不明显	□	○	□	○	□
●倾向在较好的高级别餐厅用晚餐,更注重精致地用餐	□	○	□	○	□
●倾向在经济档餐馆就餐,喜欢在小吃摊品尝小吃	□	○	□	○	□
●不明显	□	○	□	○	□
●用餐方面花费很大方	□	○	□	○	□
●就餐方面尽量少花钱	□	○	□	○	□
●不明显	□	○	□	○	□

4.根据您饭店客人对下列菜系的喜欢程度给下列菜肴排序。您的排序顺序:_____

A.鄂菜　B.淮扬菜　C.天堂寨土菜　D.徽菜　E.上海本帮菜　F.其他

5.按照您的观点,您的客人对下列地方饮食感兴趣的程度。

因素	极其喜欢	相当喜欢	有些喜欢	不太喜欢	不喜欢
○喝天堂寨小吊酒	○	○	○	○	○
□吃天堂寨吊锅	□	□	□	□	□
○品尝当地土鸡	○	○	○	○	○
□品尝烟熏腊肉	□	□	□	□	□
○品尝当地水果	○	○	○	○	○
□吃当地山野菜	□	□	□	□	□
○品尝天堂寨贡鱼	○	○	○	○	○

续表

因素	极其喜欢	相当喜欢	有些喜欢	不太喜欢	不喜欢
□吃当地杂粮面食	□	□	□	□	□
○品尝烟熏红豆腐	○	○	○	○	○

6.请您对阿坝州提供的食品质量、种类、价格打分

食品种类	优	良	一般	差	非常差
■蔬菜					
质量	□	□	□	□	□
种类	□	□	□	□	□
价格	□	□	□	□	□
■水果					
质量	□	□	□	□	□
种类	□	□	□	□	□
价格	□	□	□	□	□
■鲜肉					
质量	□	□	□	□	□
种类	□	□	□	□	□
价格	□	□	□	□	□
■鲜禽					
质量	□	□	□	□	□
种类	□	□	□	□	□
价格	□	□	□	□	□
■调料香料					
质量	□	□	□	□	□
种类	□	□	□	□	□
价格	□	□	□	□	□

续表

食品种类	优	良	一般	差	非常差
■水产					
质量	☐	☐	☐	☐	☐
种类	☐	☐	☐	☐	☐
价格	☐	☐	☐	☐	☐
■冻肉冻禽					
质量	☐	☐	☐	☐	☐
种类	☐	☐	☐	☐	☐
价格	☐	☐	☐	☐	☐

7.针对每种食品划"√",选出您认为主要从外地(县以外的地区)运进的最主要的两个原因

原因	供应量不充足	供应不持续	供应成本高	当地不生产	当地产品质量差	地方产品价格高	旅游者口味喜欢	无须从外地运进品种
水果								
蔬菜								
水产品								
肉类								
禽类								
冻肉禽								
调味品								

8.饭店饮食采购在与地方经济加强联系中存在有哪些限制因素?请提出您对发展地方经济服务旅游业的建议?

附录 D 研究数据与资料详细列表

序号	调研对象	名称	对象典型性	样本性质
1	主管副县长	某县主管旅游工作王副县长访谈资料	县级主管旅游业领导	行政人员
2	旅游局长	某县旅游局张副局长访谈资料	县级旅游管理部门	行政人员
3	天堂寨镇长	天堂寨镇某镇长访谈资料	镇政府主管旅游副镇长	行政人员
4	天堂寨景区管委副主任	天堂寨旅游管委王副主任	景区管委副主任	行政人员
5	农村社区领导1	某村书记访谈	中距离农村社区领导	行政人员
6	农村社区领导2	某村书记访谈	近距离农村社区领导	行政人员
7	农村社区领导3	某村书记访谈	远距离农村社区领导	行政人员
8	农村社区领导4	某村书记访谈	中距离农村社区领导	行政人员
9	天堂寨镇领导与企业家代表	某镇政府旅游发展座谈	旅游业主要利益相关者	行政人员+企业精英
10	副总经理兼行政总厨	某山庄副总经理兼行政总厨	四星级饭店-外来资本	外来资本企业精英
11	星级饭店总经理	某山庄总经理访谈资料	三星级饭店-地方资本	企业精英+县政协委员

续表

序号	调研对象	名称	对象典型性	样本性质
12	街道餐馆	某饭店总经理	规模饭店	企业精英+县人大代表
13	街道餐馆老板	某老板访谈	星级宾馆厨师兼餐馆老板	企业业主+社区精英
14	饭店与餐馆业主	某旅游中心区饭店社会网络问卷	天堂寨街道至景区企业	企业业主
15	饭店与餐馆业主	某饭店经理食品服务调查问卷32	天堂寨街道至景区企业	企业业主
16	饭店与餐馆业主	某饭店经理食品采购调查问卷32	天堂寨街道至景区企业	企业业主
17	土特产经销商老板	某土特产经销店老板	土特产经销商	社区小企业家
18	土特产种植户	土特产种植户蒋涛	土特产种植农户	社区小企业家
19	土特产老板	某土特产商	土特产收购经销商	社区小企业家
20	天麻中药材种植协会会长	天麻中药材种植协会会长	土特产生产农业合作社	社区企业家+社区精英
21	土特产零售商	某村土特产零售商访谈记录	土特产零售商	社区小企业家
22	小规模养殖专业户	某村养殖专业户深度访谈	离景区近黑毛猪养殖户	社区小企业家
23	小规模养猪专业户	养猪专业户黄某	离景区远养殖户兼兽医	社区小企业家

续表

序号	调研对象	名称	对象典型性	样本性质
24	大规模养殖大户	某养殖大户黄某	离景区远黑毛猪兼兽医	社区企业家+社区精英
25	中等规模养殖户	某村黑毛猪养殖户洪贵洲	离景区远黑毛猪养殖户	社区小企业家
25	农家乐老板	某农家乐男老板	旅游沿线经营多年	社区小企业家
26	村委农家乐老板	某49号农家乐业主	旅游沿线兼营多年	社区企业家+社区精英
27	农家乐	黄某	旅游沿线初涉经营	社区小企业家
28	农家乐	某农家乐兰某	已装修完即将营业	社区小企业+居民
29	旅游纪念品商店老板	旅游纪念品商店吴某	原林场中层退休职工	社区小企业家
30	旅游纪念品商店女老板	天堂寨旅游商店老板	原林场下岗职工家属	社区小企业家
31	A村农村居民	旅游参与问卷+50人结构式访谈	旅游沿线农村社区居民	社区居民
32	B村农村居民	旅游参与问卷+35人结构式访谈	旅游沿线农村社区居民	社区居民
33	C村农村居民	旅游参与问卷+35人结构式访谈	近距离农村社区居民	社区居民
34	D村农村居民	旅游参与问卷+20人结构式访谈	近距离农村社区居民	社区居民
35	E村农村居民	旅游参与问卷+11人结构式访谈	偏远农村社区居民	社区居民
36	F村农村居民	旅游参与问卷+12人结构式访谈	偏远农村社区居民	社区居民
37	G村农村居民	旅游参与问卷+12人结构式访谈	偏远农村社区居民	社区居民

附录 D
研究数据与资料详细列表

续表

序号	调研对象	名称	对象典型性	样本性质
38	H 村农村居民	旅游参与问卷+23 人结构式访谈	偏远农村社区居民	社区居民
39	H 村叶姓居民	社区旅游参与深度访谈	偏远农村居民非参与个案	社区居民
40	C 村吴姓居民	社区旅游参与深度访谈	偏远农村居民非参与个案	社区居民
41	A 村汪姓居民	社区政治精英深度访谈	近距离农村旅游参与个案	社区居民
42	A 村居民	已经参与旅游业深度访谈	近距离农村旅游参与个案	社区居民
43	A 村居民	社区没有参与旅游业深度访谈	近距离农村非参与个案	社区居民
44	B 村居民	外出打工居民深度访谈	近距离农村非参与个案	社区居民
45	B 村居民	外出打工居民深度访谈	近距离农村非参与个案	社区居民
46	天堂寨游客	380 份旅游者餐饮满意度问卷	天堂寨旅游者	旅游者
	发文单位	文件名称	内容分类	发文日期
47	某镇政府	某镇旅游发展总体规划	城镇规划	2007－12－12
48	某国家森林公园管理处	某旅游营销规划	城镇规划	2008-09
49	某国家森林公园管理处	某旅游扶贫实验区旅游发展总体规划（2008—2020）	城镇规划	2008-09
50	某景区管委会	某风景区电脑触摸屏文字资料	网站信息	2008－05－28
51	某镇政府	某镇生态农业观光园规划	城镇规划	2008－03－18

续表

序号	调研对象	名称	对象典型性	样本性质
52	某镇政府	某镇发展思路	经济发展	2008-03-18
53	某镇政府	某镇"菜篮子"工程实施方案	经济发展	2008-03-24
54	某镇政府	2008天堂寨镇种植养殖大户名单	经济发展	
55	某镇政府	某镇抓现代特色农业发展的新思路、新举措	经济发展	
56	某镇	某县政府网	网络信息	2009-04-29
57	某风景区旅游发展公司	某风景区市场营销方案	市场信息	2007-03
58	某风景区旅游管理科	某景区导游人员诚信公约	旅游管理信息	2007-09-20
59	某风景区旅游管理科	关于成立导游服务中心急需解决的几点问题	旅游管理信息	2007-11
60	某风景区管理处	关于成立某风景区旅游协会筹备组的申请	旅游管理信息	2007年12月31日
61	某风景区旅游协会筹备组	关于要求成立某旅游协会的申请	旅游管理信息	2007年12月31日
62	某风景区旅游管理科	某风景区景区讲解员工作守则	旅游管理信息	2008-04-28
63	某风景区旅游管理科	某集团公司介绍以及景区现状和发展前景	旅游管理信息	2008-05-23
64	某风景区旅游管理科	旅游行业诚信服务公约	旅游管理信息	2008-05-24
65	某风景区旅游管理科	某对外宣传方案(讨论稿)	旅游管理信息	2007-10-16

附录 D
研究数据与资料详细列表

续表

序号	调研对象	名称	对象典型性	样本性质
66	某风景区旅游管理科	某风景区导游词（修改）	旅游管理信息	2007-10-15
67	某风景区旅游管理科	某风景区导游人员管理办法	旅游管理信息	2007-11
68	某风景区旅游管理科	某风景区管理处旅游管理科二零零七年度工作总结	旅游管理信息	2007-12
69	某风景区旅游管理科	某风景区旅游发展公司项目贷款资料	旅游管理信息	2007-12
70	某市政府	某市政府工作报告（2005—2011）	旅游政策信息	2011-03
71	某市政府	某市政府招商引资工作意见（2005—2010）	旅游政策信息	2010-01
72	某县政府	某县政府工作报告（2005—2011）	旅游政策信息	2011-03
73	某县政府	某县政府招商引资工作意见（2005—2010）	旅游政策信息	2010-01

附录 E 博士论文相关的研究成果

1.韩国圣,李辉.国外旅游发展社区响应的理论模型述评[J].资源科学,2016,38(9):1643-1652.(CSSCI)

2.韩国圣,李辉,Alan Lew.成长型旅游目的地星级饭店经营效率空间分布特征及影响因素——基于DEA与Tobit模型的实证分析[J].旅游科学,2015,29(5):51-64.(CSSCI)

3.韩国圣,李辉,Alan.基于旅游与农业联系的游客餐饮感知研究:评价维度与联系机制[J].世界地理研究,2015,24(2):158-166.

4.HAN G S,WU P L,HUANG Y W,et al.Tourism development and the disempowerment of host residents:types and formative mechanisms[J].Tourism Geographies,2014,16(5):717-740.(SSCI)

5.韩国圣,李辉.山地农村居民旅游就业期望的差异分析[J].劳动经济评论,2014,7(1):143-155.

6.韩国圣,吴佩林,黄跃雯,等.山地旅游发展对社区居民的去权与形成机制——以安徽天堂寨旅游区为例[J].地理研究,2013,32(10):1948-1963.(CSCD)

7.韩国圣,李辉,朱峰,等.天堂寨社区居民旅游就业意愿多重对应分析[J].华东经济管理,2013(2):18-23.(CSSCI)

8.韩国圣,张捷,黄跃雯,等.基于旅游影响感知的自然旅游地居民分类及影响因素——以安徽天堂寨景区为例[J].人文地理,2012(6):110-116.(CSSCI)

9.韩国圣,李辉,朱峰,等.天堂寨景区社区领导与普通居民旅游感知的差异[J].旅游研究,2012,4(3):45-50.

10.尹立杰,张捷,韩国圣,等.基于地方感视角的乡村居民旅游影响感知研

究——以安徽省天堂寨为例[J].地理研究,2012,31(10):1916-1926.(CSCD)

11.HAN G,FANG W T,HUANG Y W.Classification and Influential Factors in the Perceived Tourism Impacts of Community Residents on Nature-based Destinations: China's Tiantangzhai Scenic Area[J].Procedia Environmental Sciences,2011,10(10):2010-2015.(EI)

12.韩国圣,张捷,黄跃雯,等.天堂寨景区农村社区居民旅游影响感知的差异分析[J].地理科学,2011,31(12):1525-1532.(CSCD)

后 记

本书是根据我的博士论文修改完善而成。原本想继续沿用博士论文原文的致谢,但是那个致谢是当时被博士论文修改折磨、困扰而仓促写就的,应付的、公式化的意味浓厚,读起来也索然无味。作为一个读书人,买到一本新书未必完完整整地阅读完,但是前言后记往往会让有点好奇心的读者了解作者写书背后的故事。基于此考虑,在该书出版之际,我还是决定重写后记,同时也感谢刘彦会编辑耐心而仔细地编辑本书。我想通过后记好好反思一些博士论文研究和写作的教训,或许对正在读学位的同仁有些许帮助。

我是 2007 年 9 月进入南京大学跟随张捷教授读书的。自从 5 月份得到录取的消息后,我更多地是沉浸在忘乎所以的惊喜中,要是有读者看到本书时正准备攻读研究生学位,我倒是要忠告他(她),拿到录取通知之前要是仔细地学习研究方法、研究软件,再进行攻读研究生学位会更好。我记得 2007 年 9 月在南大陶园小树林的石桌上尽管读了一些文献,博士第一学期也上了自然地理学研究进展、人文地理学研究进展、地理信息研究进展等专业课,但遗憾的是当时都是把作业仅仅当作作业应付了事。记得在上自然地理学研究进展课时,鹿化煜老师曾建议我们阅读一下 Progress in Physical Geography 里面自己喜欢的综述文章,现在想来老师真是真知灼见。尽早阅读到权威期刊中一些自己喜欢的文献综述或许能把您领进一个领域、一扇门,对那些苦于寻找研究问题的"研究僧"们或许是一个不错的方法。如果当时认认真真地把这些作业都做好,再整理成小文章发表,那该有多好。所以我现在指导研究生,见面之初我都会先推荐几篇我认为好的文献综述给他们阅读,然后让他们告诉我感兴趣的问题,再顺藤摸瓜追溯文献,也就慢慢地进入状态了。如果把博士论文写作选题看作一

后 记

个未知的探险,我倒是要建议读者一定要找到一个自己喜欢的话题,这样才能兴趣盎然地走下去(而不会频繁变换题目,或者毕业后"移情别恋"),然后再写一篇一篇的小文章,最后做成一篇大文章,是再好不过了。可惜,我的研究并未完全按照这个方法做,为了满足南京大学的论文要求,开始胡乱写一通,以致后来论文写作还是要重新做。

在攻读博士期间,我最感谢的人是我的博士指导老师张捷教授。张老师性格开朗,做人做事洒脱,是一个纯粹的、文人气十足甚至"不通人情世故"的教授。我刚刚入门时就听说几个师姐师兄在教师节拿着礼物登门看老师被老师轰出门的典故,致使我从来不敢,到现在也不知道老师家在哪里。现在偶有听说导师与研究生之间乌七八糟的新闻,我很幸运遇到一个好老师。张老师经常不经意地说,你们现在是学生,不赚钱,好好写文章我就高兴。南京大学地理学院素有"中国地理学家摇篮"的美誉,张老师具有非常明显的自然科学的导向。张老师早期以自然地理学的喀斯特研究、后期以旅游流研究奠定了他的学术地位,具有典型的自然科学定量研究的风格。说实在的,或许由于他是南京大学与牛津大学联合培养的博士的缘故,张老师具有明显的英式博导的风格,很少给予研究生具体的学术建议,但是我有问题的时候,他又能几句话就把问题讲得很透彻。所以,每当分组讨论老师做评论的时候是学习的最好时候。跟博导学习,我现在的心得是要不耻多问,多问多得,套用赵本山的一句广告语,"谁问谁知道";还要贵在"偷艺",细细品味老师的评论总有意料不到的收获。博士研究好比学习武术,自己总有自创一套拳路的冲动,唯恐老师束缚了拳脚。我也犯了这一忌,我"自由摸索",走火入魔地选择了旅游发展的社区能力研究领域,现在看来实际上是社会地理学或者社区研究中的议题。读博士时要是能跟着老师做基金或者沿着老师的研究优势继续探索,或许会更好一些。

继续反思我的博士研究。2010 年我在中国台湾地区参加会议期间购买了两本书:Introducing Human Geographies 和《用 MAXQDA 做质性资料分析》。第一本书具有明显的批判性地理学的研究风格,再阅读质性研究,使我走向了兼有定量定性的混合研究取向,既有多变量分析,也有质性资料的分析与解读。我既用质性资料解释我的定量结果,我也用定量结果印证我的质性分析的结论,当时论文写起来兴趣盎然,虽然辛苦但不枯燥。反观当前地理期刊中虽然不乏质性研究,但是多是采用实证主义的方法分析质性资料,形式上是质性研究,唯独缺少质性研究的反思与批判精神。博士论文写作时我尽可能注意到研究的反思性与批判性，比如西方社区旅游多有旅游发展增权的论述，但是我在中国语境下却发现旅游发展可能不仅不增权甚至去权的现象，经过整理后发表在 SSCI 杂志 Tourism Geographies 2014 年第五期上。在后来的审稿中，我经常给作者的建议就是要让自己的研究与已有研究对话，我们的研究并非是西方理论的说明书，更要关注论文写作中的"反常"的情况，加以深入的解释，或许能够拓展现有理论的边界。即使定量研究也不要仅有干巴巴的数据与分析结果，需要有详细的文献探讨，引申出一个有意义的研究问题，再加上细致的实证结果讨论，更能提升研究的学术贡献与价值。还有，博士毕业后最好赶紧把博士论文整理成小文章发表，才对得起自己的辛苦。尽管到现在我已经整理了十几篇小文章，还有很多东西可以整理成小文章，只是出版在即，空留遗憾了。

最后，我要感激我的同门在学习、科研及生活上给予我很多支持和帮助，为我的异地求学生涯增添了许多的亮色。他们是程绍文、蒋志杰、杨钊、乌铁红、杨效忠、江昼、唐文跃、张宏磊、尹立杰、卢韶婧、王岚、陈彩虹，他们将永远留在我的记忆里。尤其是一个个年轻的小师弟们在分组讨论论文汇报中总能频频使出绝招，让我这个门外汉当时既紧张、着急、汗颜，又倍感压力，感谢他们的无形激励。也特别感激当时已经是南大教授的章锦河师兄，总是碰面之际关注我论文的进展，不忘多多叮嘱几句。另外，南京大学地海院 2007 级博士同学中，也有很多人值得我去铭记和感谢，比如王振波、任奎、刘志勇、赵小风、孙祝友、李衡等，我还记得炎热的八月光着膀子挤在他们宿舍吃面条喝酒的情形，让我体会到了集体生活的美丽多彩和同学缘分的弥足珍贵。我还感谢我的案例地安徽六安天堂寨镇的邵镇长、李科长以及天堂寨镇各个村的村长书记、村民们，正是他们不厌其烦地给我讲他们的故事，热情地招待，耐心地组织村民填写问卷和接受访谈，才造就现在的这本书。我还感激我的妻子李辉博士在我读书时负责伺候公爹、照看幼儿，岳母万元珍女士帮我照看儿子，父亲韩廷连先生忍受在老家的孤单生活，儿子韩煦小朋友在我每次回家时都长高一截。最后但绝不是最不重要的是，我还感激阅读本书的读者朋友，愿本书对您有些许帮助。

韩国圣于家中
2016 年 10 月 12 日晚十点半